저널리즘 · 여론 · 민주주의

월터 리프먼의 삶과 사상

건지학술총서

10

Journalism·Public Opinion·Democracy: Walter Lippmann's Life and Ideas

저널리즘 여론 민주주의

월터 리프먼의 삶과 사상

강준만

전북대학교출판문화원

서문

"찰나적인 것을 통해 영원을 보도록 했다"

"은퇴한 칼럼니스트이자 저자이며 20세기 미국 정치저널리즘의 아버지(dean)인 월터 리프먼이 파크 애버뉴 755번지 사설 요양소에서 어제 아침 심장병으로 사망했다...."

미국『뉴욕타임스』지의 1974년 12월 15일자 1면에 실린 <정치분석가 월터 리프먼 85세에 사망>이라는 제목의 기사는 이렇게 시작하고 있다. 이 기사는 1면을 지나 다음 한 면을 온통 채우며 계속 이어지고 있다. 1958년과 1962년 두 번에 걸쳐 퓰리처상을 수상하고, 1964년 대통령이 주는 '자유의 메달'을 수상하고, 책을 25권이나 낸 저자이고 ... 등등.[1]

『뉴욕타임스』는 월터 리프먼Walter Lippmann(1889-1974)이 "찰나적인

1 Adlen Whitman, "Walter Lippmann, Political Analyst, Dead at 85", *New York Times*, December 15, 1974.

것을 통해 영원을 보도록 했다"고 말했다. 리프먼을 스승으로 삼으면서 그를 '경외'의 수준까지 존경해 마지 않았던 『뉴욕타임스』의 칼럼니스트 제임스 레스턴James Reston(1909-1995)은 그에 대한 특집 기사를 따로 쓰고 또 그의 고정 칼럼난에 리프먼의 어록을 게재하는 경의를 표했다.[2]

『뉴욕타임스』의 이런 각별한 대접이 시사하듯이, 리프먼은 '미국 역사상 가장 영향력 있는 언론인'이라거나 '현대 저널리즘의 아버지(Father of Modern Journalism)'라는 평가를 받는 인물이다. '언론계의 교황'으로 불리기도 했는데, 이 표현과 관련, 언론학자인 허버트 알철J. Herbert Altschull은 "나는 리프먼을 개인적으로 두 번 만났고 또 전화로 두세번 이야기를 나눈 적이 있다. 이 모든 것이 직업적인 일로 만난 것이지만, 그럼에도 불구하고 교황을 만나는 그런 분위기가 있었다."고 했다.[3]

리프먼은 '1인 국무성(one-man State Department)'으로 불릴 정도로 미국의 대외정책에 큰 영향력을 행사했다. 어떤 국무성 관리는 거의 모든 아침 회의는 리프먼의 최근 평론에 대한 토론으로 시작되었다고 말할 정도였다.[4] 미국 대통령도 결정을 내리기 전에 그의 자문을 구하곤 했으며, 리프먼은 종종 그러한 결정에 직접적으로 영향을 주었다. 미국의 국력 덕분에 세계의 권력자들이 그의 독자였으며 그의 조언을 갈망하곤

---

2 James Reston, "His Thought and Writings Are Very Much Alive Today", *New York Times*, December 15, 1974.

3 허버트 알철(J. Herbert Altschull), 『현대언론사상사: 밀턴에서 맥루한까지』, 양승목 옮김, 나남, 1990/1993, 565쪽.

4 박승관, 「언론은 참된 여론과 건강한 민주주의를 만들 수 있는가?: 월터 리프만, 『여론』」, 박명규 외, 『사회과학 명저 재발견 2』, 서울대학교출판문화원, 2011, 46쪽.

했다.[5]

대단한 인물이긴 하지만, 이런 정도의 소개만으론 리프먼이라는 인물의 가치를 제대로 음미하기엔 모자라다. 리프먼은 무엇보다도 현대 저널리즘의 본질적인 문제를 체계적으로 거론한 최초의 인물로 평가되는 것이 옳다. 바로 그것이 우리가 중요하게 생각해야 할 리프먼의 진정한 가치일 것이다.

리프먼이 제기했던 문제는 여전히 해결되지 않은 채로 남아 있으며 특히 오늘날의 한국 언론에게 매우 절실한 문제로 떠올랐다는 점에 주목할 필요가 있다. 그와 동시에 리프먼의 삶은 그 자체로서 여론에 막강한 영향을 미치는 전문 언론인의 정치적 위상과 윤리적 문제를 고찰하는 데에 귀중한 교훈을 제공하고 있다는 점에서 음미할 만한 가치가 있다.

그럼에도 리프먼은 우리 학계에서 많이 다뤄지고 있는 인물은 아니다. 저널리즘과 여론의 본질적인 문제를 거론할 때에 약방의 감초처럼 짧게 언급되는 수준에 불과하다. 리프먼을 본격적으로 다룬 국내 논문은 거의 없다고 해도 무방할 정도이다.[6] "소문난 잔치에 먹을 것 없다"는

---

5 허버트 알철(J. Herbert Altschull), 『현대언론사상사: 밀턴에서 맥루한까지』, 양승목 옮김, 나남, 1990/1993, 564쪽.

6 리프먼에 관한 본격적인 논문은 아니지만, 부분적으로나마 리프먼을 다룬 국내 논문은 몇 편에 불과하다. 정치학에선 그의 정치평론과 외교정책, 철학에선 그의 공공철학(public philosophy), 교육학에선 교육철학, 언론학에선 의사소통과 관련된 논문이 있을 뿐이다. 김대영, 「법과 정치: 리프만의 정치평론에 나타나는 보통법적 관점」, 『한국정치학회보』 제37권1호, 2003년 5월, 29-46쪽; 김대영, 「장준하의 정치평론 연구(2): 장준하의 정치평론에 나타난 민주주의」, 『한국정치연구』 12권2호, 2003년, 151-173쪽; 김대영, 「공론화를 위한 정치평론의 두 전략: 비판전략과 매개전략」, 『한국정치학회보』 제38권2호, 2004년 6월, 117-141쪽; 남궁곤, 「외교정책과 여론: 'Almond - Lippmann Consensus' 와 그 비판적 검토」, 『한국과 국제정치(KWP)』 15권1호, 1999년, 31-64쪽; 성현창, 「미국의 공공철학」, 『철학논총』 제71권, 2013년 1월, 187-210쪽;

속담은 겉으로 보이는 모습에 속지 말라는 뜻이지만, 좀 달리 해석해보자면 너무 대단하다고 소문이 났기에 아예 본격적으로 건드리길 피하려는 게 아닐까? 이른바 '책임감 분산(diffusion of responsibility)'으로 인한 '방관자 효과(bystander effect)'나 '사회적 태만(social loafing)'이 나타난 게 아니겠느냐는 것이다.

그 이유가 무엇이건 이 책이 그런 불균형을 시정하는 데에 조금이나마 기여하면 좋겠다. 디지털 혁명으로 인해 저널리즘의 구조와 정체성 변화가 대대적으로 일어나고 있는 현 상황에서 리프먼은 일견 낡아빠진 인물로 여겨질 수도 있겠지만, 결코 그렇게 생각할 수 없으며 그렇게 생각해서도 안된다는 게 이 책의 주장이기도 하다. 왜 그런가? 저널리즘과 여론과 민주주의는 떼려야 뗄 수 없는 3위1체의 관계이기 때문이다. 3

김상현, 「리프먼과 듀이의 공중(Public) 논쟁과 교육적 시사」, 『한국교육사상연구회 학술논문집』, 2012년, 58-69쪽; 이준웅 외, 「공공 화법과 토론 교육이 의사소통 능력, 토론 효능감, 시민성에 미치는 효과」, 『한국언론학보』 제51권1호, 2007년 2월, 144-171쪽. 미국학 분야에선 다음 두 편의 영문 논문이 있다. 김일년, 「From Revolt to Order; The Career of Walter Lippmann`s Progressivism, 1913-1914」, 『미국학』 36권1호, 2013년 5월, 227-265쪽. 김일년, 「From Revolt to Order; The Career of Walter Lippmann`s Progressivism, 1913-1914」, 『미국학』 36권1호, 2013년 5월, 227-265쪽; Hyung Dae Lee, 「Featured Articles : Elites and Elitism in American Democracy ; Concepts of Democracy and Elitism in American Intellectual History」, 『미국학』 33권1호, 2010년 5월, 115-141쪽. 학위논문은 다음과 같다. 김일년, 「월터 리프먼의 자치를 향한 여정 : 자유주의와 집단주의 사이의 관계를 중심으로, 1913~1937」, 서울대학교 대학원 서양사학과 석사학위논문, 2012년 8월; 고아라, 「한국 외교정책수립에서의 여론의 신격화」, 중앙대학교 통상협상 국제경영 석사학위논문, 2007년 2월; 김대영, 「정치평론과 민주적 공론장 : Koestler, Orwell, Lippmann에 관한 비교연구」, 서울대학교 대학원 정치학과 박사학위논문, 2002년 8월; 김이균, 「리프먼(W. Lippmann)의 「公共社會의 哲學」(The public philosophy)에 關한 硏究」, 경북대학교 교육대학원 석사학위논문, 1988년; 이강훈, 「국가안보와 여론의 관계에 관한 연구 : 매스커뮤니션과 관련하여」, 단국대학교 대학원 안보행정 석사학위논문, 1994년 2월.

위1체는 종교적으론 매우 어려운 개념이지만, 셋이 본질적으로 상호 분리될 수 없는 하나라는 점을 강조하고자 할 때에 사회과학적 은유로도 적당하다.

이 책은 리프먼의 삶과 사상을 통해 저널리즘·여론·민주주의에 대해 생각해보는 기회를 갖자는 취지로 기획된 것이기에 리프먼이 활동했던 시공간적 맥락을 밝히는 데에 적잖은 노력을 기울였다. 저널리즘·여론·민주주의에 방점을 둔 리프먼 전기라도 봐도 무방하다. 비교적 가벼운 마음으로 한 인물의 삶과 사상을 감상한 후, 오늘날의 '저널리즘'과 '여론'에 대해 더 알고 싶은 독자들은 부록으로 실은 관련 논문 목록을 참고하시기 바란다. 저술장려 지원사업으로 이 책을 쓰게끔 자극을 준 전북대출판문화원에 감사드린다.

2017년 6월

강준만 올림.

목차

제3장
"서치라이트의 빛과도 같은 언론으론 세상사를 다 알 수 없다": 1921-1924

제4장
"민주주의의 기본 가정으로 삼은 공중은 '유령'이다": 1925-1933

제5장
"사회를 통제할 수 있다는 생각은 환상이다": 1933-1939

제6장
"'미국의 세기(American Century)'가 오고 있다": 1940-1949

제7장
"'감정의 그레샴 법칙'이 민주주의를 타락시킨다": 1950-1960

제8장
"언론인의 가장 큰 타락은 권력자들과의 친분이다": 1961-1974

맺는말
마르크스의 '보드룸', 프로이트의 '베드룸', 리프먼의 '뉴스룸'

1장

1889-1914

V
"사회주의자들이여, 민주주의의 한계를 인정하라"

· 1889-1914 ·

리프먼의 하버드 대학 시절

월터 리프먼은 1889년 9월 23일 뉴욕시에서 독일계 유대인 가정의 외아들로 태어났다. 이민 2세대인 아버지 제이콥 리프먼Jacob Lippmann은 의류업을 경영했고, 어머니 데이지 바움Daisy Baum은 막대한 부동산 상속녀인지라, 그의 가족은 큰 저택에 살면서 매년 유럽 여행을 가고 수시로 고급 온천을 갈 정도로 풍족한 삶을 누렸다.[1]

1906년 17세때 뉴욕에 있는 드와이트 고교(Dwight School)를 졸업한 리프먼은 하버드 대학 철학과에 진학했다. 그는 부자 부모를 두었지만 유대인이었기 때문에 하버드의 최고 엘리트학생들의 클럽에는 가입할 수 없었다. 꼭 그런 이유 때문인지는 알 수 없지만 그는 2학년때 '사회주의 클럽'을 조직해 회장을 맡으면서 활발한 캠퍼스 정치를 전개하였다. 회

1 Craufurd D. Goodwin, *Walter Lippmann: Public Economist*, Cambridge, MA: Harvard University Press, 2014, p.5.

원은 50명에 불과했지만, 이 클럽은 대학에서 일하는 노동자들의 낮은 임금을 비판하고, 사회주의 관련 과목 신설을 요구하는 등의 활발한 활동을 했다.

리프먼은 슬럼가 빈곤층의 참상에 충격을 받아 H.G 웰스H. G. Wells, (1866-1946), 조지 버나드 쇼George Bernard Shaw(1856-1950), 베아트리스 웹Beatrice Webb(1858-1943), 시드니 웹Sidney Webb(1959-1947) 등의 글들을 탐독하면서 당시 중산층 개혁가들을 매료시킨 영국의 '페이비어니즘(Fabianism)'에 빠져 들었다. 그는 나중에 이들을 만나 지속적인 교류와 친분을 갖게 된다.

이 때의 리프먼은 래디컬하기보다는 보헤미안의 성격이 짙은 사회주의자였다. 그는 대학시절 칼 마르크스Karl Marx(1818-1883)의 작품들을 읽긴 했지만 너무 낡아빠졌다고 생각했으며, 그가 택한 노선은 '혁명' 대신 '사회개혁'이었다. 그는 훗날(1949년) 인터뷰에서도 자신은 '계급투쟁(class struggle)'이란 개념을 전혀 받아들이지 않았다고 말했다.[2]

리프먼은 하버드 시절 윌리엄 제임스William James(1842-1910), 조지 산타야나George Santayana(1863-1952), 그레이엄 왈라스Graham Wallas(1858-1932) 등 당대의 쟁쟁한 지식인들로부터 큰 영향을 받았다. 리프먼

2 William E. Leuchtenburg, "Walter Lippmann's 'Drift and mastery'," Walter Lippmann, Drift and Mastery: An Attempt to Diagnose the Current Unrest, Madison: University of Wisconsin Press, 1914/2015, p.2; Craufurd D. Goodwin, "Walter Lippmann: Public Economist," Cambridge, MA: Harvard University Press, 2014, p.11; John Simkin, "Walter Lippmann", Spartacus Educational, August 2014; http://spartacus-educational.com/USAlippmann.htm; Herbert Aptheker, "Walter Lippmann and Democracy," History and Reality, New York: Cameron Associates, 1955, pp. 49-72; http://www.walterlippmann.com/aptheker-on-lippmann.html.

은 학부생이었음에도 워낙 총명해 교수들의 주목을 받았다.

1908년 리프먼은 하버드 교내 잡지인 『하버드 일러스트레이티드(Harvard Illustrated)』에 갓 출간된 바렛 웬델Barrett Wendell(1855-1921)의 『특권계급(The Privileged Classes)』이란 책을 비판하는 서평을 기고했다. 웬델은 이 책에서 진정한 문화가 대중의 저급한 취향에 의해 타락하고 있다고 주장했다. 리프먼은 고급문화를 향유하는 사람들을 위해 노동자들이 얼마나 혹사당하고 있는가를 밝히면서 웬델의 엘리트주의를 설득력 있게 비판했다. 이 글에 감명을 받은 66세의 노교수 윌리엄 제임스는 친히 리프먼의 기숙사를 찾아 칭찬을 하면서 앞으로도 계속 기존 질서를 의심하라고 격려했다.[3]

리프먼은 산타야나의 모든 강의를 다 수강한 건 물론 그의 모든 저서들을 다 읽을 정도로 산타야나에 심취했는데, 특히 산타야나의 『이성의 삶(The Life of Reason)』(5권, 1905-1906)을 여러 차례 반복해 읽었다. 산타야나는 스페인 출신으로 어릴 때 미국으로 이주해 살다가 1912년 하버드를 떠나 유럽으로 건너가 활동한 세계주의자였다.

철학자이자 심리학자인 제임스가 실용주의자라면, 산타야나는 현실주의자였다. 리프먼의 묘사에 따르면, 산타야나는 뾰족한 수염만 더해졌을 뿐 레오나르도 다빈치의 모나리자처럼 생긴 사람이었다. 산타야나가 제시한 도덕적 인간의 품성은 절도節度, 자제, 초연 등이었는데, 리프먼은

---

3 Ganesh Sitaraman, "Foreword: 'Drift and Mastery' in the Twenty-First Century"; Walter Lippmann, *Drift and Mastery: An Attempt to Diagnose the Current Unrest*, Madison: University of Wisconsin Press, 1914/2015, p.xiv; John Simkin, "Walter Lippmann," *Spartacus Educational*, August 2014; http://spartacus-educational.com/USAlippmann.htm.

산타야나의 영향을 받아 금욕주의에 매료되었으며, 훗날 이 세상의 권력자와 한 식탁에서 저녁식사를 수없이 하면서도 언제나 자신을 국외자, 즉 초연한 관찰자로 생각했다.[4]

후일 리프먼에 의해 "나의 가장 위대한 스승"으로 불려진 왈라스는 영국 런던정경대 교수로 1910년 봄에 교환교수로 하버드에서 강의를 하게 되었다. 그는 영국 페이비언 협회의 멤버였지만 협회의 리더십 문제로 갈등을 빚어 6년째 거리를 두고 있었다. 당시 졸업후 산타야나의 조교로 캠브리지에 머무르고 있던 리프먼은 왈라스와 만나게 되었는데, 이 만남은 두 사람 모두에게 강한 인상을 남겼다. 왈라스는 4년후에 출간한『위대한 사회(The Great Society)』(1914)의 미국판을 리프먼에게 헌정할 정도였다.[5]

정치학자이자 사회주의자인 왈라스는 인간의 지성을 정치의 기본 전제로 삼는 것에 큰 회의를 느낀 인물이었다. 그는『정치에서의 인간본성(Human Nature in Politics)』(1908)에서 정치는 인간생활처럼 본질적으로 본능·편견·습관의 지배를 받는 비합리적 현상이며 정치학의 한계는 인간본성을 문제삼지 않고 통계에만 집착하는 데에 있다고 역설했다.

---

4 Craufurd D. Goodwin, *Walter Lippmann: Public Economist*, Cambridge, MA: Harvard University Press, 2014, p.8; John Simkin, "Walter Lippmann," *Spartacus Educational*, August 2014; http://spartacus-educational.com/USAlippmann.htm; Francesco Regalzi, "Democracy and Its Discontents: Walter Lippmann and the Crisis of Politics (1919-1938)", *E-rea*, 2012; https://erea.revues.org/2538; 허버트 알철(J. Herbert Altschull),『현대언론사상사: 밀턴에서 맥루한까지』, 양승목 옮김, 나남, 1990/1993, 568쪽.

5 Don D. Walker, "Woodrow Wilson and Walter Lippmann: a Narrative of Historical Imagery," *Western Political Quarterly*, 12:4(1959), p.939.

이 주장은 큰 논란을 불러 일으켰다. 왈라스는 영국 사회주의자들의 실패가 인간 본성에 대한 비현실적인 관점에서 비롯되었다고 보았으며, "대부분의 사람의 정치적 의견의 대부분은 경험에 의해 테스트된 논리의 결과가 아니라 무의식과 반의식적 추론의 결과에 지나지 않는다"고 주장했다. 왈라스의 이런 견해는 리프먼의 사회주의 신념을 약화시키는 데에 큰 기여를 했다.[6]

언론을 통해 표현된 혁신주의 물결

리프먼은 1910년 대학 졸업후 1년간 대학원생으로서 강의를 한 경험을 통해 교수직은 자신에게 맞지 않다는 결론을 내리고, 전 사회와 세계를 무대로 삼아 강의를 하는 '공공 철학자(public philosopher)'가 되기로 결심했다.[7] 리프먼은 우선적으로 사회개혁 의지를 실천하기 위해 당시 '추문폭로(muckraking)' 언론인으로 명성을 날리던 링컨 스티븐스Lincoln Steffens(1866-1936)의 조수로 1년간 일하기도 했다. 왜 하필 저널리스트의 길을 걷기로 했을까? 당시의 시대 상황을 살펴 볼 필요가 있다.

---

6 Joseph Kraft, "Crowds and Power," *New Republic*, January 27, 1986, p. 34; Ronald Steel, *Walter Lippmann and the American Century*, Boston, MA. : Little, Brown, 1980, p. 27; William E. Leuchtenburg, "Walter Lippmann's 'Drift and mastery'," Walter Lippmann, *Drift and Mastery: An Attempt to Diagnose the Current Unrest*, Madison: University of Wisconsin Press, 1914/2015, p. 2; John Simkin, "Walter Lippmann," *Spartacus Educational*, August 2014; http://spartacus-educational.com/USAlippmann.htm.

7 Sue Curry Jansen, "Book review: Craufurd D Goodwin Walter Lippmann: Public economist," *Journalism*, 1:2(2016), pp. 1-2.

1909년에서 1933년까지 하버드 총장으로 재임한 애벗 로런스 로웰Abbott Lawrence Lowell(1857-1943)은 1909년에 출간한『여론과 대중정부(Public Opinion and Popular Government)』라는 책에서 미국 민주주의를 "여론에 의한 정치 통제(the control of political affairs by public opinion)"로 정의할 정도로 여론은 미국 민주주의에서 중요한 위상을 누리고 있었다.[8]

당시엔 이른바 '혁신주의(Progressivism)' 물결이 미국 사회를 덮치고 있었기에 여론은 더할 나위 없이 큰 힘을 발휘할 수 있었다. 이런 혁신주의 물결에서 정치 분야의 선두 주자는 1900년 위스콘신주의 주지사로 선출된 로버트 라폴레트Robert M. La Follette(1855-1925)였다. 1894년, 1896년, 1898년 주지사 선거에서 세 차례나 실패한 끝에 얻어낸 당선이었다.

젊었을 때 진보적 경제학자 헨리 조지Henry George(1839-1897)의 사상에 매료되었던 라폴레트는 철도회사들의 횡포에 정면 대응했으며, 개혁가들이 전국적으로 위스콘신주를 '혁신주의의 실습실'이라고 할 정도로 예비선거제, 주민발의제, 주민투표제, 산업재해 보상법, 누진 상속세 등을 포함한 새로운 변화를 이끄는 데에 앞장섰다.[9]

혁신주의는 환경이 개인적 발전을 형성한다는 믿음에 근거했으며, 이

---

8 Robert H. Wiebe, *Self-Rule: A Cultural History of American Democracy*, Chicago, IL: The University of Chicago Press, 1995, pp.173-175.

9 Louis Filler, *The Muckrakers*, University Park, Penn.: The Pennsylvania State University Press, 1976; 앨런 브링클리(Alan Brinkley),『미국인의 역사 2』, 황혜성 외 공역, 비봉출판사, 1993/1998, 330-331쪽; 손세호,『하룻밤에 읽는 미국사』, 랜덤하우스, 2007, 156-158쪽.

는 주로 언론 활동을 통해 표현되었다. 혁신주의의 깃발을 내건 『매클루어즈(McClure's)』 잡지는 1893년 6월에 창간호를 낸지 2년 반 후에 "우리는 매달 세계 역사상 그 어떤 잡지보다도 더 많은 유가광고 지면을 발행하고 있다"고 주장했다.

『매클루어즈』의 발행인인 새뮤얼 맥클루어Samuel S. McClure(1857-1949)는 잡지 1부당 가격을 25센트에서 15센트로 대폭 인하했다. 윌리엄 랜돌프 허스트William Randolph Hearst(1863-1951)의 폭로전문 잡지 『코스모폴리탄(Cosmopolitan)』도 가격을 12.5센트까지 인하했으며, 프랭크 먼지Frank A. Munsey(1854-1925)의 『먼지(Munsey's)』는 10센트까지 낮추었다. 『매클루어즈』의 발행부수는 전성기에 50만부, 폭로잡지들의 총 발행부수는 월 3백만부에 이르렀다.[10]

이미 1881년부터 스탠더드 석유회사를 공적公敵으로 지목해 그 비리를 파헤치는 기사를 써온 헨리 로이드Henry Demarest Lloyd(1847-1903)는 1894년 그 기사들을 종합해 『부와 민주체제의 대립(Wealth against Commonwealth)』을 출간했다. 최초의 추문폭로 책으로 간주되는 작품이다. 로이드는 "만일 사회가 가장 강한 사람에게 재산이 귀속되어야 한다는 이념에 기초를 둔다면, 이들 강자는 이러한 시대 사조思潮에 따라 적절한 수단과 방법을 동원하여 조만간 모든 재산을 쟁취하게 될 것"이라고 경고했다.[11]

---

10 허버트 알철(J. Herbert Altschull), 『지배권력과 제도언론: 언론의 이데올로기적 역할과 쟁점』, 강상현·윤영철 공역, 나남, 1984/1991 , 126-128쪽; 허버트 알철(J. Herbert Altschull), 『현대언론사상사: 밀턴에서 맥루한까지』, 양승목 옮김,나남, 1990/1993, 501-502쪽.

11 글렌 포터(Glenn Porter), 『미국 기업사: 거대 주식회사의 등장과 그 영향』, 손영호·

『매클루어즈』는 1903년 이다 타벨Ida M. Tarbell(1857-1944)이 스탠더드 석유회사의 부정을 파헤친 기사를 연재했으며, 이는 『스탠더드 석유회사의 역사(History of Standard Oil Company)』(1904)라는 책으로 출간되었다. 도시의 부패를 다룬 링컨 스티븐스Lincoln Steffens(1866-1936)의 글도 연재되었으며, 이것은 『도시의 수치(The Shame of the Cities)』(1904)라는 책으로 출간되었다. 스티븐스는 6개 도시의 부패상을 고발한 이 책에서 다음과 같이 말했다.

"세인트루이스는 뇌물을 대표하고, 미네아폴리스는 정책상의 부정한 재산을 의미하며, 피츠버그는 정치와 공업의 유착 관계를 보여준다. 필라델피아는 문화제도의 철저한 부패를 보여주고, 시카고는 개혁의 허상을 증명하며, 뉴욕은 좋은 정부라는 것은 환상에 불과하다는 것을 입증한다."[12]

업튼 싱클레어의 넌픽션 소설 『정글』(1906)의 충격

1906년 소설가 업튼 싱클레어Upton Sinclair(1878-1968)는 넌픽션 소설 『정글(The Jungle)』을 통해 시카고에 있는 쇠고기포장회사와 식품유통센터의 끔찍한 근무조건과 위생상태를 폭로했는데, 이는 전 국민을 엄청난 충격에 휩싸이게 만들었다. 싱클레어가 정작 고발하고자 했던 것은 노동자 탄압이었지만, 이 책이 베스트셀러가 된 이유는 위생상태의 엽기성이

연동원 편역, 학문사, 1986/1998, 19쪽.

12 Lincoln Steffens, *The Shame of the Cities*, New York: Hill and Wang, 1904/1957, pp. 1-18; CCTV 다큐멘터리 대국굴기 제작진, 『강대국의 조건: 미국』, 소준섭 옮김, ag, 2007, 334쪽; 이보형, 『미국사 개설』, 일조각, 2005, 235쪽.

었다. 심지어 이 소설을 읽다가 토하는 사람들마저 나타났다. 한 장면을 감상해보자.

“포장 노동자들은 고기가 도저히 사용할 수 없을 정도로 부패될 때면 그것들을 캔 제품으로 만들거나 썰어서 소시지에 넣었다.…그곳에선 소시지에 썰어넣는 것이 무엇인지 아무런 관심도 기울이지 않았다. 또한 수입 불가 판정을 받은, 곰팡이가 피고 희멀건 유럽산 소시지들이 들어왔는데, 그것들은 보록스와 글리세린으로 처리된 후 가공 장치에서 재차 가정용 식품으로 제조되었다. 또 그곳에는 먼지와 톱밥이 가득한 바닥에 고기들이 내팽개쳐져 있고, 그 위에서 노동자들이 고기를 짓밟고 침을 뱉어대기 때문에 수십억 마리의 세균이 득실거렸다. 창고마다 수많은 고깃덩어리들이 쌓여 있고, 곳곳에서 새어나오는 물이 그 위로 떨어지고, 그 주위로는 수천 마리의 쥐들이 내달리고 있었다. 이런 저장고들은 너무 어두침침해서 제대로 볼 수도 없지만, 이 고깃덩이들 위에 널린 말라빠진 쥐똥을 손으로 치워낼 수는 있었다. 이 쥐들은 아주 골칫거리여서 노동자들은 독이 든 빵들을 놓아두곤 했는데, 쥐들은 그것을 먹고 죽었다. 그러면 쥐들과 빵과 고깃덩이들은 모두 한꺼번에 가공 장치 안으로 들어갔다.”[13]

이 책이 나오면서 육류 소비가 하룻밤 사이에 바닥으로 곤두박질쳤다. 『정글』은 부정 폭로에만 그친 게 아니라 노동자들의 단결을 촉구하여 노동자사회를 이룬다는 유토피아적 이상도 담고 있는 전형적인 사회주의 소설이었다. 이 작품이 처음 소개된 곳도 사회주의 신문 『어필 투 리즌

---

13 제레미 리프킨(Jeremy Rifkin), 『육식의 종말』, 신현승 옮김, 시공사, 1993/2002, 158-159쪽.

(Appeal to Reason)』이었다. 싱클레어는 책을 출판해줄 출판사를 찾지 못해 하는 수 없이 스스로 출판사를 하나 만들어 겨우 책을 출판했는데, 사회주의 작가 잭 런던Jack London(1876-1916)이 모든 사회주의 당원들에게 이 책을 구입해줄 것을 호소하는 등 책의 판촉에 적극 나섰다.[14]

이 책은 큰 반향을 불러 일으켜 미국내 육류 검사 관련법을 개혁을 자극하고 무해식품 및 의약 관련법안(Pure Food and Drug Act, 1906)의 통과를 촉진했다. 시어도어 루스벨트Theodore Roosevelt(1858-1919) 대통령은 싱클레어를 백악관으로 초청하기도 했다. 싱클레어와 같은 사회개혁주의자들에게 애정과 경멸을 동시에 담아 '머크레이커(Muckraker)', 즉 '추문폭로자'라는 명칭을 처음 붙인 이도 바로 루스벨트였다. 루스벨트는 처음에는 추문폭로 저널리즘의 열렬한 팬이었으나 자신의 업적에 전혀 관심을 보이지 않자 비판적인 자세로 돌아섰다.

'머크레이킹(Muckraking)'과 시어도어 루스벨트

1906년 루스벨트는 재계의 부패 폭로에 열을 올리는 저널리스트들의 행위에 격분해 존 버년John Bynyan(1628-1688)의 『천로역정(Pilgrim's Progress』(1678)을 인용해 그런 딱지를 붙였다. 발 밑의 거름을 휘젓느라 '하나님의 은총'은 모르는 버년의 '거름갈퀴(muck-rake)를 든 사나이'에 비유한 것이다. 그는 "추문폭로 재주 외에는 아무것도 생각하지 않고 말하

14 토마스 아이크(Thomas Ayck), 『잭 런던: 모순에 찬 삶과 문학』, 소병규 옮김, 한울, 1976/1992, 156쪽; 케네스 데이비스(Kenneth C. Davis), 『미국에 대해 알아야 할 모든 것, 미국사』, 이순호 옮김, 책과함께, 2003/2004, 343-344쪽.

지도 않고 쓰지도 못하는" 언론인은 "사회에 도움이 되고 선에 유익한 존재가 아니라 악의 잠재적 원천 가운데 하나로 급속히 변해 간다"고 비판했다.[15]

루스벨트의 추문폭로자 비판과 관련, 리처드 호프스태터Richard Hofstadter(1916-1970)는 『미국의 반지성주의(Anti-intellectualism in American Life)』(1963)에서 "루스벨트는 의외로 일찍 사소한 견해차라고 여길 수 있는 문제로 지식인인 친구들을 비난하게 되었다"며 "루스벨트는 생활에서 차지하는 지성의 위치에 대해 상반되는 감정을 품고 있었다."고 말한다. 그런 상반되는 감정은 루스벨트가 '지성'의 가치를 높게 평가하면서도 '지성'보다는 '인성'을 더 높이 평가한 데에서 드러났다. 예컨대, 그는 다음과 같이 주장했다.

"개인에게나 국민 모두에게나 인성이 지성보다 훨씬 더 중요하다.... 힘이 아름다움보다 앞서는 것처럼 인성은 지성이나 재능보다 앞선다....가장 타락한 태도, 즉 도덕적 책임감이 전혀 없는 단순한 지적 날카로움을 신성시하는 일이 없도록 나는 국민 모두에게 경고하고 싶다."[16]

그럼에도 저널리스트들이 루스벨트의 말을 받아 그대로 사용함으로써 '추문폭로자(Muckraker)'라는 명칭은 점차 긍정적인 의미로 널리 쓰이게 되었다. 추문폭로는 기본적으로 대도시와 대기업에 저항하는 전원주의적 저항이었다. 추문폭로자의 비판은 심층적이었고 깊은 울림이 있었지

15 허버트 알철(J. Herbert Altschull), 『현대언론사상사: 밀턴에서 맥루한까지』, 양승목 옮김, 나남, 1990/1993, 504-505쪽.

16 리처드 호프스태터(Richard Hofstadter), 『미국의 반지성주의』, 유강은 옮김, 교유서가, 1963/2017, 289-290쪽.

만, 대안은 빈약했다. 바로 이것이 한계였다. 싱클레어, 스티븐스 등 주요 추문폭로자들은 일부 비평가들이 말하는 '예수 콤플렉스'를 가진 사람들이었다. 사실 이들은 종종 그들의 먼 조상 가운데 가장 위대한 인물이 바로 예수라는 주장을 하곤 했다. 스티븐스는 자신에게 '머크레이킹의 시조'라는 호칭이 붙여진 것을 반박하며 "구약의 예언자들이 나보다 먼저였다"고 말했다.[17]

혁신주의 물결과 더불어 노동투쟁도 활발하게 전개되었다. 1860년 인구 3114만명 중 131만명에 불과했던 공업노동자는 1900년에 이르러서는 인구 7599만명 중 471만명으로 늘어났다. 이런 변화에 따라 1890년대에는 해마다 1천건씩 파업이 발생했으며, 1904년에는 4천건에 이르렀다. 전국에서 사회주의 신문을 읽는 독자는 약 1백만에 이르렀다.

그럼에도 기존의 미국노동총연맹(AFL)은 숙련공 위주였고, 임원들은 '깡패'같은 조합원들의 보호를 받으며 자신들을 비난하는 조합원들을 공격하곤 했다. 급진적인 변화를 바라는 노동자들을 위해 1905년 시카고에서 세계산업노동자동맹(IWW: Industrial Workers of the World)이 결성되었다.

미하일 바쿠닌Mikhael Bakunin(1814-1876) 등 아나키스트 이론가들의 영향을 크게 받은 세계산업노동자동맹은 백인들에게만 회원 자격을 준 미국노동총연맹과는 달리 모든 노동자들을 다 받아들여 '거대한 단일 노조'를 형성했다. 첫 모임에는 광부 지도자 빌 헤이우드Bill

---

17 Louis Filler, *The Muckrakers*, University Park: The Pennsylvania State University Press, 1976, pp.252-255; 허버트 알철(J. Herbert Altschull), 『현대언론사상사: 밀턴에서 맥루한까지』, 양승목 옮김, 나남, 1990/1993, 507쪽.

Haywood(1869-1928), 사회당 당수 유진 뎁스Eugene V. Debs(1855-1926), 75세의 광산노조 설립자 메리 해리스 '마더' 존스Mary Harris 'Mother' Jones(1837-1930) 등이 참석했다.[18]

잭 런던(Jack London)과 미국의 사회주의

순전히 개인적인 체험을 통해 사회주의에 매료된 이들도 타나났는데, 그 대표적 인물은 어린 시절과 청년기에 참담한 가난을 겪으며 파란만장한 삶을 산 잭 런던Jack London(1876-1916)이었다. 그는 1903년에 출간한 『나는 어떻게 사회주의자가 되었는가(How I Became a Socialist)』에서 "어떤 경제학의 논쟁보다도, 사회주의의 논리성과 필연성에 대한 어떤 명철한 증명보다도 나에게 심각하고 확고한 영향을 미쳤던 것은, 내가 어느 날 사회적인 나락의 구덩이가 내 주변에 벽을 쌓아버리고 내가 그 속으로 끝없이 미끄러져 내려가 맨 밑바닥에서 산산조각이 나는 것을 처음으로 느낀 경험이었다"고 말했다. 그러면서 그는 "무력한 소와 같은 육체노동자"의 값싼 상품과 같은 운명을 맞을 것이기에 "두뇌를 파는 사람"이 되기로 결심했다고 고백했다.

런던은 1905년의 러시아 혁명이 짜르의 군대와 비밀경찰과 폭력테러 조직에 의해 분쇄되고 난 뒤에 소설을 한 편 쓰기 시작했다. 1906년에 집

---

18 케네스 데이비스(Kenneth C. Davis), 『미국에 대해 알아야 할 모든 것, 미국사』, 이순호 옮김, 책과함께, 2003/2004, 344-345쪽; 폴 애브리치(Paul Avrich), 『아나키스트의 초상』, 하승우 옮김, 갈무리, 1988/2004), 60-61쪽; 하워드 진(Howard Zinn) & 레베카 스테포프(Rebecca Stefoff), 『살아있는 미국역사』, 김영진 옮김, 추수밭, 2007/2008, 169-170쪽.

필해 1908년에 출간한 『강철군화(The Iron Heel)』라는 소설이다. 그는 이 소설에서 인류에 대한 형제애를 지니고 있는 사회주의자의 환상을 그려냈다. 전세계가 사회주의로 통합된 27세기에 와서 발굴된 20세기 사회주의 혁명가의 일대기 형식을 취한 소설이다. 황당한 내용이지만, 독점재벌들이 이윤분배법이라는 아이디어로 특혜받는 노조를 육성해서 노동자를 분열시키고 세계대전이 일어나는 것 등을 내다본 예지력으로 높은 평가를 받는 작품이다. 1937년 이 소설의 러시아어판이 나왔을 때, 레온 트로츠키Leon Trotsky(1879-1940)는 런던이 예언한 "거대 노동조합들의 변절과 노동귀족의 생성"에 대해 찬사를 보냈다.

이 소설에서 '강철군화'로 표현되는 과두지배체제는 군대와 민병대, 비밀경찰, 폭력단 등을 동원해 탄압하며, 체제와 기득권에 봉사하는 언론과 종교, 학계와 사법계의 폐해 역시 심각한 걸로 그려진다. 소설에서 1912년에서 1932년까지 미국 사회주의 운동을 이끈 주인공 어니스트 에버하드Ernest Everhard는 "미국의 언론은 자본가계급에 기대어 살을 찌우는 기생충들이에요. 언론의 기능은 여론을 조작해 기존 체제에 봉사하는 것이고, 그 봉사를 썩 잘해내고 있죠."라고 말한다.

소설 못지 않게 흥미로운 건 런던 자신의 삶이다. 소설가로서 성공해 거부가 된 런던은 호화스러운 생활과 기행을 일삼아 비난을 받았다. 그는 1906년 캘리포니아의 '글렌엘렌Glen Ellen'이라는 농장을 사들이고 1907년에는 '스나크Snark'라는 이름의 요트를 손수 설계 건조해서 거기에서 소설을 썼으며, 1913년에는 폭탄이 떨어져도 무너지지 않을 정도로 튼튼한 '늑대의 집(Wolf House)'이라는 대저택을 짓기도 했다.

런던은 길지 않은 생애 동안 19편의 장편소설과 200여 편의 단편, 500여 편의 논픽션을 남겼지만, 신인작가로부터 소설의 소재를 사구설수에 올랐다. 훗날 노벨문학상을 받은 싱클레어 루이스Sinclair Lewis(1885-1951)도 젊은 시절 런던에게 '나락의 야수' 작품 소재를 제공했다. 우울증에 시달린 끝에 알콜중독자가 된 런던은 1916년 1월 사회당을 탈당하고 그해 11월 농장의 침대에서 시체로 발견되었다. 그는 말년의 한 인터뷰에서 다음과 같이 말했다.

"나는 이제 모든 것이 지겨울 뿐이다.…아무 것도 생각하고 싶지 않다.…내가 책을 쓰는 이유는 단지 내 농장을 한치라도 늘리기 위해서다. 아무튼 내게 주어진 역할은 이제 다하지 않았나 싶다. 사회주의를 신봉하다가 수십만 달러의 손해를 보았다. 때가 오더라도 나는 글렌 엘렌 농장에 머물면서 혁명을 저주할 것이다. 나는 내 몫을 다했다."[19]

이론 없이 개인적인 체험만으로 갖게 된 사회주의였기 때문일까? 이론이건 체험이건, 사회주의는 일시적으로나마 다소의 세력을 얻기도 하지만 결국엔 미국사회에 영영 발을 붙이지 못하게 된다. 런던의 생애는 미국 사회주의의 운명을 예고한 것으로 보는 게 옳으리라.

"미국에는 왜 사회주의가 존재하지 않는가?"

잭 런던이 환락의 세계로 빠져들던 1906년 독일 사회학자 베르너 좀바르트Werner Sombart(1863-1941)가 "미국에는 왜 사회주의가 존재하지 않는가?"라는 문제를 제기한 것은 의미심장하다. 좀바르트는 "미국 자본주

---

19 잭 런던(Jack London), 『강철군화』, 차미례 옮김, 한울, 1908/1989, 8-14쪽; 하워드 진(Howard Zinn) & 레베카 스테포프(Rebecca Stefoff), 『살아있는 미국역사』, 김영진 옮김, 추수밭, 2007/2008, 166쪽.

의는 미국 노동자들을 이상이 없고 계산적인 경영자로 만들었다"며 "결국 사회주의 유토피아는 로스트 비프와 애플 파이라는 장애물을 넘지 못하고 파멸한 것"으로 결론 내렸다.[20] 좀바르트가 "미국에는 왜 사회주의가 존재하지 않는가?"라는 문제를 제기한 이후로 수많은 학자들이 이 질문에 매달렸는데, 그간 제출된 답을 요약해보자면 대략 7개로 압축된다.

①신분제와 계급제에 기반을 둔 봉건제도가 없었기 때문에 계급을 기초로 하는 조직과 운동이 성장하지 못해 미국인이 개인주의적 사상을 갖게 되었고, 세습적 귀족도 없고 농노계급도 없는 미국사회를 평등하고 민주적이라 생각했다. ②유럽에 비해 경제적으로 풍요로웠다. ③사회적 유동성이 높아 계급이 고정되지 않고, 지위상승의 기회가 풍부할 뿐 아니라 평등하게 보장되었으며, 개인의 능력이 정당하게 평가받았다. ④다인종·다민족사회이기 때문에 인종, 민족, 종교의 차이가 숙련 기술의 유무와 겹쳐져 노동자를 가르고, 계급적 결속을 방해했다. ⑤계급정당을 조직해 참정권을 쟁취한 유럽과는 다르게, 미국의 노동자는 참정권을 쟁취할 필요없이 그냥 부여받았기 때문에 스스로를 공화국의 평등한 시민이라 규정하고, 국가가 적대하는 계급지배 아래에 있다고는 생각하지 못했다. ⑥양당의 유연한 자세로, 노동자의 리더를 구슬려 개혁세력과 반대세력의 요구와 정책을 흡수했다. ⑦양당제와 대통령 선출의 선거 제도 아래에서는 제3정당에게 표를 주는 것은 한 표를 버리는 것과 마찬가지였기 때문에, 양당제가 보강되었다.[21]

---

20 이재광·김진희, 『영화로 쓰는 20세기 세계경제사』, 혜윰, 1999, 77-78쪽.

21 아루가 나츠키·유이 다이자부로, 『상식으로 꼭 알아야 할 미국의 역사』, 양영철 옮김, 삼양미디어, 2003/2008, 102-105쪽.

썩어도 이렇게 썩을 수 있느냐는 비분강개悲憤慷慨를 동력으로 삼아 혁신주의의 기치를 내걸었던 머크레이킹 저널리즘은 단지 사회주의로 갈 수 없는 미국의 독특한 풍토에서 탄생한, 카타르시스를 위한 출구였을까? 미국에서 일간지가 가장 많이 발행되었던 시기는 추문폭로 저널리즘의 전성기인 1909년이었으니 말이다. 이 해에 2,600개로 정점에 도달한 이후 계속 줄게 된다.

머크레이킹 저널리즘의 선두 주자 중 한 명이었던 프랭크 먼지는 "내 판단으로는 얼마 있지 않아서, 아마 5년이나 길어야 10년 안에 이 나라의 언론산업은 소수의 사람들, 그것도 많아야 3-4명의 손에 의해서 운영될 것이다"고 예측했다.[22] 그가 예측한 시간보다는 좀 더 걸리긴 하지만, 실제로 미국 언론산업은 그런 소수 집중화의 길을 걷게 된다. 사회주의의 메시지는 그런 언론매체의 게이트키핑 과정을 거치면서 미국 유권자들에게 도달하기도 전에 증발되는 운명에 처하게 된다. 하지만 이는 훗날의 이야기고, 당시로서는 리프먼이 사회개혁의 무대로 저널리즘을 택할 만큼 저널리즘의 개혁의 선봉장 역할을 하고 있었다.

"사회주의자들이여, 민주주의의 한계를 인정하라"

리프먼이 스티븐스 밑에서 보낸 1년간은 '발로 뛰는 취재와 사실에 근거한 주장'의 중요성을 일깨워주어 리프먼은 학자의 안목과 언론인의 현실 감각을 동시에 갖출 수 있게 되었다. 스티븐스는 리프먼을 통해 경찰

---

22 미첼 스티븐스(Mitchell Stephens), 『뉴스의 역사』, 이광재·이인희 옮김, 황금가지, 1997/1999, 360쪽.

기자를 거치지 않고도 훌륭한 언론인이 될 수 있다는 것을 증명하고 싶어 했으며 그의 그러한 바람은 결코 헛되지 않았다는 것이 후일 입증되었다.

스티븐스는 비슷한 일을 수없이 반복해온 탓에 갖게 된 권태(boredom) 때문에 리프먼에게 모든 일을 맡겼지만, 리프먼이 스티븐스와 결별한 이유는 두 사람의 개혁관 차이였다. 리프먼은 예수를 본뜸으로서 좋은 정부에 이를 수 있다는 스티븐스의 믿음이 "너무 별나다"고 여겼다. 스티븐스의 낭만주의를 받아 들이기에 리프먼은 너무 이지적인 인물이었다.

리프먼이 대학을 졸업하던 당시의 미국은 33개 시의 시장이 사회주의자였으며 사회주의자 유진 뎁스Eugene V. Debs(1855-1926)가 1912년 대선에 도전해 6%의 일반 득표율(백만표)을 획득할 정도로 사회주의가 상승 국면을 맞이하고 있었다. 리프먼은 1912년 초 뉴욕 사회주의당(Socialist Party)에 가입했으며, 사회주의당의 창설자이자 지도자인 모리스 힐큇Morris Hillquit(1869-1933)의 추천으로 뉴욕주의 작은 도시인 쉬넥터디(Schenectady) 시의 사회주의자 시장인 조지 룬George Lunn(1873-1948)의 비서로 일하게 되었다.

그러나 리프먼은 그 일을 4개월만에 그만 두고 말았다. 이론과 현실의 격차를 절감한데다, 사회주의자들의 겉 다르고 속 다른 모습에 크게 실망했기 때문이다. 그가 온몸으로 겪은 사회주의자들은 사회주의 이상에 무관심하고 편견에 가득찬 모습을 보였다. 게다가 그들에겐 부자들의 것을 가난한 사람들에게 나눠주자는 식의 단순한 분배론 이상의 프로그램이나 전략이 없었다. 리프먼은 현실 정치가 자신의 체질에 맞지 않는다

는 점도 절감했다.[23]

리프먼의 사회주의는 매우 현실적인 것이었다. 그는 '노동'은 잘못일 수 없고 '자본'은 늘 잘못이라는 '노동 숭배'의 단순 사고를 가진 감정적 사회주의자들을 비난하였다. 그는 그들을 향해 "우리는 미국의 낙관주의라고 하는 얼굴의 모든 여드름에 대해 운동을 전개할 수는 없다"고 역설하였다.[24]

리프먼은 '민주주의 숭배(cult of democracy)'에 대해서도 비판을 펴부었다. 국민은 모든 덕을 갖고 있고 그들이 그 덕을 보이지 않을 경우 그것은 그 누군가의 음모 때문이라고 하는 생각을 꾸짖었다. 그는 동료들에게 제발 민주주의의 한계를 인정하고 유권자는 그들 자신의 일에 너무 바빠 투표 따위엔 관심도 없다는 것을 인정할 것을 촉구했다.[25]

---

23 William E. Leuchtenburg, "Walter Lippmann's 'Drift and mastery'," Walter Lippmann, *Drift and Mastery: An Attempt to Diagnose the Current Unrest*, Madison: University of Wisconsin Press, 1914/2015, p.3; Benjamin F. Wright, *Five Public Philosophies of Walter Lippmann*, Austin: University of Texas Press, 1973/2015, p.13; Craufurd D. Goodwin, *Walter Lippmann: Public Economist*, Cambridge, MA: Harvard University Press, 2014, p.14.

24 Ronald Steel, *Walter Lippmann and the American Century*, Boston, MA.: Little, Brown, 1980, p.40; Michael Schudson, *The Power of News*, Cambridge, MI: Harvard University Press, 1995, p.107; 허버트 알철(J. Herbert Altschull), 『현대언론사상사: 밀턴에서 맥루한까지』, 양승목 옮김, 나남, 1990/1993, 565쪽.

25 Ronald Steel, *Walter Lippmann and the American Century*, Boston, MA.: Little, Brown, 1980, p.214.

유럽이 아닌 미국이 '발견'한 지그문트 프로이트

그런 주문이 먹혀 들 리는 만무했다. 결국 리프먼은 사회주의자들에게 작별을 고하면서 1912년 초여름 조용한 연구와 저술을 위해 메인주(州)의 어느 숲속으로 칩거해 집필 활동에 들어갔다. 그는 오두막에 친구와 같이 기거했는데, 그 친구는 지그문트 프로이트Sigmund Freud(1856-1939)의 『꿈의 해석(Interpretations of Dreams)』(1900)을 영역英譯 작업 중인 알프레드 부스 커트너Alfred Booth Kuttner였다. 대학시절부터 프로이트에 심취했던 리프먼은 커트너와 프로이트에 대해 자주 토론했으며, 이후 리프먼은 미국에 프로이트를 전파시키는 데에 적잖은 기여를 하게 된다.[26]

사실 20세기 들어 미국을 지배하게 되는 지적 조류 중의 하나는 정신분석학이었다. 프로이트를 '발견'한 건 미국이지 유럽이 아니었다. 프로이트는 유럽에선 인기가 없었다. 그의 『꿈의 해석』은 1900년에 간행되었지만, 독일어로 쓰인 초판 600부가 다 팔리는 데엔 8년이나 걸렸다. 프로이트의 가치를 알아챈 건 미국의 심리학자들이었다.

1909년 매사추세츠주 우스터라는 도시에 자리잡은 클라크 대학(Clark University) 총장 G. 스탠리 홀G. Stanley Hall(1846-1924)은 개교 20주년을 맞아 프로이트를 초청해 특강을 하도록 했다. 홀은 프로이트에 매료된 심리학자였다. 스위스 심리학자 융Carl Gustav Jung(1875-1961) 등과 함께 미국에 온 프로이트는 명예 법학박사 학위를 받는 동시에 리프먼의

---

26 William E. Leuchtenburg, "Walter Lippmann's 'Drift and mastery'," Walter Lippmann, *Drift and Mastery: An Attempt to Diagnose the Current Unrest,* Madison: University of Wisconsin Press, 1914/2015, pp.3-4; William E. Leuchtenburg, *The Perils of Prosperity 1914-1932*, Chicago, IL: University of Chicago Press, 1958, pp.163-164.

스승인 윌리엄 제임스William James(1842-1910)를 포함한 미국 심리학자들 앞에서 5번의 특강을 했다.

유럽에선 찬밥 대접을 받던 프로이트의 특강에 미국의 내로라 하는 학자들이 대거 참여해 큰 관심을 보였으니, 프로이트의 기분이 어떠했으랴. 그는 "유럽에서 나는 마치 버림받은 자식 같았다. 이곳에서 내가 최고 대접을 받고 있는 게 마치 한낮에 꿈을 꾸는 것 같다"고 감격했다.[27] 그는 윌리엄 제임스에 대해선 이렇게 썼다.

"제임스와의 만남 역시 내게 깊은 인상을 남겼다. 나는 그때 일어난 작은 사건 하나를 영영 잊지 못하리라. 산책을 하는데 그가 갑자기 걸음을 멈추더니 가방을 내게 맡기면서 계속 가시라고 말하는 것이었다. 그는 협심증 발작이 시작되려고 하자 끝날 때까지 기다렸다가 나를 따라왔다. 그는 그로부터 1년 뒤에 심장 마비로 사망하였다. 그 뒤로 나는 죽음이 목전에 다가왔을 때 나도 그처럼 대담한 태도를 보일 수 있게 되기를 늘 원했다."[28]

프로이트의 초청 특강은 미국 정신분석학사의 결정적 계기가 되었다. "이 초청이 없었다면 미국에서 프로이트는 별볼 일 없었을 것이다"라는 말이 나올 정도였다. 이제 곧 미국에선 뜨거운 '프로이트 열풍'이 불게 된다.[29] 물론 모든 열풍이 그렇듯이, 프로이트의 오남용이 기승을 부렸는데, 이에 대해 역사가 F. L. 알렌Frederick Lewis Allen(1890-1954)은 다음

---

27 조선일보 문화부 편, 『아듀 20세기 1』, 조선일보사, 1999, 28쪽

28 마르트 로베르(Marthe Robert), 『정신분석혁명: 프로이트의 삶과 저작』, 이재형 옮김, 문예출판사, 1989/2000, 320-321쪽.

29 Martha Cooper & John J. Makay, "Knowledge, Power, and Freud's Clark Conference Lectures," *The Quarterly Journal of Speech*, 74:4(November 1988), pp.416-433.

과 같이 말한다.

"섹스는 인류를 움직이는 중심적이고 보편적인 힘으로 간주되었다. 인간의 거의 모든 동기는 섹스로 귀결되었다.…정신건강의 첫째 필요조건은 억제 없는 성생활이며, 건강하고 행복하게 살려면 '리비도'에 복종해야 한다. 이것이 바로…미국인들의 마음에 심어진 프로이트의 복음이었다.…자기통제의 덕을 설교했던 성직자들은 직설적인 비평가들에게 '자기통제라는 것은 이미 시대가 지난 것이며, 실로 위험한 것'이라는 이야기를 들었다."[30]

리프먼의 첫 번째 저서『정치학 서설』(1913)

물론 리프먼의 프로이트 이용은 그런 속물적 오남용과는 거리가 멀었다. 프로이트의 영향이 적잖이 스며든 가운데 리프먼이 메인주의 숲속 오두막에서 완성시킨 첫 번째 저서는 1913년에 출간한『정치학 서설(A Preface to Politics)』이었다. 프로이트가 리프먼에게 미친 영향과 관련, 훗날(1970년) 역사학자 아서 쉴레신저Arthur M. Schlesinger, Jr., (1917-2007)는 이렇게 썼다. "리프먼은 프로이트를 읽은 첫 번 째 미국인 중 한 사람이었으며, 이는 가치 기준이 변화하는 시대에 살았던 그의 직관을 변화시키는 데에 의심할 여지 없이 큰 영향을 미쳤다."[31]

---

30 F. L. 알렌(Frederick Lewis Allen),『원더풀 아메리카』,박진빈 옮김, 앨피, 1931/2006, 144-145쪽.

31 멜빈 드플레르(Melvin L. DeFleur),『매스커뮤니케이션 이론』, 권상희 옮김, 성균관대학교출판부, 2010/2012, 214쪽.

리프먼의 책에 감격한 프로이트는 이 책의 서평이 정신분석학자들의 저널인 『이미지(Image)』에 실릴 수 있도록 주선했으며,[32] 나중에 리프먼을 유럽에 초청하기도 했다. 리프먼은 비엔나를 방문해 프로이트 외에도 알프레드 아들러Alfred Adler(1870-1937)와 카를 구스타프 융Carl Gustav Jung(1875-1961) 등과 교분을 갖고 그들의 사상에 더욱 큰 영향을 받게 된다.[33]

리프먼은 사회주의와 결별했지만, 이념적 흔적까지 완전히 지울 수는 없었기에 『정치학 서설』에서 사회주의 아이디어 중 최소한의 것만 받아들였다. 리프먼은 이 책에서 스승인 윌리엄 제임스로부터 물려받은 실용주의(pragmatism)를 정치에 접목시켜 "정치의 임무는 궁극적인 가치를 선언하는 것이 아니라 기회를 제공하는 것이다"고 주장했다.

어떤 정치적 행위를 하고자 할 때에 관련된 모든 사실을 알고 검증하는 건 가능한가? 리프먼은 그건 불가능하다면서, 정치 사상가들은 구체적인 청사진과 최종적인 해답보다는 탐구의 방법론만으로 무장한 채 나아가야 한다고 역설했다. 설사 반쪽 짜리 지식, 환상, 과오 등에 의해 행동할지라도 그런 행동의 과정에서 경험을 통해 그런 문제들을 교정해 나갈 수 있다는 게 리프먼의 주장이었다.[34]

『정치학 서설』은 자신이 열렬히 지지했던 시어도어 루스벨트Theodore

---

32 Craufurd D. Goodwin, *Walter Lippmann: Public Economist,* Cambridge, MA: Harvard University Press, 2014, p.17.

33 Anthony Lewis, "The Mysteries of Mr. Lippmann," *The New York Review*, October 9, 1980, p.3.

34 John Patrick Diggins, "From Pragmatism to Natural Law: Walter Lippmann's Quest for the Foundations of Legitimacy," *Political Theory*, 19:4(1991), pp.522-523.

Roosevelt(1858-1919)의 혁신주의에 대한 찬가이기도 했다. 1901년에서 1909년까지 미국 제26대 대통령을 지낸 루스벨트는 리프먼이 존경한 '첫 번째 영웅'이었다. 이 책을 브라질로 휴가를 갈 때 갖고 가서 읽고 깊은 감명을 받은 루스벨트는 1914년 5월 리프먼을 만났고, 이후 긴밀한 교류를 갖게 된다.

1912년 대선에서 리프먼은 제3당인 혁신당(Progressive Party) 후보로 다시 출마한 루스벨트를 지지했었지만, 이 대선에서 승리해 제28대 대통령이 된 사람은 우드로우 윌슨Woodrow Wilson(1856-1924)이었다. 1916년 대선에서 윌슨은 리프먼의 두 번째 영웅이 되는데, 리프먼의 이런 영웅 찬가는 개혁에 대한 열망과 그런 열망을 실현하는 데엔 권력이 필요하다는 현실주의에서 비롯된 것이었다.[35]

리프먼의 두 번째 저서 『표류와 통제』(1914)

리프먼은 다음 해인 1914년 영국에서 페이비언 사회주의자들과 교류하면서 쓴 『표류와 통제(Drift and Mastery)』(1914)라는 책을 출간했다. 그는 이 책에서 산업화로 인해 고삐풀린 세력들에 대한 통제(mastery)의 결여가 시대의 가장 큰 문제이며, 그로 인해 미국 사회가 표류(drift)의 시대에 접어들었으며, 이 표류야말로 이 시대의 불안정의 원인이라고 주장

---

35 Craufurd D. Goodwin, *Walter Lippmann: Public Economist*, Cambridge, MA: Harvard University Press, 2014, p.17; Don D. Walker, "Woodrow Wilson and Walter Lippmann: a Narrative of Historical Imagery," *Western Political Quarterly*, 12:4(1959), p.944; John Simkin, "Walter Lippmann," *Spartacus Educational*, August 2014; http://spartacus-educational.com/USAlippmann.htm.

했다.

리프먼은 이 책에서 미국은 세가지 유혹을 버려야 한다고 주장했다. 첫째, 과거로 돌아가선 안된다. 둘째, 사회주의자 등과 같은 유토피아 이론가들의 정치를 피해야 한다. 셋째, 경제학자들과 관료들의 기술 유토피아도 거부해야 한다. 즉, 보수주의, 유토피아주의(utopianism), 테크노크라시(technocracy)는 미국의 위기를 극복하는 대안이 될 수 없다는 것이다.[36]

리프먼은 이 책에서 무엇보다도 공동체의 약화로 인해 "우리 존재의 뿌리까지 흔들리고 있다"고 개탄했다. "부모와 자식의 관계이건, 남편과 아내의 관계이건, 노동자와 고용주의 관계이건 간에, 모든 인간관계가 낯선 상황 속에서 움직이고 있다. 우리는 복잡한 문명에 익숙하지 않다. 인격적 접촉과 영원한 권위가 사라져버린 지금, 우리는 어떻게 행동해야 할지를 알지 못한다. 우리를 인도해줄 선례는 전혀 없고, 지금보다 단순한 시대를 위해 만들어졌던 지혜만 있을 뿐이다. 우리는 우리 자신을 어떻게 바꿔야 할지를 인식하는 것보다도 더 빠른 속도로 우리의 환경을 변화시켰다."[37]

---

36 Ganesh Sitaraman, "Foreword: 'Drift and Mastery' in the Twenty-First Century," Walter Lippmann, *Drift and Mastery: An Attempt to Diagnose the Current Unrest*, Madison: University of Wisconsin Press, 1914/2015, pp.xv-xvi; Craufurd D. Goodwin, *Walter Lippmann: Public Economist*, Cambridge, MA: Harvard University Press, 2014, p.18.

37 Walter Lippmann, *Drift and Mastery: An Attempt to Diagnose the Current Unrest*, Madison: University of Wisconsin Press, 1914/2015, p.92; 마이클 샌델(Michael J. Sandel),『민주주의의 불만: 무엇이 민주주의를 뒤흔들고 있는가』, 안규남 옮김, 동녘, 1996/2012, 280-281쪽.

공동체가 약화되면서 상대적으로 강화된 건 광고의 힘이었다. 리프먼은 "동쪽 하늘은 츄잉검, 북쪽 하늘은 칫솔과 내의, 서쪽 하늘은 위스키, 남쪽 하늘은 여성용 속치마로 불타오르고 있다"고 했다.[38] 그는 광고를 가리켜 "경관을 해치고 담벼락을 뒤덮으며 도시를 도배한 채 당신을 향해 밤새 명멸의 눈짓을 보내는 현혹의 아우성"이자 "소비자들이 자신이 원하는 것이 무엇인지를 결코 제대로 판단할 수 없는 변덕스럽고 어리석은 군중"이라는 사실의 증거라고 한탄했다. 그럼에도 그는 소비자의 목소리는 노동이나 자본의 이익보다도 더 강한 외침이 될 것이며, 소비자가 '정치적 상황의 진정한 주인'이 될 것이라고 예견했다.[39]

이 책은 미국 특유의 반지성주의 물결이 혁신주의 운동으로 잠시 주춤하던 상황을 반영한 것이기도 했다. 리처드 호프스태터Richard Hofstadter는 『미국의 반지성주의』(1963)에서 "권력투쟁의 장에서 혁신주의가 거둔 성과는 비록 적었다고 하더라도, 그 분위기는 무한하게 확장되는 것처럼 보였다."며 다음과 같이 말했다.

"이런 경향은 미국사회에서의 정신적 지위에 관심을 기울이는 사람들을 크게 고무시켰고, 지성의 지평은 점점 넓어졌다. 지성은 해방되어 어디서나 흘러넘쳐, 마침내 상층부의 권력자들뿐만 아니라 국민 전체에 스

---

38 Walter Lippmann, *Drift and Mastery: An Attempt to Diagnose the Current Unrest*, Madison: University of Wisconsin Press, 1914/2015, p.53; Stuart Ewen, *All Consuming Images: The Politics of Style in Contemporary Culture*, 2nd ed. New York: Basic Books, 1999, p.43.

39 Walter Lippmann, *Drift and Mastery: An Attempt to Diagnose the Current Unrest*, Madison: University of Wisconsin Press, 1914/2015, pp.52-54; 마이클 샌델(Michael J. Sandel), 『민주주의의 불만: 무엇이 민주주의를 뒤흔들고 있는가』, 안규남 옮김, 동녘, 1996/2012, 300-301쪽.

며드는 것처럼 보였다.... 리프먼은 이런 기운의 본질을 포착하여 1914년에 『표류와 통제』라는 책을 냈는데, 거기에서 그는 사회를 제어하고 통제할 새로운 힘이야말로 자기 시대의 미래를 약속할 열쇠라고 말했다."[40]

루스벨트는 『아웃룩(Outlook)』 1914년 11월 18일자에 기고한 <민주주의에 관한 두 권의 주목할 만한 책(Two Noteworthy Books on Democracy)>이라는 제목의 서평에서 『표류와 통제』를 민주주의에 관한 고전인 제임스 브라이스James Bryce(1838-1922)의 『미국공화국(The American Commonwealth)』(1888)과 같은 반열의 책으로 여기면서 극찬했다. 그는 어느 편지에서 리프먼을 가리켜 "미국의 동년배 세대 가운데 가장 똑똑한 젊은이(the most brilliant young man of his age in all the United States)"로 "뛰어난 필자이자 경제학자(a great writer and economist)"라고 평가했다.[41]

루스벨트의 극찬이 시사하듯이, 리프먼은 두 권의 저서로 25세의 나이에 지식인들 사이에서 제법 명성을 얻게 되었다. 리프먼은『표류와 승리』의 출간 시점과 거의 같은 시기에 진보적인 지식인 대상의 정치 주간지인『뉴 리퍼블릭(New Republic)』(1914년 11월 7일 창간)의 창간에 참여

---

40 리처드 호프스태터(Richard Hofstadter),『미국의 반지성주의』, 유강은 옮김, 교유서가, 1963/2017, 286-287쪽.

41 Ganesh Sitaraman, "Foreword: 'Drift and Mastery' in the Twenty-First Century," Walter Lippmann, *Drift and Mastery: An Attempt to Diagnose the Current Unrest*, Madison: University of Wisconsin Press, 1914/2015, p.xxiii; William E. Leuchtenburg, "Walter Lippmann's 'Drift and mastery'," Walter Lippmann, *Drift and Mastery: An Attempt to Diagnose the Current Unrest*, Madison: University of Wisconsin Press, 1914/2015, p.1; Benjamin F. Wright, *Five Public Philosophies of Walter Lippmann*, Austin: University of Texas Press, 1973/2015, pp.26-27.

하였다.

리프먼 외에 허버트 크롤리Herbert Croly(1869-1930), 월터 웨일Walter Weyl(1873-1919) 등이 주도한 이 주간지는 우드로우 윌슨Woodrow Wilson(1856-1924) 대통령에 대해 부분적으론 호의적인 입장을 취했는데, 리프먼은 그런 관계를 이용해 윌슨 행정부의 고위 관리들과 친분을 갖게 되었다.[42] 리프먼은 그런 명성과 친분으로 제1차 세계대전 기간 동안 정부 일에 적극 참여하면서 '저널리즘, 여론, 민주주의'의 3자 관계에 대해 깊은 관심을 갖고 몰두하게 된다.

---

42 "Lippmann, Walter," *Current Biography*, 1962 ed., p.265; John Simkin, "Walter Lippmann," *Spartacus Educational*, August 2014; http://spartacus-educational.com/USAlippmann.htm.

2장

1914-1920

“민주주의의 위기는 저널리즘의 위기이다”

· 1914-1920 ·

제1차 세계대전의 발발

월터 리프먼이 『뉴 리퍼블릭』의 창간 멤버로 참여할 당시의 상황은 미국이 아직 참전하진 않았지만 유럽에서 제1차 세계대전(1914년 6월-1918년 11월)이 발발한 혼란기였다. 1914년 6월 28일 세르비아의 사라예보를 방문한 오스트리아 황태자 프란츠 페르디난트Franz Ferdinand(1863~1914) 대공大公 부부가 자동차를 타고 가던 중 세르비아 민족주의자의 저격을 받아 암살당한 사건이 발생했다. 훗날 사라예보는 반경 1㎞ 이내에 회교사원과 기독교 교회, 유대교 사원 등이 공존하고 있어 ‘유럽의 예루살렘’으로 불리지만, 당시의 사라예보는 범 슬라브주의와 범 게르만주의가 일촉즉발의 긴장 속에 대치하던 ‘유럽의 화약고’였다.

황태자 부부 피살사건 한달 뒤인 1914년 7월 28일 오스트리아가 세르비아에 선전포고했고, 다음날 베오그라드를 폭격했다. 오스트리아의 동맹국인 독일과 터키, 불가리아 등등의 나라들이 한편이 되고, 세르비아를 지지하는 영국, 프랑스, 러시아, 이탈리아, 벨기에, 루마니아, 포르투

갈, 몬테네그로 등등의 나라들이 다른 편이 되어 서로 싸우기 시작했다. 제1차 세계대전(1914~1918)이다. 발칸 반도 등의 재분할 문제를 둘러싼 국가간 탐욕의 대충돌이었다.[1]

훗날 전쟁사가들은 제1차 세계대전의 원인을 두고 '우연'이냐 '필연'이냐 하는 논쟁을 벌이게 되지만, 그런 논쟁이 필요할 정도로 제1차 세계대전 전야의 분위기는 이상한 것이었다. 윈스턴 처칠Winston Churchill(1874-1965)은 1923년에 출간한 『위기 속의 세계』에서 "거의 온 세상이 고통받기를 원하는 것으로 보일 지경이었다. 곳곳에서 사람들은 분명 위험을 무릅쓰기를 갈망했다."고 회고했다.[2] 그러나 미국은 그럼 '위험'에서 멀리 떨어지려는 정책을 완강히 고수했다. 어느 정도였던가?

1915년 5월초 미국 주재 독일 대사관은 대서양을 항해하는 영국 선박에 미국인이 승선하지 말 것을 경고하는 광고를 미국 신문들에 게재했다. 그로부터 며칠 후인 5월 7일 영국의 정기여객선 루시타니아Lusitania호가 아일랜드 해안에서 독일 U보트의 수뢰 공격을 받아 18분만에 침몰함으로써 승객과 승무원 1,959명 중 1,198명이 숨졌다. 사망자 중에는 미국인도 128명이나 포함돼 있었다.

우드로우 윌슨Woodrow Wilson(1856-1924) 대통령은 배의 격침에 분노한 미국인들의 열화와 같은 전쟁 요구를 묵살하고 외교각서를 통해 배상금 및 여객선 공격 중지를 요구하는 협상을 독일과 벌였다. 독일은 루시

---

1 서의동, "어제의 오늘", <경향신문>, 2009년 7월 14일~10월 6일; 송우혜, "마지막 황태자(연재소설)", <신동아>, 1998년 3월호~1999년 2월호.

2 조지프 나이(Joseph S. Nye), 『국제분쟁의 이해: 이론과 역사』, 양준희 옮김, 한울아카데미, 2000/2000, 125쪽.

타니아호에 무기가 실려 있었다고 주장하면서도 배상금 지급에 합의했다.(후일 밝혀진 바에 따르면, 루시타니아호엔 탄약 4천2백 상자와 유산탄 1천250상자가 실려 있었고, 수뢰 공격을 받을 때 그것이 폭발하여 배의 침몰을 가속화시켰다.)

윌슨은 계속 중립을 밀고 나갔다. 그는 공화당 후보 찰스 에반스 휴스 Charles Evans Hughes(1862-1948)와 맞붙은 1916년 대통령 선거에서 심지어 "그가 우리를 전쟁에 나가지 못하게 막았다(He Kept Us Out of War)"를 민주당 슬로건으로 삼아 자신의 재선 유세에 이용할 정도였다. 윌슨이 재선에 성공함으로써 미국의 1차대전 중립은 확고하게 굳어졌다.[3]

당시 중립은 윌슨의 소신이라기보다는 미국의 민족 구성상 불가피한 일이었다. 1백년 전과는 달리 민족 구성이 매우 다양해졌기 때문에 유럽에서의 전쟁은 미국내 민족간 갈등을 수반할 수밖에 없었다. 19세기 내내 미국 이민을 주도한 아일랜드계와 독일계 미국인들은 미국 정부가 영국과 동맹을 체결할까봐 노심초사하면서 경계를 늦추지 않았다. 아일랜드인은 독일인 못지 않게 영국을 증오하는 사람들이었기 때문이다. 유대계 미국인들의 상당수가 독일계 유대인이라는 점도 무시할 수 없는 변수였다. 이들의 가족이 아직 독일에 남아있는 경우도 있었지만, 이들은 무엇보다도 자신들을 탄압했던 러시아 제정帝政에 도움을 주는 행위를 받아들일 수 없었다. 또한 스칸디나비아계 미국인들도 러시아의 팽창정책을 우려해서 미국이 러시아를 돕는 행위에 반대했다.[4]

---

3 케네스 데이비스(Kenneth C. Davis), 『미국에 대해 알아야 할 모든 것, 미국사』, 이순호 옮김, 책과함께, 2003/2004, 356-357쪽.

4 김봉중, 『카우보이들의 외교사: 먼로주의에서 부시 독트린까지 미국의 외교전략』, 푸

‘세계의 민주주의를 안전하게 만들기 위해서’

대통령 선거가 벌어지고 있던 1916년 7월 미국은 자유의 여신상 부근에 있는 블랙 톰(Black Tom) 무기공장의 대폭발과 함께 독일 스파이들에 의한 간첩행위와 태업을 겪고 있었다. 밖에선 독일군이 미국 배를 비롯한 모든 상선들에 대해 무차별적인 잠수함전을 벌이기 시작했다. 1917년 2월 3일 우드로우 윌슨 대통령이 독일과의 외교를 단절한 배경이다.

그런 상황에서 이른바 ‘짐머만의 전보’ 사건이 일어나면서 미국은 점차 제1차 세계대전 참전의 길로 나아가기 시작했다. 이는 독일 외무장관 아르투르 짐머만Arthur Zimmerman(1864-1940)이 멕시코 외무장관에게 보낸 1917년 1월 16일자 전문에서 멕시코가 독일과 동맹을 맺으면 잃어버린 옛 땅을 되찾게 해주겠다고 말한 것으로, 멕시코와 미국간의 전쟁을 일으키려던 독일측 음모가 발각된 사건이다. 영국은 2월말 미국에 이 전문을 넘겨주었다.

비록 멕시코 정부가 독일의 제안을 받아들이지 않았지만, 윌슨은 이 전문을 미국의 안전에 대한 직접적인 도전으로 받아 들였다. 짐머만의 전문을 통보받은 다음날, 윌슨은 미국 상선들을 무장시킬 수 있는 권한을 의회에 요청했으며, 이에 대한 호의적인 여론을 조성하기 위해 언론에 짐머만 전문을 공개했다. 그러나 반전파 상원의원 로버트 라폴레트Robert M. La Follette(1855-1925)와 조지 노리스George W. Norris, (1861-1944)의 의사 방해로 윌슨의 요청은 받아 들여지지 않았다.

리프먼은 1916 대선에서 윌슨을 낯이 뜨거울 정도로 극찬을 했었기에

른역사, 2006, 198-199쪽.

두 사람은 긴밀한 관계를 유지하고 있었다. 리프먼은 1917년 3월 11일 윌슨 대통령에게 보낸 사적인 편지에서 미국의 참전이 필요한 당위성을 역설하면서 정부의 선전활동을 통해 '건전한 여론'을 강화함으로써 전쟁에 대해 회의적인 대중을 설득할 수 있다고 했다.[5]

인종차별주의 성향이 농후했던 윌슨은 리프먼이 유대인이란 점을 좀 꺼려 했지만, 그런 우려를 불식시켜준 이는 윌슨행정부의 실세인 커늘 하우스Colonel House(1858-1938)였다. 리프먼은 일반적인 유대인과는 다르다는 게 그의 주장이었는데, 이는 충분한 근거가 있는 변명이었다.

리프먼은 1915년에 출간한 『민주주의의 몫(The Stakes of Diplomacy)』에서 애국심과 민족주의를 훗날 나중에 나오게 될 이른바 '후광반사효과(basking in reflected glory)'로 설명했다. 사람들이 소속 집단의 영광을 자신의 영광으로 여겨 애국심과 민족주의에 빠져 든다는 이야기였다. 그는 그걸 설명하는 과정에서 유대인들이 '단순한 사람들을 착취하는 나쁜 경제적 습관'을 갖고 있다고 했는데, 이는 유대인들이 반유대주의에 책임이 있다는 논지로 읽혀 다른 유대인들의 거센 반발을 샀다.[6]

독일은 미국의 참전을 원했던 걸까? 3월 16일부터 18일까지 독일 잠수

---

5 Don D. Walker, "Woodrow Wilson and Walter Lippmann: a Narrative of Historical Imagery," *Western Political Quarterly*, 12:4(1959), p.945; Michael Schudson, *The Good Citizen: A History of American Civic Life*, New York: The Free Press, 1998, p.212; 크리스 헤지스(Chris Hedges), 『진보의 몰락: 누가 진보를 죽였는가』, 노정태 옮김, 프런티어, 2010/2013, 130쪽.

6 Walter Lippmann, *The Stakes of Diplomacy*, 2nd ed., New York: Henry Holt and Company, 1915/1917, pp.60-70; Ronald Steel, *Walter Lippmann and the American Century*, Boston, MA.: Little, Brown, 1980, pp.188-189. 강준만, 「왜 20만원 짜리 LG 트윈스 '유광 점퍼'가 9800원에 팔렸는가?: 후광반사 효과」, 『우리는 왜 이렇게 사는 걸까?: 세상을 꿰뚫는 50가지 이론』, 인물과사상사, 2014, 156-161쪽 참고.

함들은 멤피시스호, 일리노이호, 비질란시아호 등 미국 선박들을 계속 격침시켰다. 도대체 무슨 이유 때문이었을까? 그건 전쟁을 총지휘한 에리히 루덴도르프Erich Ludendorff(1865-1937) 장군의 잘못된 계산 때문이었다. 그는 당시 이런 생각을 했다.

"더이상 전쟁터에서는 승리할 수 없지만 잠수함으로는 승리가 가능하다. 늦어도 6개월 안에 영국을 쓰러뜨릴 수 있을 것이다. 미국에서 유럽으로 대규모의 병력 수송선을 보내오려면 1년이 걸린다. 그들이 오기 전에 독일은 승리할 것이며 그들이 더 일찍 오지 못하게 하는 데에도 잠수함을 쓸 수 있을 것이다."[7]

물론 그의 계산은 맞아 떨어지지 않았다. 그가 원한 시간내에 영국이 무너지지도 않았으며 미국의 파병은 그의 생각보다 훨씬 더 빨리 이루어졌다. 윌슨은 4월 2일 저녁 상하 양원 합동회의 연설을 통해 독일에 대한 선전포고를 요청하면서 '세계의 민주주의를 안전하게 만들기 위해서(making the world safe for democracy)'라고 했다. 윌슨은 "잠수함을 사용하는 비인간적인 행위는 인류에 대한 전쟁을 의미한다"며, 독일정부를 '인간 생활의 근원'을 공격하는 위협적인 괴물로 규정했다.

1917년 4월 4일 상원에서는 라폴레트와 노리스를 비롯한 일부 의원들의 반대가 있었지만 82 대 6으로, 하원에서는 4월 6일 373 대 50으로 윌슨의 선전포고를 승인했다. 결국 미국은 4월 6일 대對독일 참전을 개시했으며, 최초의 미군이 6월 26일 프랑스에 상륙했다.[8]

---

7 피터 벤더(Peter Bender), 『제국의 부활: 비교역사학으로 보는 미국과 로마』, 김미선 옮김, 이끌리오, 2003/2006, 88쪽.

8 정성화, 「제6장 윌슨시대의 외교(1914-1920)」, 차상철 외, 『미국외교사: 워싱턴 시대부

미국에게 제1차 대전 참전은 '세계의 민주주의를 안전하게 만들기 위한 전쟁(The War To Make the World Safe for Democracy)'이었다. 이는 리프먼이 만들어낸 말이었다. 그간 미국의 분열을 우려했던 리프먼은 참전이 미국의 분열을 극복하고 미국인들로 하여금 높은 수준의 질서, 단결, 비전을 위해 헌신할 수 있는 기회로 보았다. 이는 혁신주의와 실용주의를 껴안은 지식인들 사이에 널리 퍼진 생각이었다.[9]

크릴위원회의 프로파갠다 활동

경력으로 보자면, 윌슨만큼 '준비된 대통령'도 드물었다. 학자 시절에도 현실 정치를 깊이 파고드는 연구를 했을 뿐만 아니라 대학총장과 주지사라고 하는 행정경험까지 쌓지 않았던가. 그럼에도 그에겐 한가지 고질병이 있었으니 그건 바로 이상(理想)에 대한 집착이었다. 언젠가 윌슨은 "내 흥미를 끌거나 나를 괴롭히는 건 사람이 아니라 이상이다. 사람은 죽지만 이상은 영원하다."고 했는데, 참전의 명분을 대면서 그 이상 집착증이 발동한 것인지도 모를 일이었다.[10]

현실과 이상의 엄청난 괴리는 윌슨만의 문제가 아니었다. 미국 외교에

터 루즈벨트 시대까지(1774~1939)』, 비봉출판사, 1999, 233-293쪽.

9 Robert E. Herzstein, *Henry R. Luce: A Political Portrait of the Man Who Created the American Century*, New York: Charles Scribner's Sons, 1994, p.122; Donald Stabile, *Prophets of Order: The Rise of the New Class, Technocracy and Socialism in America*, Boston, MA: South End Press, 1984, pp.81-86.

10 David H. Burton, "The Learned Presidency: Roosevelt, Taft, Wilson," *Presidential Studies Quarterly*, 15:3(Summer 1985), pp.486-497; John F. Wilson, "Rhetorical Echoes of a Wilsonian Idea," *The Quarterly Journal of Speech*, 43(1957), pp.271-277.

내재된 근본 문제였다. 이상주의와 팽창주의는 충돌하기 마련이었던 바, 역사가 윌리엄 애플맨 윌리엄즈William Appleman Williams(1921-1990)는 이를 미국외교의 근본 비극으로 보았다.[11]

그 비극은 군의 동원에도 그대로 나타났다. 참전의 명분은 화려했지만, 실속은 영 딴판이었다. 도무지 자원 입대자가 나타나질 않았다. 100만명의 군인이 필요했지만 처음 6주 동안 자원한 사람은 7만3천명에 불과했다. 결국 의회는 징병법(Selective Service Act)을 통과시켰다. 이 법으로 20세에서 30세까지, 나중에는 18세에서 45세에 이르는 모든 남성들이 지역 징병위원회에 등록해야 했다.

남부의 여러 정치인들은 흑인들이 군인이 되는 것을 우려해 흑인들의 징병을 반대했지만, 정부 입장에선 그렇게 여유를 부릴 때가 아니었다. 전쟁을 흑인 지위 향상의 기회로 본 흑인 지도자와 단체들은 흑인에게 '세계의 자유'를 위한 전쟁에 참여할 것을 촉구했다. 그러나 군대는 흑인과 백인용 시설을 분리하고, 흑인이 장교가 되는 것을 막았으며, 흑인 병사들에게 주로 천한 일만 시키는 등 인종차별 정책을 썼다. 1917년 텍사스의 휴스톤에서는 백인 병사들이 흑인 병사들의 폭동을 유발시켜 백인 17명과 흑인 2명이 사망한 가운데 100명 이상의 흑인들이 군법회의에 회부돼 13명이 교수형을 당하는 사건까지 일어났다.[12]

이는 윌슨 행정부의 입장에선 전시 프로파갠다가 절대적으로 필요하

---

11 William Appleman Williams, *The Tragedy of American Diplomacy*, New York: World Publishing Co., 1959.

12 손세호, 『하룻밤에 읽는 미국사』, 랜덤하우스, 2007, 173-174쪽; 정성화, 「제6장 윌슨 시대의 외교(1914-1920)」, 차상철 외, 『미국외교사: 워싱턴 시대부터 루즈벨트 시대까지(1774~1939)』, 비봉출판사, 1999, 233-293쪽.

다는 걸 말해주는 사건들이었다. 리프먼이 윌슨에게 보낸 사적인 편지에서 제안했던 정부의 선전활동은 공보위원회(CPI: Committee on Public Information)의 발족으로 실현되었다. 공보위원회는 미국 역사상 최초의 연방 선전기관으로 위원장의 이름이 조지 크릴George Creel(1876-1953)이어서 '크릴위원회(Creel Committee)'로 불렸다. 1917년 4월 14일부터 업무를 시작한 크릴위원회는 1919년 6월 30일까지 26개월간 존속하게 된다.

1917년 5월 페이 앨버트슨Faye Albertson과 결혼한 리프먼은 다음 달 전쟁부장관(Secretary of War) 뉴톤 베이커Newton Baker(1871-1937)의 보좌관으로 임명되었다. 그는 제1차 세계대전 기간 중 정보장교(대위)로서 크릴위원회와 관련된 정부의 전쟁프로파갠다 작업에 복무하였다.

저널리스트 출신인 크릴은 "전선戰線은 유럽에만 있는 게 아니라 미국 전역의 모든 가정에 있는 사람들의 마음 속에도 있다"며 여론전의 중요성을 강조했다.[13] 크릴위원회는 1917년 5월부터 보도자료(CPI Official Bulletin)를 발간해 언론보도에 큰 영향을 미쳤으며, 15만명을 선전요원으로 동원해 호전적 애국주의를 부추겨 징병을 원활하게 하는 등 큰 성과를 올렸다. 크릴위원회는 7만5천명의 연설가를 지원하였는데, 이들은 5천개의 도시와 마을에서 연인원 3억1천4백만명을 대상으로 '4분 연설'을 75만회나 실시하였다.[14]

---

13 Sarah E. Igo, *The Averaged American: Surveys, Citizens, and the Making of a Mass Public*, Cambridge, MA: Harvard University Press, 2007, p.108.

14 Michael Emery & Edwin Emery, *The Press and America: An Interpretive History of the Mass Media*, 8th ed. Boston, Mass.: Allyn and Bacon, 1996; 하워드 진(Howard Zinn), 『미국민중저항사 II』, 조선혜 옮김, 일월서각, 1980/1986, 87쪽; 〈Committee

'백 퍼센트 아메리카니즘'의 광기

크릴위원회는 전쟁 자금 조달을 월스트리트에서 하기 위해 할리우드 스타인 더글러스 페어뱅크스Douglas Fairbanks(1883-1939)와 메리 픽포드Mary Pickford(1892-1979) 등을 동원해 일반 투자자들을 상대로 정부채권 마케팅을 실시하기도 했다.[15] "전쟁을 끝내기 위한 전쟁(War to End Wars)"이라는 크릴위원회의 구호는 거의 모든 언론에 의해 호의적으로 받아 들여졌다.[16]

제1차 세계대전 참전 이후 가장 큰 현안은 유럽에서 갓 이민을 온 외국 출신자들을 어떻게 미국화시킬 것인가 하는 문제였다. 이는 '백 퍼센트 아메리카니즘(100 Per Cent Americanism)'이라는 구호로 압축돼 표현되었다. 예컨대, 전비를 대기 위한 국공채를 판매하는 포스터는 "당신은 100% 미국인인가? 그렇다면 입증하시오!(Are You 100% American? Prove It!)"라고 외쳤다.[17]

그런 상황에서 반反독일 히스테리가 거세게 밀어 닥쳤다. 독일어로 된 신문들을 폐간하자는 주장이 나왔고 또 판매가 금지되기도 했다. 교육과정에서 독일어를 빼야 한다는 캠페인이 일어났으며 실제로 그렇게 한 학교도 있었다. 도서관들은 소장 독일어 책을 불태우기도 했다. 델라웨

---

on Public Information〉, [Wikipedia]; 〈George Creel〉, [Wikipedia].

15 존 스틸 고든(John Steele Gordon), 『월스트리트제국: 금융자본권력의 역사 350년』 강남규 옮김, 참솔, 1999/2002, 296-297쪽.

16 Verne E. Edwards, Jr., *Journalism in a Free Society,* Dubuque, IA: Wm.C.Brown, 1970, p.87.

17 Shawn Aubitz & Gail F. Stern, "Ethnic Images in World War I Posters," *Journal of American Culture,* 9:4(Winter 1986), pp.83-98.

어주, 몬태나주 등 몇 개 주에서는 아예 주 전체가 독일어 교습을 금지했다. 이에 많은 독일인들이 앵글로색슨식 이름으로 개명하기 시작했다.[18]

독일어 상표와 상호마저 사라지는 현상까지 생겼다. 싸우어크라우트sauerkraut는 '자유 양배추(liberty cabbage)'로, 햄버거는 '자유 소세지(liberty sausage)'로 명명하는 등 독일어 단어를 일소하려는 시도가 이루어졌다. 학문세계에서도 독일의 영향력이 쇠퇴하는 가운데 '일종의 교육 먼로주의'가 확립되고 '미국 문학'이 탄탄한 위상을 갖게 되는 계기가 되었다.[19]

생각해보면 참으로 놀라운 일이었다. 1910년의 인구조사에 따르면, 독일계는 250만명이었고, 부모 어느 한쪽의 독일계까지 합하면 그 2배에 이르는 사람들이 독일계였다. 독일계는 수도 많은데다 이민자 그룹 가운데 가장 존경받고 높은 지위를 누리던 집단이었다. 그런데 이 모든 게 제1차 세계대전 하나로 뒤집어졌으니, 이 어찌 놀라운 일이 아니랴.[20]

반反독일 히스테리만 나타난 게 아니었다. 많은 선전용 포스터들은 여성이 강간을 당하고 아이들이 다치는 연상을 불러 일으켰다. 크릴위원회는 시민들에게 "비관론을 펼치는 사람을 법무부에 신고하라"고 강권했고, 법무부는 600개의 마을에서 미국수호협회(American Protective League)를 후원함으로써 '만인에 대한 만인의 감시체제'가 출범했다. 미

---

18 권용립, 『미국의 정치문명』, 삼인, 2003, 208-209쪽.

19 송무, 『영문학에 대한 반성: 영문학의 정당성과 정전 문제에 대하여』, 민음사, 1997, 62쪽; 앨런 브링클리(Alan Brinkley), 『미국인의 역사 3』, 황혜성 외 공역, 비봉출판사, 1993/1998, 16-17쪽.

20 John D. Stevens, *Shaping the First Amendment: The Development of Free Expression*, Beverly Hills, Ca.: Sage, 1982.

국수호협회는 국가에 충성하지 않은 사례를 300만건이나 적발했다고 주장했으며, 1918년 법무장관은 "역사상 이 나라의 치안이 이렇듯 철저하게 유지된 적이 없었다고 해도 무방하다"고 자랑했다.

리프먼의 크릴위원회 비난

왜 그런 일이 벌어졌을까? 무엇보다도 징병 거부자들이 너무 많았기 때문이다. 30만명 이상이 병역거부자로 분류되었다. 정부는 전쟁을 반대하거나 비판하는 사람들을 막기 위해 1917년 6월 방첩법(Espionage Act)을 만들었는데, 이 법엔 입대를 거부하거나 타인의 입대를 제지할 경우 20년 이하의 징역에 처한다는 조항이 포함되었다. 이 법은 전쟁에 반대하는 말을 하거나 글을 쓴 사람들을 구속하는 데에 이용되었다. 방첩법으로 인해 2천명이 기소되고 900명이 감옥에 갔다.[21]

사회주의 지도자 케이트 리처드 오헤어Kate Richards O'Hare(1876-1948)는 "미국의 여성들은, 자식을 키워 군대에 보내고 그 자신은 비료가 되어 버리는 씨받이 돼지에 지나지 않는다"고 연설했다는 이유로 징역 5년형을 선고받았다. 심지어 이런 코미디 같은 일도 벌어졌다. 미국의 독립혁명을 주제로 하여 식민지 주민에 대한 영국의 잔학행위를 묘사한 영화 <1776년의 정신>이 로스앤젤레스에서 상영되었는데, 영화를 제작

---

21 Woodrow Wilson, "Message to Congress(April 2, 1917)," Richard N. Current & John A. Garraty, eds., *Words That Made American History: The 1870's to the Present*, Boston, Mass.: Little, Brown and Co., 1962, pp. 237-251; 하워드 진(Howard Zinn) & 레베카 스테포프(Rebecca Stefoff),『살아있는 미국역사』, 김영진 옮김, 추수밭, 2007/2008, 180-184쪽.

한 사람은 방첩법 위반으로 기소되었다. 재판관은 그 영화가 "우리의 신뢰하는 연합국인 대영제국을 문제삼으려는" 경향이 있다며, 10년형을 언도했다. 이 사건은 "미국과 '1776년의 정신' 사이의 대립"으로 기록되었다.[22]

유력 지식인들은 이런 상황에 이의를 제기하기는커녕 오히려 정부를 거들고 나섰다. 1917년 혁신주의 작가 랜돌프 본Randolph Bourne(1886-1918)은 "전쟁 때문에 관료가 된 실용주의 지식인들은 실질적인 일들에만 치중한 나머지 어떤 사태에 대해 지식인답게 사고하거나, 이상주의자들처럼 목적에 관심을 두는 능력은 거의 없다"고 꼬집었다.[23]

미국의 선전포고 즉시, 프레드릭 잭슨 터너Frederick Jackson Turner, (1861-1932)를 포함한 몇몇 지도적 역사학자들은 워싱턴에 모여 "현재 역사가들이 조국을 위해 무엇을 할 수 있는가"를 놓고 토론을 벌였다. 이들이 실행한 일 가운데 하나는 팸플릿 3300만부를 만들어 각종 정부기관을 통해 배포한 것이었다. 터너의 제자인 칼 베커Carl L. Becker(1873-1945)도 크릴위원회를 위한 팸플릿을 왕성하게 써댐으로써 '프런티어 신화'를 재현하는 데에 앞장섰다.[24] 훗날 1차대전 시기의 역사적 프로파갠다에 관한 연구에서, G. T. 블레이키G. T. Blakey는 "많은 역사가들이 편향된

---

22 하워드 진(Howard Zinn), 『미국민중저항사 II』, 조선혜 옮김, 일월서각, 1980/1986, 95쪽; 하워드 진(Howard Zinn), 『오만한 제국: 미국의 이데올로기로터 독립』, 이아정 옮김, 당대, 1991/2001, 337쪽.

23 제임스 A. 스미스(James A. Smith), 『미국을 움직이는 두뇌집단들』, 손영미 옮김, 세종연구원, 1991/1996, 44-45쪽.

24 Ronald H. Carpenter, "America's Tragic Metaphor: Our Twentieth-Century Combatants as Frontiersmen," *The Quarterly Journal of Speech*, 76:1(February 1990), pp. 1-22.

국가의 압력에 굴복하였으며 전쟁의 목표가 학문적 제약에 우선하는 것으로 받아들였다"고 결론내렸다.[25]

리프먼은 크릴위원회의 탄생에 큰 기여를 했지만, 국민적 히스테리를 부추긴 크릴의 선전 방법론엔 동의하지 않았다. 크릴은 사실에 근거한 선전의 필요성을 역설하면서 거짓의 냄새가 풍기는 '프로파갠다(propaganda)'라는 용어의 사용을 거부했지만, 이는 실제로 벌어진 일과는 달랐다. 『뉴욕타임스』가 크릴위원회(CPI)는 '공보위원회(Committee on Public Information)'가 아니라 '오보위원회(Committee on Public Misinformation)'라고 비판할 정도로 정보를 왜곡하는 경우도 많았다. 그래서 리프먼은 크릴위원회의 활동을 맹렬하게 비난한 보고서를 작성했는데, 이는 크릴의 분노를 사 정부의 선전활동에서 손을 떼고 종전終戰 협상을 위한 베르사유 평화협정 파견단을 돕는 일을 맡게 되었다.[26]

제1차 세계대전의 종전과 파리 평화회의

제1차 세계대전은 1918년 11월 3일 독일의 항복으로 끝이 났다. 11월 11일 11시 휴전조약 이 조인되었다.(오늘날 11월 11일은 미국 재향군인의 날로 기념되고 있다.) 종전은 전 미국을 열광의 도가니로 몰아 넣었

---

25 하워드 진(Howard Zinn), "냉전시대 역사의 정치학: 억압과 저항", 『냉전과 대학: 냉전의 서막과 미국의 지식인들』, 노엄 촘스키(Noam Chomsky) 외, 당대, 2001, 80-129쪽.

26 Sidney Blumenthal, "Walter Lippmann and American journalism today," 〈opendemocracy.net〉, 31 October 2007; Scott Horton, "Walter Lippmann, Remembered," 〈Harper's〉, October 26, 2007; "Committee on Public Information," 〈Wikipedia〉.

다. 거리는 노래와 춤으로 종전을 축하하는 사람들로 흘러 넘쳤다. 뉴욕 5번가엔 155톤에 달하는 테이프와 색종이 조각이 뿌려졌다.[27]

4년 동안 지속된 제1차 세계대전은 독일 180만명, 러시아 170만명, 프랑스 140만명, 오스트리아-헝가리 130만명, 영국 74만명, 이탈리아 61만명 등 약 1천만명의 사망자를 냈다. 전쟁으로 인한 기아와 질병에 시달려 죽어간 사람도 1천만명, 불구자는 600만명이나 나왔다.

엎친데 덮친 격으로 스페인 독감까지 전 세계를 휩쓸어, 1918년 한 해 동안 2천2백만명이 사망했다. 심지어 5천만명이 사망했다고 기술한 문헌들도 있다. 제1차 세계대전 사망자의 2배에 해당하는 수치였다. 전쟁에서 돌아온 군인들을 따라 스페인 독감이 미국으로도 건너와 모두 67만명이 사망했다. 스페인 독감은 1921년까지 맹위를 떨쳤는데, 조선에선 약 14만명이 사망했다.[28]

1918년 12월 4일, 그런 어수선한 상황에도 불구하고 우드로우 윌슨 대통령은 1차 대전을 법적으로 마무리하기 위한 파리평화회의에 참석하기 위해 군함 조지 워싱턴호에 승선해 뉴욕을 떠났다. 그는 재임 중 미국을 벗어나는 최초의 대통령이 되었다. 윌슨이 바다를 건너는 동안 11척의 전함이 대통령 전용선을 호위했다. 9일 뒤 프랑스 브레스트에 도착한 그

---

27 F. L. 알렌(Frederick Lewis Allen), 『원더풀 아메리카』, 박진빈 옮김, 앨피, 1931/2006, 43쪽.

28 케네스 데이비스(Kenneth C. Davis), 『미국에 대해 알아야 할 모든 것, 미국사』, 이순호 옮김, 책과함께, 2003/2004, 358쪽; 질비아 엥글레르트(Sylvia Englert), 『상식과 교양으로 읽는 미국의 역사』, 장혜경 옮김, 웅진지식하우스, 2005/2006, 164쪽; 크리스 하먼(Chris Harman), 『민중의 세계사』, 천경록 옮김, 책갈피, 1999/2004, 523쪽; 박근태, "1918년 원조 석호필 박사 조선 독감논문 1호를 쓰다", <동아일보>, 2007년 11월 23일.

는 파리와 런던, 로마를 방문해 환영 인파로부터 '유럽의 구원자'라는 칭송을 받았다. 특히 거리를 가득 메운 200만명의 파리 시민들은 "윌슨 만세"를 외치며 열광했다.[29]

전승국인 연합국 27개국 대표 70여명은 1919년 1월 18일부터 프랑스 파리 베르사유(Versailles) 궁전에서 만국강화회의를 열고 전후 대책을 논의하였다. 1년전인 1918년 1월 8일 윌슨이 선포한 14개 조항으로 된 평화대책은 전 세계의 주목을 받았다. 리프먼도 참여해 만든 이 14개 조항에는 국제연맹의 창설이 제창되었고, '모든 식민지 문제의 공평한 조치'를 규정한 이른바 '민족자결주의(national self-determination)'가 포함되었다. 민족자결주의의 요지는 식민지 문제를 취급함에 있어서 통치하는 정부의 주장과 통치를 당하는 국민들의 이익이 동등하게 취급되어야 한다는 것이었다.[30]

그러나 각국 정부는 그런 이상보다는 자기 잇속 챙기기에 혈안이 되었다. 마이클 헌트Michael H. Hunt는 『이데올로기와 미국외교』(1987)에서 "윌슨의 14개 조항은 앵글로색슨 문화가 국제사회의 패권을 장악하고, 영국과 미국 간의 외교적 협력 시대를 기대한 것이다. 윌슨이 설계한 국제사회는 무역의 자유, 군비경쟁의 종식, 동맹국 간의 비밀외교 및 무시무시한 대량학살의 추방, 제국의 해체가 달성된 세상이었으며, 특히 유

---

29 이철희, "1918년 윌슨 美대통령 첫 유럽 방문", <동아일보>, 2008년 12월 4일; 이철희, "1920년 美국제연맹 가입안 부결", <동아일보>, 2009년 3월 19일; 케이티 마튼(Kati Marton), 『숨은 권력자, 퍼스트 레이디』, 이창식 옮김, 이마고, 2002.

30 John Simkin, "Walter Lippmann," *Spartacus Educational*, August 2014; http://spartacus-educational.com/USAlippmann.htm; 송남헌 외, 『몸으로 쓴 통일독립운동사: 우사 김규식 생애와 사상 3』, 우사연구회 엮음, 한울, 2000, 24쪽.

럽 전역의 민족 자결주의가 선양된 세상이었다."며 다음과 같이 말한다.

"윌슨은 독일, 러시아, 오스트리아-헝가리 제국에서 해방된 국가들에서 온건하고 민주적이며 헌법을 새롭게 제정하는 혁명이 일어날 것으로 기대했다. 아울러 그런 혁명을 통해 새롭게 태어난 국가들과 평화를 사랑하는 기존의 민주 국가들이 제휴하여 국제적 연맹을 결성하면 국제사회에 만연된 테러, 폭정, 침략행위를 종식시킬 수 있고 정의를 요구하는 많은 민족들의 '항구적 불만'을 진정시킬 것으로 전망했다. 그러나 윌슨이 설계한 새 질서는 결국 실현되지 못했다. 윌슨의 기대와 달리 그의 동맹국들은 윌슨의 말을 듣지 않았다. 또 그들은 눈앞의 이익만 좇았다."[31]

'뜯어먹기 잔치판'으로 변질된 베르사유 조약

1919년 6월 28일에 맺어진 베르사유 조약은 말 그대로 '뜯어먹기 잔치판'의 결과였다. 독일은 모든 해외 식민지를 포기하고, 알자스 로렌 지방을 프랑스에 돌려줘야 했다. 전쟁 배상금 1320억마르크를 10년 안에 지불하고, 공군과 잠수함을 보유하지 않으며, 육·해군 병력을 10만명 이내로 제한하겠다는 약속도 했다.[32]

베르사유 조약은 전후 지도를 바꿔 놓았다. 전비는 독일, 오스트리아, 터키 동맹국측에 떠넘겨졌고, 한때 오스트리아-헝가리제국에 속해 있던 헝가리는 영토의 3분의 2를 잃은데다 인구까지 800만으로 쪼그라들었다.

---

31 마이클 헌트(Michael H. Hunt), 『이데올로기와 미국외교』, 권용립·이현휘 옮김, 산지니, 1987/2007, 281-282쪽.

32 김민아, "1935년 독일, 베르사유조약 파기 선언", <경향신문>, 2009년 3월 16일.

오스트리아-헝가리 영토를 승전국 마음대로 분할한 결과 발틱 해를 중심으로 한 유고슬라비아, 체코슬로바키아, 폴란드와 같은 독립국들도 새로 생겨났다. 그로 인해 약 300만명의 오스트리아계 독일인들이 체코슬로바키아에 편입되었다. 오스만터키에 속해있던 중동 지역 영토는 승전국들이 나눠 갖고 터키는 허약한 소국으로 전락했다. 영국은 팔레스타인, 요르단, 메소포타미아(현 이라크)를 차지했고, 레바논과 시리아는 프랑스가 먹었다. 독일 소유로 되어있던 아프리카 지역도 승전국들에게 분할되었다.[33]

제1차 세계대전은 일본과 미국에게도 큰 축복이었다. 1914년 11억엔의 대외부채를 지고 고민하던 일본이 1920년에는 27억7천만엔의 채권국이 되었다. 세계무역에서 일본이 차지하는 비율도 1913년의 1%에서 1918년에는 5%로 성장했다. 또다른 수혜국인 미국의 비율도 10%에서 20% 이상으로 증가했다. 1914년 심각한 경제위기에 봉착했던 미국은 연합국, 특히 영국에 수출할 군수물자를 생산하면서 호경기를 맞은 것이다. 전쟁 전 미국은 약 30억 달러의 외채를 갖고 있었지만 전후에는 약 130억달러의 채권국이 되었고, 그 와중에서 월스트리트는 전세계 금융의 중심지로 부상했다. 미국은 전쟁이 제공한 경제적 기회를 효율적으로 이용하기 위해 외국은행의 지점을 허용하는 엣지법(Edge Act)과 같은 다양한 방법들을 고안해냈다.[34]

---

33 케네스 데이비스(Kenneth C. Davis), 『미국에 대해 알아야 할 모든 것, 미국사』, 이순호 옮김, 책과함께, 2003/2004, 358-360쪽.

34 이덕주, 『식민지 조선은 어떻게 해방되었는가』, 에디터, 2003), 55쪽; 정성화, <제6장 윌슨시대의 외교(1914-1920)>, 차상철 외, 『미국외교사: 워싱턴 시대부터 루즈벨트 시대까지(1774~1939)』, 비봉출판사, 1999, 233-293쪽; 마이클 하워드(Michael

인류역사에서 전쟁은 늘 참혹했지만, 동시에 늘 수혜자를 만들어 내곤 했다. 세계의 강대국이나 선진국 치고 전쟁에 적극 뛰어들지 않은 나라가 없고, '전쟁의 축복'을 누리지 않은 나라가 없다. 인간 세계의 근본 모순인 셈이다. '전쟁의 축복'을 누린 일제는 더욱 호전적인 자세로 다른 민족에겐 재앙을 주는 길로 나아가게 된다.

윌슨도 베르사유의 환멸을 피해가진 못했다. 나름의 원대한 이상을 품었던 윌슨이 평화회의에서 목도한 것은 유럽의 적나라한 현실주의 정치였다. 그는 독일에 가혹한 배상을 받아내려 혈안이 된, 그리고 영토에 대한 야심을 버리지 못한 유럽의 지도자들에게 넌더리를 냈다. 윌슨은 프랑스로 출발한지 6개월 이상 지난 뒤인 1919년 6월말 베르사유조약을 갖고 돌아와 7월 10일 워싱턴에 도착했다.

우드로우 윌슨 대통령의 아집과 독선

베르사유 조약을 상원에 제출한 뒤, 윌슨은 유리한 여론 조성을 위해 9월 3일부터 전국 연설여행에 나서 22일간 강행군을 했다. 그가 행한 대규모 연설만 해도 32 차례였고, 때론 하루에 네 차례의 연설을 하기도 했다. 63세 노인이 소화하기엔 무리한 일정이었다. 윌슨의 그런 발버둥에도 불구하고 9월 24일 상원은 43대 40으로 인준을 거부했고, 11월 19일

Howard) & 로저 루이스(Roger Louis), 『20세기의 역사』, 차하순 외 옮김, 가지않은 길, 2000, 235쪽; 하워드 진(Howard Zinn) & 레베카 스테포프(Rebecca Stefoff), 『살아있는 미국역사』, 김영진 옮김, 추수밭, 2007/2008, 179쪽.

마침내 조약을 폐기해버렸다.[35]

윌슨이 당초 내건 14개 평화조항 중 유일하게 건질 수 있었던 것은 전후 세계질서 비전을 담은 국제연맹의 창설이었지만, 이마저 미 상원의 인준 거부로 날아가고 말았다. 미 상원의 고립주의 탓이었을까? 그런 설이 있지만, 고립주의가 아니라 일방주의(unilateralism) 때문이었다는 주장도 있다. 개입이 필요하면 미국 자신의 판단에 따라 자신의 방식으로 하면 되는 것이지 뭘 거추장스럽게 국제연맹 따위가 필요하냐는 생각이었다는 것이다. 같은 맥락에서, 윌슨의 이상도 제국주의를 거부한 것이 아니라 제국주의를 완성하려는 것이었다는 시각도 있다.[36]

의회와 윌슨의 이유와 동기가 무엇이었건, 윌슨이 어떻게 하느냐에 따라서 상원의 인준은 얼마든지 얻어낼 수 있는 것이었다는 데엔 이견이 거의 없다. 문제는 윌슨의 아집과 독선이었다. 의회 대신 국민을 직접 상대하겠다던 그의 전국 연설여행은 의회의 분노를 샀다. 그는 미국의 군사적 개입이 요구되는 위기상황과 관련해 의회에 이를 평가할 권한이 주어지면 국제연맹 가입을 승인할 것이라는 수정안마저 한사코 거부해 국제연맹을 제 손으로 죽이고 말았다.

국제연맹은 미국이 베르사유 조약에 대한 의회의 인준 거부로 처음부터 불참하는 등 유명무실한 채로 표류하다 2차 대전 이후 해체되고 만다. 아니 국제연맹의 표류 때문에 2차 대전이 일어난 건지도 모른다. 윌

---

35 손세호, 『하룻밤에 읽는 미국사』, 랜덤하우스, 2007, 180-181쪽; 이철희, "1918년 윌슨 美대통령 첫 유럽 방문", <동아일보>, 2008년 12월 4일; 이철희, "1920년 美국제연맹 가입안 부결", <동아일보>, 2009년 3월 19일.

36 이삼성, 『세계와 미국: 20세기의 반성과 21세기의 전망』, 한길사, 2001, 213-214쪽.

슨이 고집을 피우지 않고 수정안에 따라 미국이 국제연맹에 가입했다면 패전국 독일은 이후 국제법 절차에 따라 불만을 해소할 수 있었을지 모른다. 하지만 독일은 허울만 남은 국제연맹을 무시하며 무력으로 모든 것을 해결하려 했고 결국 유럽에선 또 한 차례의 세계대전이 일어난다.

훗날 경제학자 존 메이너드 케인즈John Maynard Keynes(1883-1946)가 독일이 베르사유 조약 때문에 파산했으며, 아돌프 히틀러(Adolf Hitler, 1889-1945)가 권력을 거머쥔 주요 원인도 베르사유 조약이라고 주장한 것도 무리는 아니다.

베르사유 조약의 비극은 윌슨의 비극이기도 했다. 사회당 지도자 유진 뎁스Eugene Debs(1855-1926)는 "미국 역사에서 공인 가운데 우드로우 윌슨만큼 철저히 신뢰를 잃고, 호되게 비난받고, 압도적인 거부와 반대에 부닥친 채 은퇴하는 사람은 찾아보기 힘들 것이다."고 말했다.[37] 미국의 제1차 세계대전 참전이 '세계 민주주의의 안전'에 기여했는지는 모르겠지만, '미국 민주주의의 안전'에는 심대한 위협을 초래했다고 할 수 있겠다.

리프먼의 환멸과 여론에 대한 불신

당시 미국의 언론 상황은 어떠했던가? 1917년부터 퓰리처상이 시작되는 등 현대적 저널리즘 원칙이 형성돼 가던 시기였다. 저널리즘 학교들도 늘어나고, 객관주의(objectivity)란 말이 기자들의 입에 막 붙기 시작

---

37 리처드 셍크먼(Richard Shenkman), 『미국사의 전설, 거짓말, 날조된 신화들』, 이종인 옮김,미래M&B, 1988/2003, 154-155쪽; 이철희, "1918년 윌슨 美대통령 첫 유럽 방문", <동아일보>, 2008년 12월 4일; 이철희, "1920년 美국제연맹 가입안 부결", <동아일보>, 2009년 3월 19일.

하던 때였다.[38] 그러나 1차 세계대전의 타격은 언론이 기업으로서의 생존에 몰두하게끔 만들어 많은 비리를 양산해내기도 했다.

넌픽션 소설 『정글(The Jungle)』(1906)의 작가인 업튼 싱클레어Upton Sinclair(1878-1968)는 1919년 언론의 치부를 폭로한 『브래스체크(The Brass Check: A Study of American Journalism)』를 출간했다. 싱클레어는 이 책에서 미국 신문과 잡지의 사주나 기자들의 부도덕한 행태를 치밀하게 조사해서 고발하면서 언론을 대기업들이 장악한 부패 특권 계급으로 묘사했다.

싱클레어는 이 책에서 비분강개悲憤慷慨조로 "당신의 힘을 약화시키고…당신의 영혼을 집어 삼키고…산더미같은 거짓말로 당신의 사고를 질식시키는 부정한 언론. 당신은 쓰러지고 대기업의 전차가 당신을 깔아뭉갭니다."라면서 이렇게 말했다. "언론이 공공에 봉사하고, 언론에서 일하는 당신이 월급받는 노예나 특권층의 똘마니가 아니라 전체의 복지를 위한 종이 되고, 동료들의 삶에 대한 이해를 도와주고, 그들 바깥과 그들 자신의 마음 속에 있는 악을 정복해주기를 저는 당신에게 애소哀訴합니다."[39]

'브래스체크'는 사창가에서 손님이 매춘여성와 잠자리를 같이 하려면 미리 포주에게서 사야 하는 구리로 된 전표인데, 손님이 이걸 마음에 드는 창녀에게 건넴으로써 거래가 성립된다. 싱클레어는 매춘여성이 돈을

---

38 Michael Schudson, *The Good Citizen: A History of American Civic Life*, New York: The Free Press, 1998, p.196.

39 허버트 알철(J. Herbert Altschull), 『현대언론사상사: 밀턴에서 맥루한까지』, 양승목 옮김, 나남, 1990/1993, 506쪽.

받고 몸을 팔듯이 언론 사주는 광고주 대기업으로부터 돈을 받고 그들의 이익을 감싸는 보도를 하고 기자들은 사주로부터 돈을 받고 사주의 정치적 경제적 이익을 뒷받침하고 대기업이나 광고주의 이익을 옹호하는 기사를 쓰는 것을 사창 행위에 비유한 것이다.[40]

우리가 창녀라니! 펄쩍 뛴 신문들은 이 책을 아예 무시하고 어떤 서평도 싣지 않는 걸로 대응했다. 『뉴욕타임스』는 이 책의 광고를 싣는 것마저 거부했다. 하지만 1923년 최초로 언론인 윤리강령이 제정된 데엔 이 책이 불러 일으킨 파장이 일조했다.[41]

리프먼은 하버드 재학 시절 산타야나로부터 배운 초연함의 덕목을 저널리스트의 덕목으로 간주했다. 리프먼이 자신의 친구이자 하버드 동급생이었던 존 리드John Reed(1887-1920)를 비난한 것도 그런 이유에서였다. 리드는 하버드 시절 사회주의 클럽 활동을 같이 하면서 리프먼을 "미래의 미국 대통령"이라고 높게 평가했지만, 리프먼은 리드 평가는 가혹했다. 리프먼은 리드가 자신의 보도에서 초연할 수 없었기 때문에 "직업 작가나 직업기자가 아니다"고 했다. 실제로 리드는 1917년 러시아에서 일어난 볼셰비키 혁명을 목격한 것을 기록해 『세계를 뒤흔든 10일(Ten Days That Shook The World)』(1919)을 출간하는 등 짧은 생애 동안 공산주의자로 맹활약하였다.[42]

---

40 Sidney Blumenthal, "Walter Lippmann and American journalism today,"〈opendemocracy.net〉, 31 October 2007; 장행훈, 〈"'삼성 공화국' 만든 것은 대한민국 언론이다"〉, 프레시안, 2010년 4월 5일.

41 "The Brass Check", 〈Wikipedia〉.

42 허버트 알철(J. Herbert Altschull), 『현대언론사상사: 밀턴에서 맥루한까지』, 양승목 옮김, 나남, 1990/1993, 568쪽; John Simkin, "Walter Lippmann," S*partacus*

리프먼은 제1차 세계대전의 경험을 통해 여론의 형성 과정과 영향에 대해 깊은 우려와 회의를 갖게 되었다. 아니 환멸이었다. 리프먼은 윌슨을 존경했지만, 국제문제와 외교마저 여론과 대중의 참여를 중시하는 등의 방법으로 민주화하려고 했던 그의 이상주의엔 동의하지 않았다. 그는 윌슨에 의해 주도된 파리강화회의 협약이 의회의 비준을 받지 못한 이유를 일반 대중의 지원이 약했던 것으로 판단하고, 여기엔 언론과 여론의 문제가 있다고 생각했다. 이 때의 경험, 아니 상처가 이후 여론에 대한 불신의 사상적 초석이 되었다.[43] 그는 이런 문제의식을 책으로 써야겠다고 결심하고 집필에 들어가게 된다.

"민주주의의 위기는 저널리즘의 위기이다"

리프먼은 여론의 조작성에 깊은 관심을 기울인 결과물로 1920년『자유와 뉴스(Liberty and the News)』라는 책을 출간했다. 정치학자 해롤드 라스키Harold J. Laski(1893-1950)는 이 책이 모든 정치학 교수들의 '필독서'

Educational, August 2014; http://spartacus-educational.com/USAlippmann.htm.

43 Benjamin I. Page & Robert Y. Shapiro, *The Rational Public: Fifty Years of Trends in Americans' Policy Preferences*(Chicago: The University of Chicago Press, 1992), p.4; Ole R. Holsti, "Public Opinion and Foreign Policy: Challenges to the Almond-Lippmann Consensus Mershon Series: Research Programs and Debates," *International Studies Quarterly*, 36(1992), pp.440-441; 브렛 밀스(Brett Mills) & 데이비드 M. 발로우(David M. Barlow),『미디어 이론 1: 미디어 사상, 연구방법, 콘텍스트 이론』, 권상희 편역, 글로벌콘텐츠, 2012/2016, 120쪽; 멜빈 드플레르(Melvin L. DeFleur),『매스커뮤니케이션 이론』, 권상희 옮김, 성균관대학교출판부, 2010/2012, 214-215쪽; 남궁곤,「외교정책과 여론: 'Almond - Lippmann Consensus'와 그 비판적 검토」,『한국과 국제정치(KWP)』, 15권1호, 1999년, 38-39쪽.

라고 평했는데,[44] 그럴 만도 했다. 리프먼은 이 책에서 "서구 민주주의의 위기는 저널리즘의 위기이다"라고 단언했으니 말이다. 그는 "신문은 모든 사람들이 읽는 유일한 책이고 그들이 매일 읽는 유일한 책"이기 때문에 "신문은 민주주의의 성경이며 사람들은 이를 근거로 행동을 결정한다"고 주장했다.[45]

왜 신문이 민주주의의 성경이란 말인가? 리프먼은 "현대 국가에서 의사결정은 입법부와 행정부와의 상호 작용이 아니라 여론과 행정부의 상호 작용에 의해 내려지는 경향이 있다"며 "주권이 입법부에서 여론으로 옮겨 간 이상 공중은 정확하고 신뢰할만한 정보에 접근할 수 있어야 한다"고 말했다. 따라서 공중 의견의 출처를 보호하는 것이 '민주주의의 근본적 문제'로 대두되었다는 것이다.

존 밀턴John Milton(1608-1674)과 존 스튜어트 밀John Stuart Mill(1806-1873)은 자유는 언론이 검열과 위협으로부터 면제될 때에 실현될 수 있다고 보았다. 그래서 그들은 주로 사상과 표현의 자유를 역설하였다. 그러나 현대 민주주의에서 문제는 전혀 달라졌다는 게 리프먼의 주장이다. 언론은 자유로울 수 있지만 그 임무를 제대로 수행하느냐 하는 것은 전혀 별개의 문제라는 것이다.

리프먼은 언론인은 변호사, 의사와 달리 중산층이 선망하는 전문직으로서의 위신이나 매력이 없을 뿐만 아니라 중노동에 봉급도 적고, 불안정에 시달리고 있으며, 체계적인 지식보다는 임시변통의 원칙들(catch-

---

44 Harold J. Laski, "Labor and Liberty," *Nation*, May 1, 1920.

45 Walter Lippmann, *Liberty and the News*, New York: Harcourt, Brace and Howe, 1920, pp.5, 47.

as-catch can principles)에 의해 움직인다고 지적했다.[46] 그는 정치적 자유는 단지 표현과 언론의 자유만으론 구현될 수 없으며 언론이 뉴스를 보도하는 데 있어서 완벽성·정확성·성실성을 기할 때에만 가능하며, 이는 언론인의 전문화를 통해 구현될 수 있다고 주장했다. 이를 위해 리프먼은 법대가 법률가들을 길러내듯이 저널리즘스쿨이 언론인들을 길러내야 하며, 최고급 인력을 끌어들일 수 있어야 한다고 했다.[47]

물론 당시엔 소수의 산재된 프로그램만이 막 시작되었을 뿐, 언론인이 되기 위해서 필요한 정규 교육은 없었다. 그는 민주주의를 외치는 사람들이 그것을 가능케 하는 데에 필수적인 뉴스에 별 생각이 없는 걸 개탄하면서 정치와 언론의 불가분의 관계를 외친 것이다. 또한 그는 일반 대중의 편협한 생각으로 인해 발생하는 보도의 어려움을 지적하면서, 그런 생각에 좌우되지 않는 객관적 저널리즘을 위해선 언론이 재정적으로 독자적인 생존이 가능한 형태로 발전되어야 한다고 주장했다.

리프먼은 이 책에서 전쟁과 혁명 시기에 작동하는 '감정의 그레샴 법칙(Gresham's Law of the emotions)'을 지적했다. 악화가 양화를 구축하듯이 감정은 상황을 악화시키며, "미라보Mirabeau에서 로베스피에르Robespierre로의 타락"을 경험한 프랑스혁명이 이를 잘 보여준다고 했다. 그는 '감정의 그레샴 법칙'이 목표를 잊고 자극을 찾는 인간의 성향 때문

---

46 Walter Lippmann, *Liberty and the News,* New York: Harcourt, Brace and Howe, 1920, pp.79-82; James L. Baughman, *Henry R. Luce and the Rise of the American News Media,* Baltimore, MD: Johns Hopkins University Press, 1987, p.27.

47 Walter Lippmann, *Liberty and the News,* New York: Harcourt, Brace and Howe, 1920), p.104; Paul Starr, *The Creation of the Media: Political Origins of Modern Communications,* New York: Basic Books, 2004, p.397.

에 일어난다고 보았다.[48]

리프먼은 이 책에서 훗날 많은 사람들에 의해 인용되는 '조작된 동의(manufactured consent)'라는 표현을 썼다. 언론과 대중의 한계로 인해 '개명된 동의(enlightened consent)'가 아니라, '조작된 동의(manufactured consent)'가 현실 정치를 지배하고 있다는 것이다. 그는 정부와 언론의 문제로 인해 나타나는 '조작된 동의'가 민주주의를 위태롭게 만든다고 주장했다. 그런 맥락에서 리프먼은 기존 언론인들을 매우 비판적인 시각으로 바라보았으며, 정확한 소식을 전하는 데에 실패한 특정 언론인들을 비판했다. "무질서의 가장 유독한 형태가 선동된 군중인 것과 마찬가지로, 허위의 가장 파괴적인 형태는 뉴스를 보도하는 직업을 가진 이들에 의한 선동과 궤변이다."[49]

리프먼의 뉴스에 대한 지대한 관심과 그런 문제의식은 실증적 연구로 발전되었으며 이는 러시아의 볼쉐비키혁명에 대한 『뉴욕타임스』지 보도를 분석한 것으로 나타났다. 찰스 메르츠Charles Merz와 함께 쓴 <뉴스의 테스트(A Test of News)>라는 논문은 그가 창간에 참여한 진보적 주간지 『뉴 리퍼블릭』의 1920년 8월 4일자에 장장 42페이지에 걸쳐 게재되었다.

---

48 Walter Lippmann, *Liberty and the News*, New York: Harcourt, Brace and Howe, 1920, p.57.

49 Walter Lippmann, *Liberty and the News*, New York: Harcourt, Brace and Howe, 1920, p.5; 멜빈 드플레르(Melvin L. DeFleur), 『매스커뮤니케이션 이론』, 성균관대학교출판부, 2010/2012, 215-216쪽; Sidney Blumenthal, "Walter Lippmann and American journalism today," 〈opendemocracy.net〉, 31 October 2007; 박승관, 「언론은 참된 여론과 건강한 민주주의를 만들 수 있는가?: 월터 리프만, 『여론』」, 박명규 외, 『사회과학 명저 재발견 2』, 서울대학교출판문화원, 2011, 48쪽.

리프먼은『뉴욕타임스』의 러시아혁명에 대한 보도가 아주 잘못된 것으로 편집자와 기자들의 희망과 두려움이 반영되었을 뿐 사실에 근거한 것이 아니라고 비판하면서 기자의 감정개입 이외에도 관급뉴스 의존과 출처불명 뉴스 등과 같은 문제를 지적하였다. 그는 오도된 뉴스는 아예 알리지 않는 것보다 더 나쁘며 뉴스의 신뢰성이야말로 민주주의 활성화의 근거임을 강조하였다.[50] "서구 민주주의의 위기는 저널리즘의 위기이다"는 리프먼의 주장은 이후의 리프먼의 삶과 사상을 관통하는 슬로건으로서의 위상을 갖게 된다.

---

50 Walter Lippmann & Charles Merz, "A Test of News," *The New Republic*, August 4, 1920, pp. 1-42. 나중에 이루어진 또다른 연구에 따르면, 2년이 넘는 기간 동안『뉴욕타임스』는 볼세비키 혁명이 실패할 것이라는 예측을 91번이나 내놓았으며, 레닌과 트로츠키가 도망가거나 죽거나 은퇴하거나 투옥되었다는 기사를 13번이나 내보냈다. 마이클 헌트(Michael H. Hunt),『이데올로기와 미국외교』, 권용립·이현휘 옮김, 산지니, 1987/2007, 246쪽.

3장

1921-1924

V
"서치라이트의 빛과도 같은 언론으론 세상사를 다 알 수 없다"

· 1921-1924 ·

리프먼을 유혹한 『뉴욕월드』는 어떤 신문인가?

제1차 세계대전을 거치면서 프로파갠다에 놀아나는 국민, 광신적 애국주의 등 부정적인 모습이 드러나자 리프먼 외에도 여론에 대해 비판적인 목소리가 고개를 들기 시작했다. 정치인이자 작가인 프레드릭 하우Frederic C. Howe(1867-1940)는 1921년에 출간한 『혁명과 민주주의(Revolution and Democracy)』에서 "우리는 믿으라고 주어지는 것을 믿는다(We believe the things we are told to believe)"고 개탄했다.[1]

『뉴 리퍼블릭』에서 이미 7년째 일을 하고 있던 리프먼은 언론의 문제를 보다 심층적으로 다룬 책을 쓸 필요를 절감하고 1921년 4월 6개월간의 휴가를 얻어 집필에 전념하게 되었다. 그가 책을 쓰고 있을 때 『뉴욕월드』지는 리프먼에게 논설위원직을 제안하였다.

---

1 Robert H. Wiebe, *Self-Rule: A Cultural History of American Democracy*, Chicago, IL: The University of Chicago Press, 1995, pp.173-175.

『뉴욕 월드』로 말하자면, 미국 저널리즘사에 큰 족적을 남긴 조지프 퓰리처Joseph Pulitzer(1847-1911)가 창간한 신문이었으며, 퓰리처와 윌리엄 랜돌프 허스트William Randolph Hearst(1863-1951) 사이에 벌어진 치열한 경쟁은 미국 저널리즘에 큰 영향을 미친 대사건이기도 했다. 한 세대 전으로 거슬러 올라가보자면, 이런 일이 있었다.

미국에서 1880년대와 1890년대는 도시의 팽창이 드라마틱하게 이루어진 시기다. 1840년 인구 25만이 넘는 도시는 1개, 1860년 인구 5만이 넘는 도시는 16개에 불과했지만, 1890년엔 인구 25만이 넘는 도시가 11개에 이르고(3개는 100만 이상) 전 인구의 3분의 1이 도시에 거주했다. 인구 8천명 이상의 도시는 1880년에서 1900년 사이에 2배로 증가했으며, 도시 인구는 5천만에서 7천6백만, 점유비로는 전체 인구의 22.7%에서 32.9%로 증가했다. 역사학자 아서 쉴레진저Arthur M. Schlesinger(Sr., 1888-1965)는 1878년부터 1898년까지를 '도시의 발흥(the rise of the city)' 시기로 보았다.[2]

도시의 발흥은 대중신문의 급속한 성장을 가져왔다. 일간지의 총 발행부수는 1850년 75만부에서 1890년 830만부로 급증했다. 신문의 성격은 어떠했던가? 1900년까지도 평균적인 미국인의 학교교육 연한은 5년 미만이었다. 여기에 눈높이를 맞춰야 할 필요가 있었다.

미국 언론사에서 1830년대에서 1850년대 초까지를 '페니신문 시대', 1860년대 후반부터 1900년까지를 '뉴저널리즘 시대'라고 한다. '뉴 저

2 Albert Desbiens, *The United States of America: A Short History,* Montreal, Canada: Robin Brass Studio, 2007; Michael Emery & Edwin Emery, *The Press and America: An Interpretive History of the Mass Media,* 8th ed., Boston, Mass.: Allyn and Bacon, 1996; Don R. Pember, *Mass Media in America,* 4th ed., Chicago: SRA, 1983.

널리즘'은 1)신문가격이 싸고, 2)진보적 · 개혁적이고, 3)읽기가 쉬웠으며(외양은 물론 내용도 통속적), 4)뉴스기능을 강조하는 등의 특성으로 이전의 저널리즘과 구별되었다. 특히 1880년대와 1890년대에는 기자(reporter)의 발달이 이루어져, 이 시기를 가리켜 흔히 '기자의 시대(Age of Reporter)'라고 한다.[3]

이 '뉴 저널리즘 시대'의 선두 주자가 바로 퓰리처였다. 퓰리처는 특권계급에 대한 혐오를 강하게 드러내면서도 그들의 삶을 동경하는 독자들의 호기심도 충족시키는 이중전술을 능숙하게 구사했다. 이와 관련, 데니스 브라이언Denis Brian은 『퓰리처: 현대 저널리즘의 창시자, 혹은 신문왕』(2001)에서 다음과 같이 말한다.

"특히 여자들은 그가 경멸하는 이른바 귀족들의 재미있는 이야기를 듣고 싶어 안달이었다. 그는 귀족들의 굉장한 저택과 화려한 생활, 약점, 재산 등에 대한 기사를 그림과 함께 실음으로써 자신의 원칙을 배반하지 않고도 여자들의 욕구를 충족시켜 주었다. 그는 귀족들의 어떤 점도 미화하지 않았고, 그들 중 일부를 조롱과 경멸의 대상으로 만들기도 했다."[4]

조지프 퓰리처의 '정신분열증적인 보도 태도'

퓰리처는 뉴욕의 일간지 발행인 중에서 최초로 별도의 체육부를 만들

---

3 이상철, 『커뮤니케이션 발달사』, 일지사, 1982, 267-271쪽.

4 데니스 브라이언(Denis Brian), 『퓰리처: 현대 저널리즘의 창시자, 혹은 신문왕』, 김승욱 옮김, 작가정신, 2001/2002, 158-159쪽.

었으며, 살인사건 보도에서도 살해방법을 자세히 설명하고 현장 스케치 그림을 싣는 새로운 방법을 도입했다. 이는 자신이 아마추어 탐정이라는 공상에 빠진 독자들의 욕구를 충족시켜 주기 위한 것이었다. 이것이 유행이 되어 다른 신문들도 퓰리처의 방법을 그대로 베끼게 되었다.

퓰리처는 재벌을 비난할 때에도 흥미 위주의 비교기법을 선보였다. 예컨대, 2억달러에 이르는 윌리엄 헨리 밴더빌트William H. Vanderbilt, (1821-1885)의 재산을 금으로 바꾸면 350톤은 된다면서 이것을 들어올리려면 힘센 사람 7000명이 필요하고, 운반하려면 말 1400마리가 필요하다는 식이었다. 여기에 밴더빌트의 저택에서 겨우 몇백 피트 떨어진 곳에서는 아이들이 굶주리고 있다는 사실을 밝히면서, 그 한 사람이 이렇게 많은 돈을 갖고 있는 것이 공정한 일인지에 대한 판단은 독자들의 몫이라고 말했다.[5]

그러나 이미 특권층에 속할 정도로 많은 돈을 번 퓰리처는 노동자들도 궁극적으론 부자가 되는 '아메리칸 드림'을 꾸고 있다는 걸 잘 알고 있었다. 그래서 그의 신문은 '아메리칸 드림'을 미화하는 동시에 그 드림을 이룬 부자들을 공격하는, 양립하기 어려운 두가지 일을 동시에 해냈다. 또 다른 퓰리처 연구자인 조지 주어젠즈George Juergens는 그런 '정신분열증적인 보도 태도'에 대해 다음과 같이 말한다.

"『뉴욕월드』는 월스트리트의 거물들을 해적이라 공격하고, 그들의 생활방식을 반사회적이고 천박하다고 공격하면서, 그들을 아메리칸 드림이라는 성공의 살아 있는 상징으로 미화했다. 이 신문은 발행될 때마다

---

5 데니스 브라이언(Denis Brian), 『퓰리처: 현대 저널리즘의 창시자, 혹은 신문왕』, 김승욱 옮김, 작가정신, 2001/2002, 175-176쪽.

거의 매번 자기 모순적인 태도를 보였다. 그 모순이 바로 매력의 일부였다. 이 신문은 자신을 만들어낸 사회의 이상주의와 어리석음을 반영했을 뿐이며, 그것은 그 신문이 사람들의, 사람들을 위한 신문임을 보여주는 또 하나의 방법이었다."[6]

퓰리처는 "선정적인 신문이 고귀한 사회적 목표에 봉사할 수 있다"는 확고한 신념의 소유자였다. 그래서 『뉴욕월드』의 기자들에게 자제력은 결코 미덕이 아니었다. 그는 기자들에게 "어떤 인물도 신성 불가침이 아니며, 도가 지나친 질문이란 존재하지 않는다"는 식의 태도를 갖도록 압박했다. 기자들의 무례함에 대해 항의가 들어오면 퓰리처는 기자들이 워낙 열정이 넘쳐 자신도 어찌할 수 없다고 오리발을 내밀곤 했다.[7]

유대계 헝가리인으로 17세에 미국으로 이민을 온 퓰리처는 개혁적이었지만 인종적 편견이 매우 강한 인물이었다. 아일랜드인, 독일인, 헝가리인을 제외하곤 그는 외국인들을 혐오했다. 그는 영국의 왕족과 귀족들에 대해서도 거친 독설을 퍼부어댔다. 그는 이탈리아인들은 더럽고 불결한 악취 속에서 만족스럽고 행복하게 살고 있다고 했으며, 프랑스인에 대해서는 볼테르, 루소, 위고를 찬양하는 구제불능의 멍청이들이라고 했다. 중국인들은 '야만인'이라고 무시했다. 그럼에도 브라이언은 퓰리처를 다음과 같이 옹호한다.

"퓰리처와 같이 지적이고, 경험 많고, 전체적인 시야를 지닌 사람이 이

---

6 데니스 브라이언(Denis Brian), 『퓰리처: 현대 저널리즘의 창시자, 혹은 신문왕』, 김승욱 옮김, 작가정신, 2001/2002, 180쪽.

7 데니스 브라이언(Denis Brian), 『퓰리처: 현대 저널리즘의 창시자, 혹은 신문왕』, 김승욱 옮김, 작가정신, 2001/2002, 186-193쪽.

처럼 편협한 생각을 노골적으로 드러냈다는 사실은 매우 놀랍다. 그러나 그는 그 시대의 사람이었다. 그 시대에 아일랜드인은 독일인을 경멸했고, 독일인은 이탈리아인을 경멸했으며, 이탈리아인은 유대인을 경멸했다. 그리고 유대인은 아마도 그들 모두를 경멸했던 것으로 생각된다.… 그러나 퓰리처는 형편없는 대우를 받는 이탈리아인 노동자들을 대신해 사회개혁운동을 벌이는 등 이상할 정도로 일관성이 없었다."[8]

퓰리처는 언젠가 자신의 친구에게 속내를 이렇게 털어놓았다. "난 외국인이니까 결코 대통령이 되지는 못할 걸세. 하지만 난 언젠가 대통령을 당선시키는 사람이 될 거야."[9] 그런 신조하에 퓰리처는 1884년 대통령 선거에서 민주당 후보 그로버 클리블랜드Grover Cleveland(1837-1908)의 승리, 1886년 뉴욕시장 선거에서 아브람 휴위트Abram Hewitt(1822-1903)의 당선에 결정적 기여를 함으로써 언론 권력자로 우뚝 섰다.

퓰리처의 '탐정 저널리즘' 또는 '스턴트 저널리즘'

퓰리처는 1887년부터 넬리 블라이Nellie Bly(1864-1922)라는 23세의 여기자를 앞세워 '잠입 취재'의 새로운 경지를 선보였다. 그녀는 기자가 직접 위험한 사건에 개입하거나 모험적인 행사에 참여하여 그 경험을 토대로 보도하는 이른바 '탐정저널리즘(detective journalism)'또는 '스턴트저널

---

8 데니스 브라이언(Denis Brian), 『퓰리처: 현대 저널리즘의 창시자, 혹은 신문왕』, 김승욱 옮김, 작가정신, 2001/2002, 196-199쪽.

9 데니스 브라이언(Denis Brian), 『퓰리처: 현대 저널리즘의 창시자, 혹은 신문왕』, 김승욱 옮김, 작가정신, 2001/2002, 96쪽.

리즘(stunt journalism)'의 원조가 되었다.[10]

블라이는 정신병자 연기를 해 정신병원에 환자로 들어간 뒤 열흘 동안 생활하면서 그곳에서의 인권유린을 취재해 폭로하는 기사를 썼다. 이 기사로 검찰의 대대적인 수사와 더불어 병원 예산이 57%나 늘어나는 당국의 조치가 취해졌다. 다음 해에 블라이는 고객으로 위장해 거물 로비스트를 찾아가 어떤 법안을 매장시켜 달라고 요청한 다음, 로비스트에게서 뇌물을 줘야 할 사람들의 명단을 얻어낸 다음 그걸 폭로하는 기사를 썼다. 절도를 저질렀다는 허위 혐의를 만들어 교도소에 수감된 뒤 그곳에서 벌어지는 여성 수감자 학대를 폭로하는 기사를 씀으로써 당국이 여성 간수들을 채용하게끔 만들었다.

꼭 위장 잠입 취재를 하지 않더라도 센세이셔널하게 폭로할 거리는 많았다. 평소 편두통에 시달려온 블라이는 7명의 의사를 찾아가, 그들의 진단과 처방을 비교 평가하는 기사를 썼다. 흥미롭게도 7명의 진단과 처방이 다 달랐다. 이 기사는 의사들의 실명을 밝힘으로써 그들에게 망신을 주었다.

퓰리처는 1889-90년에 프랑스 소설가 쥘 베른Jules Verne(1828-1905)의 소설 『80일간의 세계일주(Around the World in Eighty Days)』를 신문판매에 적극 이용했다. 1873년에 출판된 이 소설의 주인공은 대영제국의 모든 자신감과 과도한 면을 구현한 인물이었다. 퓰리처는 블라이에게 '80일간의 세계일주'를 직접 하면서 기사를 써보내라고 했고, 독자들에겐 실제로 여행에 걸린 시간에 가장 가까운 답을 내놓은 사람에겐 공짜 유

10 미첼 스티븐스(Mitchell Stephens), 『뉴스의 역사』, 이광재·이인희 옮김, 황금가지, 1997/1999, 424-425쪽.

럽여행을 시켜주겠다고 했다. 거의 100만통의 응모 편지가 쏟아져 들어왔다. 덩달아 『80일간의 세계일주』의 인기도 높아져 세계적인 베스트셀러가 되었고 연극으로도 만들어졌다.

72일 6시간 11분만에 세계일주를 마친 블라이는 그 과정에서 세계적인 명사가 되었다. 72일간의 세계일주 기록은 몇달이 지나지 않아 깨졌지만 훗날 블라이는 미국 우표에 여성 언론인 4인방 중 한 명으로 등장한다. 뉴욕 브루클린엔 그녀의 이름을 딴 놀이공원이 있으며 영화 〈슈퍼맨〉의 열혈 여기자 로이스 레인Lois Lane의 롤모델이기도 하다.[11]

이런 일련의 잠입 취재 폭로 기사와 이벤트 연출에 독자들은 열광했고, 신문 부수는 쑥쑥 늘어났다. 이즈음 퓰리처는 시력을 거의 잃어 죽을 때까지 시각 장애인으로 지내게 되지만, 마키아벨리를 빰칠 정도의 책략으로 자신의 신문을 완전히 장악해 계속 주도권을 행사해 나갔다. 퓰리처에게 용서할 수 없는 죄악이란 재미없는 신문을 만들어내는 것이었다. 1893년 발행부수가 50만을 넘어서는 등 승승장구하고 있던 퓰리처에게 강력한 도전자가 나타났으니 그가 바로 허스트였다.

'황색저널리즘(yellow journalism)'의 탄생

캘리포니아의 부유한 광산업자의 아들인 허스트는 처음에 퓰리처의 『뉴욕월드』에서 기자로 훈련을 쌓은 뒤 1887년 샌프란시스코로 가서 『샌프란시스코 이그재미너(San Francisco Examiner)』를 인수해 선정적이

11 임소정, "『어제의 오늘』 1889년 여기자 넬리 블라이 세계일주", 〈경향신문〉, 2009년 11월 14일.

고 개혁적인 색깔로 1890년까지 재정적으로 성공적인 신문으로 만들었다.[12]

허스트가 철도회사의 무법적인 권력에 대항하는 캠페인을 전개하는 등 인민의 대변인으로 변신해 개혁운동에 앞장선 건 당시의 시대상황에 따른 상업주의 전략이었다. 그의 신문 철학은 독자들의 입에서 "원 세상에!(gee-wiz)"라는 말이 나오도록 하는 것이었다.[13]

1896년 허스트는 『뉴욕저널(New York Journal)』을 인수해 퓰리처의 『뉴욕월드』에 도전하면서 치열한 경쟁을 벌였는데, 이 때에 '대중신문'의 모든 본색이 적나라하게 드러났다. 두 신문이 벌인 치열한 경쟁의 와중에서 비롯된 저널리즘을 가리켜 '황색저널리즘(yellow journalism)'이라고 하는데, 황색저널리즘은 1896년에서 1901년까지 전성기를 누리면서 '영혼이 없는 뉴저널리즘'으로 불리운다. '황색저널리즘'이란 말이 나오게 된 배경은 이렇다.

허스트의 주 특기는 '사람 빼내가기'였다. 그는 돈으로 『뉴욕월드』의 기자들을 빼내간 건 물론이고 『뉴욕월드』에 첩자까지 심어놓았다. 그래서 퓰리처는 기자들에게 지시를 내릴 때 암호를 사용하기도 했다. 허스트는 1896년 퓰리처의 『월드』지 일요판인 『선데이 월드』에 대항해 『선데이 월드』지의 제작진을 몽땅 비밀리에 돈으로 매수해 『선데이 저널』을 창간하였다.

---

12 미첼 스티븐스(Mitchell Stephens), 『뉴스의 역사』, 이광재·이인희 옮김, 황금가지, 1997/1999, 357쪽.

13 허버트 알철(J. Herbert Altschull), 『현대언론사상사: 밀턴에서 맥루한까지』, 양승목 옮김, 나남, 1990/1993, 491쪽.

『선데이월드』지에 게재된 인기 만화 '노란 꼬마(Yellow Kid)'의 작가 리처드 펠튼 아웃콜트Richard F. Outcault(1863-1928)도 『선데이저널』로 가 '노란 꼬마'를 그렸다. 아웃콜트는 엄청난 성공을 거둔 만화 시리즈 '호건의 골목길(Hogan's Alley)'을 만든 사람으로, 이 만화의 주인공은 반짝이는 눈동자에 웃을 때면 앞니가 빠진 자국이 드러나는 장난꾸러기 소년이었다. 이 아이는 노란색 잠옷처럼 생긴 옷을 입고 있었는데, 이 때문에 '노란 꼬마'라는 별명이 붙어 있었다.

『선데이월드』는 새로운 만화가를 고용해 계속 '노란 꼬마'를 그리게 함으로써 두 신문 사이에 '노란 꼬마' 경쟁이 붙었다. 두 신문들간의 상호 공격적인 PR로 당시 뉴욕 시내 어디에서나 '노란 꼬마'를 볼 수 있었다. 『뉴욕프레스』 편집국장 어빈 워드맨Erwin Wardman은 끔찍한 사건과 스캔들을 이용하는 두 신문의 방식을 가리켜 '황색언론(yellow press)'이라 불렀는데, 이게 바로 '황색저널리즘(yellow journalism)'이라는 용어를 탄생시킨 계기가 되었다.[14]

이 신문들은 '열쇠구멍 저널리즘(keyhole journalism)'이라는 말도 들을 정도로 선정성 경쟁을 벌였다. 『뉴욕월드』지가 선정적인 문장과 편집을 사용하게 된 건 역마차, 전차, 버스 통근자들의 욕구에 맞춘 결과였다. 이 신문은 판 크기를 줄이고 제목 활자를 크게 하는 동시에 그림을 사용하여 독자들의 시선을 사로잡고자 했다.[15]

---

14 데니스 브라이언(Denis Brian), 『퓰리처: 현대 저널리즘의 창시자, 혹은 신문왕』, 김승욱 옮김, 작가정신, 2001/2002, 491-494쪽; 차배근, 『미국신문사』, 서울대학교출판부, 1983, 384-386쪽.

15 마이클 셔드슨(Michael Schudson), "신문의 변모와 발전: 뉴 저널리즘", 『세계언론사』, 채백 편역, 한나래, 1996, 193쪽.

이 두 신문의 '황색 저널리즘' 경쟁은 1898년 미국-스페인 전쟁의 발발에 큰 영향을 미쳤다. 1896년 쿠바에 파견된 허스트 신문의 삽화插畵기자 프레드릭 레밍턴Frederic Remington(1861-1909)이 쿠바에 전쟁이라고 할만한 사건은 없으므로 귀국하겠다고 했을 때에 허스트는 다음과 같은 내용의 전보를 보냈다. "그림만 그려 보내면 전쟁은 내가 만들어내마(You'll furnish the pictures and I'll furnish the war)."

스페인 전쟁이 '허스트의 전쟁(Hearst's war)'이라는 말이 나오게 된 배경이다. 일부 역사가들은 만약 1895년에 일어난 쿠바 폭동사건 당시에 허스트가 발행부수 경쟁에서 퓰리처계의 신문에 도전하지 않았더라면 1898년 미국과 스페인의 전쟁은 일어나지 않았을 것이라고 주장할 정도였다.[16]

리프먼의 이적, 『뉴 리퍼블릭』에서 『뉴욕 월드』로

1865년에 창간된 『더 네이션(The Nation)』은 1만부를 넘지 않는 잡지였지만 영향력은 컸다. 이 잡지의 편집인 에드윈 고드킨Edwin L. Godkin(1831-1902)은 황색언론을 맹렬히 비판하곤 했다. 스페인 전쟁이 선포되기 두달 전인 1898년 2월 24일자에 고드킨은 다음과 같이 썼다.

"미국언론의 역사에서 지금까지 알려진 것 가운데 지난 주에 이 두 신문이 한 행동만큼 수치스러운 것은 없다. 사실을 전반적으로 왜곡시키고, 공중을 흥분시킬 목적으로 이야기를 고의적으로 지어내고, 심지어 이런 지어낸 이야기가 무색할 정도로 엉터리없는 제목을 달고, 이 모든

---

16 차배근, 『미국신문사』, 서울대학교출판부, 1983, 387-388쪽.

것이 결합되어 발행부수가 가장 많은 이들 신문의 이슈가 사회 전체로 전파되고 있다. 단순히 더 많은 신문을 팔기 위해 인간이 이런 잘못된 일을 해야 한다는 것이 말할 수 없이 부끄럽다."[17]

그러나 황색 저널리즘은 저지하기 어려운 대세였다. 1900년경 미국의 도시지역에서 발행되던 신문의 적어도 3분의 1 가량은 극도의 황색 저널리즘 경향을 보였다. 신문이 먹고 사는 밥은 광고가 아닌가. 1890년대는 광고의 전성시대이기도 했다. 1880년대 퓰리처에 의해 처음 시도된 일요판 신문의 경우는 광고로 뒤덮이다시피 했다.

언론매체는 물론이고 건물의 한쪽, 운행 중인 전차, 종이 가방, 종이 성냥에까지 광고가 등장했다. 특히 1892년에 발명된 종이성냥은 3년도 안되어 광고매체로 광범위하게 사용되었다. 1900년대 초엔 '경품(giveaway)'이라는 용어가 최초로 등장했다. 미국 저널리즘 상업주의의 원형이라는 게 있다면, 그것은 바로 퓰리처와 허스트의 신문전쟁 시기에 형성되었다고 해도 과언이 아니다.[18]

이 전쟁의 승자는 누구였을까? 허스트는 끝내 황색 언론인으로 머물렀지만 퓰리처는 정반대로 점차 선정주의와 거리를 두기 시작했다. 그의 생애 마지막 10년(1901-1911) 동안 퓰리처의 『뉴욕월드』는 미국 언론사에서 가장 존경받는 신문이 되었고, 언론인들 사이에선 '신문인의 신문(The newspaperman's newspaper)'으로 불리울 정도로 변모했다. 퓰리

---

17 허버트 알철(J. Herbert Altschull), 『현대언론사상사: 밀턴에서 맥루한까지』, 양승목 옮김, 나남, 1990/1993, 477쪽.

18 빌 브라이슨(Bill Bryson), 『빌 브라이슨 발칙한 영어산책: 엉뚱하고 발랄한 미국의 거의 모든 역사』, 정경옥 옮김, 살림, 1994/2009, 415쪽.

처는 1903년 컬럼비아 대학에 언론대학원을 세우라며 2백만 달러를 기부했다. 이 돈을 기금으로 삼아 1917년 퓰리처상이 만들어진다. 컬럼비아대 신문방송학과가 주도하는 선정위원회가 수여하는 퓰리처상은 이후 언론·문학·예술 분야의 최고 영예를 자랑하는 상으로 우뚝 서게 된다.

1911년 퓰리처가 사망한 이후 그의 장남 랠프 퓰리처Ralph Pulitzer(1879-1939)가 경영을 맡은 『뉴욕 월드』는 이젠 진보적 일간지로서 명성을 날리던 신문이었다. 미국내의 모든 진보적 신문들은 『뉴욕 월드』의 보도와 논평을 기준으로 삼는 것이 당시의 관례처럼 통용되고 있었다. 진보주의가 『뉴욕 월드』의 한 축이라면 또 다른 한 축은 노골적인 상업주의였다.

리프먼은 『뉴욕 월드』의 상업주의가 꺼림칙하긴 했지만 일간지의 논설위원이라고 하는 직책의 매력과 또 『뉴 리퍼블릭』의 영향력이 급감하고 있는 현실을 감안하여 『뉴욕 월드』의 제안을 수락하였다. 물론 리프먼의 이적은 『뉴 리퍼블릭』의 동료들을 매우 슬프게 만들었으며 그들이 우려한 대로 리프먼은 점차 사상적 변신을 거듭하게 되었다.

리프먼은 시장 상황에 굴복했던 걸까? 이즈음 신문의 소유집중은 날이 갈수록 가속화되고 있었으니 말이다. 에드워드 스크립스Edward W. Scripps(1854-1926)는 1914년까지 33개의 신문을 통합하여 하나의 체인으로 묶었으며, 윌리엄 허스트William Randolph Hearst(1863-1951)는 1922년까지 20개의 일간지, 11개의 일요신문, 2개의 통신사, 1개의 뉴스영화사, 1개의 영화제작사를 소유하게 되었다.[19]

---

19 Anthony Smith, 『세계신문의 역사』, 최정호·공용배 옮김, 나남, 1978/1990, 266쪽; 미첼 스티븐스(Mitchell Stephens), 『뉴스의 역사』, 이광재·이인희 옮김, 황금가지,

"서치라이트의 빛과도 같은 언론으로 세상사를 다 알 수 없다"

리프먼이 『뉴욕 월드』로 자리를 옮긴 1922년에 세상에 선을 보인 리프먼의 책이 바로 그 유명한 『여론(Public Opinion)』이다. '정치의 사회심리학적 해석서'라 할 『여론』은 당시로선 충격적인 내용을 담고 있었다. 철학자 존 듀이John Dewey(1859-1952)가 서평에서 "지금까지 알려진 것 가운데 민주주의에 대해 가장 효과적인 비판"이라고 평했듯이, 이 책은 민주주의의 기본 전제를 뒤흔들었다.[20]

민주주의 이론은 국민이 중요한 문제들을 이해하고 합리적 판단을 내릴 수 있다는 가정에서 출발하지만 이 가정은 신화에 가깝다는 게 리프먼의 주장이다. 작은 커뮤니티에서는 사람들은 합리적 판단을 내릴 수 있지만 큰 사회에서 정치질서는 추상적으로 이해된다는 것이다. 그러나 리프먼은 과거로 돌아가자고 외치지는 않았다. 역사가 민주주의를 위해 개조될 수는 없으며 오히려 민주주의가 역사에 적응해야 한다고 주장했다. 리프먼에 따르면, 민주주의는 사람들이 갖고 있는 지혜를 표현하는 방법이 아니라 사람들이 지혜에 도달할 수 있게끔 해주는 방법이다.

그렇다면 민주주의에서 숭상해마지 않는 여론의 실체는 무엇인가? 리프먼에 따르면, 흔히 여론으로 간주되는 것은 번쩍이는 이미지들의 결합, 표피적인 인상, 스테레오타입, 편견, 이기심의 반영에 지나지 않는다. 보통사람들의 세계와의 접촉은 간접적인 것이며, 그들은 무작위로 사물에 대한 정의를 내리는 것이 아니라 오히려 그들의 문화가 요구하는

1997/1999, 358-360쪽.

20 Ronald Steel, *Walter Lippmann and the American Century,* Boston, MA.: Little, Brown, 1980, p. 283.

스테레오타입에 따라 정의를 내린다. 리프먼의 말을 그대로 옮기자면, "우리는 먼저 보고나서 정의를 내리는 게 아니라 정의를 먼저 내리고 나서 본다"는 것이다.

우리 말로는 흔히 '고정관념'이나 '정형화'로 번역되는 '스테레오타입(stereotype)'이라는 용어는 인쇄에서 '연판인쇄'를 가리키는 말인데, 리프먼이 최초로 이런 비유적 용도로 사용하였다. 그는 사람들의 사회적 상황에 대한 지각과 정의를 표준화시키는 데 있어서 폭넓게 공유된 기대의 효과를 설명하기 위해 스테레오타입이라는 개념을 원용했다. 사람은 모든 것을 다 볼 수는 없기 때문에 자신의 경험에 적합한 현실만을 만들어 내며, 그것이 바로 '우리 머리속의 그림(the pictures inside our heads)'이라고 하는 스테레오타입이라는 것이다.[21]

사람들은 권력과 의사결정과는 거리가 멀고 일련의 이미지와 픽션들로 구성된 '의사환경(pseudo-environment)'에 살고 있다. 리프먼은 "우리가 정치적으로 다루어 할 세계는 손에 닿지도 않고 눈에 보이지도 않고 마음속에 존재하지도 않는다. 그것은 탐구되어야 하고 보도되어야 하고 상상되어야 한다."고 말한다.

그런데 실상은 어떠한가. 리프먼은 여론이 근거해야 할 사실들에 대한 접근을 방해하는 것들로 인위적인 검열, 언론인의 제한된 사회적 접촉과 시간, 생활의 일상적 관행을 위협하는 사실들을 직면하는 데 뒤따르는 공포, 편견과 이기심이 우리의 빈약한 정보에 미치는 영향, 그리고 사사

---

21 Walter Lippmann, *Public Opinion,* New York: Free Press, 1922/1965, pp.54-55. 이 책의 번역본엔 월터 리프먼, 오정환 옮김, 『여론·환상의 대중』, 동서문화사, 2011; 월터 리프먼, 『여론』, 이충훈 옮김, 까치, 2012; 월터 리프먼, 이동근 옮김, 『여론』, 아카넷, 2013 등이 있다.

로운 의견들이 여론으로 정형화되는 것 등을 지적하였다.

리프먼은 "진실과 뉴스는 동일하지 않다"고 말했다. "뉴스의 기능은 사건을 두드러지게 하는 것이고 진실의 기능은 감춰진 사실들을 밝혀내고 그 사실들 사이의 올바른 관계를 정립시키고 사람들이 행동할 수 있는 근거로 삼을 현실의 그림을 만드는 것이다." 리프먼에 따르면, 언론은 사건을 하나씩 어둠에서 꺼내 빛을 밝히는, 끊임없이 움직이는 서치라이트의 빛과도 같은데, 사람들은 이 빛만으론 세상사를 다 알 수는 없다.[22]

리프먼은 『여론』에서 정치 지도자들의 '가용성 편향(availability bias)'도 지적했다. 물론 '가용성 편향'은 훗날에 나오는 행동경제학적 개념이지만, 실은 리프먼이 이 개념의 원조인 셈이다. '가용성 편향'은 자신의 경험 혹은 자주 들어서 익숙하고 쉽게 떠올릴 수 있는 것들을 가지고 세계에 대한 이미지를 만드는 것을 말하는데, 리프먼이 보기에 정치 지도자들은 실은 세상과 격리된 공간에 존재했다. 하지만 대중의 지지는 얻어야 하기 때문에 이들은 단순하고 드라마틱하고 정형화된 이미지를 대중에게 전달함으로써 여론의 문제를 더욱 악화시킨다는 게 리프먼의 주장이다.[23]

---

22 Walter Lippmann, *Public Opinion,* New York: Free Press, 1922/1965, pp. 226-229.

23 W. Lance Bennett, *Public Opinions in American Politics,* New York: Harcourt Brace Jovanovich, 1980, p. 218. 강준만, "왜 머릿속에 잘 떠오르는 걸 중요하다고 생각하나?: 가용성 편향", 『감정 독재: 세상을 꿰뚫는 50가지 이론』, 인물과사상사, 2013, 113-117쪽 참고.

『여론』은 객관적 저널리즘과 전문주의의 기원

리프먼이 사실상 의견과 과학의 이분법을 취했다고 해석하는 크리스토퍼 래쉬Christopher Lasch(1932-1994)는 리프먼의 전문주의(professionalism) 숭배는 과학지향적인데, 이게 현대 저널리즘의 발전에 결정적 영향을 미쳤다고 주장한다.[24] 사실 리프먼의 주장은 오늘날 객관적 저널리즘과 전문주의의 기원으로 평가받고 있다.

W. 랜스 베넷W. Lance Bennett은 "대중에게 객관적 정보를 제공하는 임무에 헌신하는 전문적 언론이 곤경에 빠진 민주주의를 구원할 수 있다는 기대가 1차대전 이후 지식인들 사이에서 높아지고 있었다. 이 고귀한 목표는 전문적 언론과 객관적 저널리즘 규범을 지향하는 운동을 정의하는 데 한몫했다. 월터 리프먼 같은 설득력 있는 대변인들을 필두로, 언론인들은 객관적 보도를 현존하는 업무 관행인 동시에 높은 도덕적 사명으로 여기기 시작했다."며 다음과 같이 말한다.

"이런 식으로, 저널리즘은 (대개의 여타 전문 직종과 마찬가지로) 먼저 비즈니스 관행을 발전시킨 다음 이 관행에 인상적인 직업 논리를 부여했다. 세대를 거치면서 기자들은 자신들의 일을 더욱 높은 지위와 고임금이 요구되는 숙련된 직업으로 여기기 시작했다. 전문적 지위로의 이동은 보도의 사회적 이미지를 높이고, 바깥의 초심자들이 저널리즘 신분으로 진입하는 것을 제한함으로써 고임금으로 가는 길을 닦았다. 프로페셔널리즘은, 예전에는 직접 부딪쳐 일하면서 숙련을 획득했지만 이제는 공식적 교육과 선별이 요구됨을 의미했다. 그 결과 대학에 저널리즘 교육과

---

24 Christopher Lasch, *The Revolt of the Elites and the Betrayal of Democracy*, New York: W. W. Norton & Company, 1995, pp.10-11.

정이 출현했고, 기존의 관행을 전문적 기준으로서 공식화하고 정교화하기 시작했다. 저널리즘이 장사에서 전문직으로 기묘하게 이행한 과정을 가장 잘 요약한 것은 '테크닉으로 출발한 게 하나의 가치가 되었다'는 루 캐넌Lou Cannon의 말일 것이다."[25]

오늘날의 사회과학적 관점에서 보자면, 리프먼의 주장은, 전부는 아닐망정 상당 부분은, 허버트 사이먼Herbert A. Simon(1916-2001)이 말한 '한정적 합리성(bounded rationality)' 개념으로 설명할 수도 있다. 이 개념과 관련, 심리학자 수전 피스크Susan T. Fiske(1952-)와 셰리 테일러Shelley E. Taylor(1946-)는 1991년 '인지적 구두쇠(cognitive miser)'라는 말을 만들어냈다. 이는 인간이 인지적으로 많은 자원을 소비하면서 어떤 생각을 깊게 하는 것 자체를 싫어하는 경향이 있음을 뜻한다. 고정관념(stereotypes)이야말로 인지적 구두쇠 행위(cognitive miserliness)의 대표적인 예이다.[26]

물론 오늘날의 심리학은 인간의 그런 한계에 대해 리프먼의 생각보다는 더 낙관적인 연구 결과를 보여주고 있기는 하다. "우리는 먼저 보고나서 정의를 내리는 게 아니라 정의를 먼저 내리고 나서 본다"는 리프먼의 주장에 대해 늘 그런 건 아니라는 반론도 있으며, 노력하기에 따라 고정

---

25 W. 랜스 베넷(W. Lance Bennett), 『뉴스, 허깨비를 좇는 정치』, 유나영 옮김, 책보세, 2009, 407-408쪽.

26 이남석, 『무삭제 심리학』, 예담, 2008, 146-147쪽; 김경일, "창의성이란 무엇인가?", 〈네이버캐스트〉, 2012년 6월 25일; 〈Cognitive miser〉, [Wikipedia]. 강준만, 「왜 고정관념에 세금을 물려야 하는가?: 고정관념」, 『독선 사회: 세상을 꿰뚫는 50가지 이론』, 인물과사상사, 2013; 강준만, 「왜 우리 인간은 '인지적 구두쇠'인가?: 한정적 합리성」, 『생각과 착각: 세상을 꿰뚫는 50가지 이론』, 인물과사상사, 2016, 17-21쪽 참고.

관념도 넘어설 수 있다는 주장이 제기되고 있기도 하다.[27] 하지만 문제는 우리의 일상이다. 도대체 어떤 사람이 스스로 고정관념을 넘어서야겠다고 다짐을 하면서 뉴스를 보겠는가 말이다.

멜빈 드플레르Melvin L. DeFleur는 『매스커뮤니케이션 이론』에서 리프먼의 일련의 주장을 '비의도적인 뉴스 왜곡 이론(theory of unintentional news distortion)'으로 정식화해 다음과 같은 6개의 명제로 제시했다.

첫째, 신문은 잠재적인 기사 소재를 확인하기 위해서 조직적으로 물리적·사회적 환경에서 발생하는 사건·사람·상황을 추적하고 관찰한다.(언론의 감시기능)

둘째, 보도할 기사를 준비하기 위해서 신문은 독자를 위해 가능한 다양한 기사거리로부터 편집자가 중요하다고 믿거나 흥미롭다고 여기는 이야기들을 의제로 선택한다.(게이트키핑)

셋째, 이들이 통제할 수 없는 많은 요인(시간, 돈, 기술, 또는 기회)은 그들의 관심에 들어오는 모든 사건과 상황의 세부사항을 조사하고, 묘사하고, 알리기 위한 신문의 가능성을 제한한다.

넷째, 이런 요인 때문에 객관적이고 공평하고 사실에 충실해야 할 뉴스는 많은 언론인들의 노력에도 불구하고 종종 선택적이고(selectivity), 생략되어 있고(omissions), 왜곡된(distortions) 뉴스로 나타난다.

다섯째, 그로 인해 독자들은 자신의 경험에 적합한 현실, 즉 '우리 머리속의 그림(the pictures inside our heads)'으로 만들어진 '의사환경(pseudo-

---

27 Steve Urbanski, "Walter Lippmann's Ethical Challenge to the Individual," *SAGE Open*, 2:1(January - March 2012), pp.3-4; Susan Herbst, "Walter Lippmann's Public Opinion, Revisited," *The Harvard International Journal of Press/Politics*, 4:2(March 1999), pp. 91-92.

environment)'을 구성해낸다.

여섯째, 이렇듯 결함이 있는 생각과 믿음은 결함이 있는 여론을 만들어내고, 이는 다시 결함이 있는 공공 정책을 낳게 만든다.[28]

왜 리프먼은 좌파의 공적(公敵)이 되었는가?

사실 『여론』은 민주주의에 있어서 관심의 한계에 대한 연구이기도 하다. 리프먼이 지적한 바와 같이, 보통사람들의 정신은 현대 사회의 급변하는 문제들을 따라잡기엔 역부족이다. 언론이 세계의 정확한 그림을 공급해준다 할지라도 보통사람은 혼란스러운 정보의 공급과잉에 대응할 시간도 능력도 갖고 있지 못하다. 리프먼은 자신이 지적한 문제의 해결책으로 '전문화된 지성'의 중요성을 강조하였지만, 엄밀한 의미에서 그는 해결할 수 없는 '판도라의 상자'를 연 것과 다를 바 없었다.

제1차 세계대전 직후 전쟁과 사회에 대한 환멸을 묘사한 문학작품들이 많이 나온 것과 관련이 있는 걸까? 존 도스 패소스John Dos Passos(1896-1970)는 1921년 제1차 세계대전을 다룬 소설 『3인의 병사(Three Soldiers)』를 썼고, 어네스트 헤밍웨이Ernest Hemingway(1899-1956)는 1926년 『태양은 다시 떠오른다(The Sun Also Rises)』를 처녀작으로 발표한데 이어, 1929년 『무기여 잘 있거라(A Farewell to Arms)』를 발표했다. 존 패트릭 디긴스John Patrick Diggins는 리프먼의 여론을 헤밍웨이의 『무기여 잘 있

28 멜빈 드플레르(Melvin L. DeFleur), 『매스커뮤니케이션 이론』, 권상희 옮김, 성균관대학교출판부, 2010/2012, 218-228쪽.

거라』의 분석적(사회과학적) 버전으로 간주한다.[29]

사회과학과 문학의 차이 때문일까? 문학은 해석의 여지가 활짝 열려 있는 반면, 사회과학은 그렇지 못한 이유 때문일까? 보수주의자들은 『여론』에 담긴 국민의 지혜에 대한 비관적 견해를 좋아했으며 같은 이유로 자유주의자들은 곤혹스러워 했고 좌파는 분노했다. 리프먼은 좌파에겐 공적公敵이 되었으며, 이는 오늘날까지도 지속되고 있다. 예컨대, '미국 언론계의 노엄 촘스키'로 불리는 크리스 헤지스Chris Hedges는 『진보의 몰락(Death of the Liberal Class)』(2010)에서 다음과 같이 말한다.

"리프먼은 1922년에 낸 책 『여론』을 통해 당대의 가장 사악한 인물로 부상했다. 그는 대중의 공포를 자아내면서 동시에 여론을 어떻게 조작하는지 알 정도로 총명한, 지적인 대심문관의 역할을 떠맡았다. 전쟁은 그의 탁월한 선견지명을 입증해주었으며, 『여론』은 새로운 파워 엘리트들의 경전이 되었다."[30]

좌파들의 '리프먼 때리기'는 유별나다. 정보기술에 대해 매우 비판적인 프랭크 웹스터Frank Webster와 케빈 로빈스Kevin Robins는 1989년 『이론과 사회(Theory and Society)』에 발표한 〈계획과 통제: 정보사회의 문화사(Plan and Control: Towards a Cultural History of the Information Society)〉라는 논문에서 리프먼이야말로 프레드릭 테일러Frederick Winslow Taylor(1856-1915)의 과학적 경영의 원리를 공장을 떠나 사회·정

---

29 John Patrick Diggins, "From Pragmatism to Natural Law: Walter Lippmann's Quest for the Foundations of Legitimacy," *Political Theory*, 19:4(1991), p.526.

30 크리스 헤지스(Chris Hedges), 『진보의 몰락: 누가 진보를 죽였는가』, 노정태 옮김, 프런티어, 2010/2013, 130쪽.

치적 삶에 확대·적용한 인물이라고 주장했다. 과학적 경영의 모토와 선전 및 여론조사의 발전을 통해 사회의 계획과 통제는 정보자원과 정보기술의 이용에 의존하게 되었다는 것이다.[31]

동의하기 어려운 주장이지만, 굳이 이 자리에서 논박할 필요는 없을 것 같다. 리프먼의 주장에서 한 걸음 더 나아가, 오늘날 미디어와 현실의 괴리로 인해 나타나는 세상을 가리켜 '편집된 사회(edited society)'라고 하는 주장마저 나오고 있는 실정이다.[32] 리프먼의 논지가 오늘날에도 여전히 유효하며 건재하다는 주장이 그렇지 않은 주장보다 훨씬 더 많다. 이 점에 주목하는 것이 좀더 나은 '리프먼 사용법'이 아닐까?

철학자 존 듀이의 진보적 반론

철학자 존 듀이는 리프먼의 주장에 동의하지 않았다. 그래서 반론을 폈는데, 대체적으로 보아 직접적이라기보다는 우회적이었다. 게다가 리프먼은 직접적인 답을 하지 않았다. 그 무엇으로 보건 '논쟁'이라곤 할 수 없는 것이었지만, 후세 사람들은 두 사람의 견해 차이에 '리프먼-듀이 논쟁'이라는 딱지를 붙이고, 열띤 논의의 주제로 삼았다. 일종의 '의사疑似 논쟁'이라고 할 수 있겠다. 듀이의 반론은 오랜 기간에 걸쳐 이 주제를 다룬 책들에서 편 반론이었지만,[33] 여기서 그 주요 내용을 미리 살펴보기로

---

31 강정인, 『세계화, 정보화 그리고 민주주의』, 문학과지성사, 1998, 145-146쪽.

32 Jørn Henrik Petersen, "Lippmann Revisited: A Comment 80 Years Subsequent to 'Public Opinion'," *Journalism*, 4:2(May 2003), pp. 249-259.

33 『경험과 자연(Experience and Nature)』(1925), 『공중과 그 문제들(The Public and Its Problems)』(1927), 『확실성의 추구(The Quest for Certainty)』(1929) 등을 들 수 있다.

하자.

듀이는 민주주의에 관한 리프먼의 정의가 기본적으로 잘못되었다고 보았다. 그는 리프먼의 주장을 받아들이는 것은 민주주의의 전제를 포기하는 것이라며 "민주주의는 완전히 실현되지 않은 이상이었고, 이는 여전히 그럴 것이다. 인간임을 배우는 과정은 소통을 주고받으면서 공동체 내에서 자율적인 구성원이 되기 위한 감각을 키워가는 것이다"고 말했다.[34]

듀이는 민주적인 생활은 효율적인 정부보다 더 많은 것을 성취하며, 그 진정한 목적은 인간의 자유라고 했다. 달리 말하자면, 민주주의 목적은 공무公務를 효율적으로 관리하는 것이 아니라, 사람들이 자신의 잠재력을 최대한으로 개발하도록 내버려두는 것이다. 듀이는 대중은 평소에는 논의의 대체적인 윤곽만을 설정하면서 정부를 감시하는 '최후의 심판원(umpire of last resort)'인데, 이게 바로 미국 건국의 아버지들이 의도했던 것이라고 주장했다.[35]

이런 견해 차이의 바탕엔 인간관의 차이가 있었다. 리프먼은 인간은 기본적으로 수동적이고 비합리적이라고 본 반면, 듀이는 능동적이고 합리적이라고 본 것이다. 그런 인간관의 연장선상에서 리프먼은 민주주의를 안정적이고 평화로운 정치사회적 질서를 이루기 위한 수단으로 본 반면, 듀이는 민주주의의 과정과 공동체적 삶 자체에 큰 의미를 부여하면

---

34 엘리 패리저(Eli Pariser), 『생각 조종자들』, 이현숙 · 이정태 옮김, 알키, 2011, 79-80쪽.

35 빌 코바치(Bill Kovach) · 톰 로젠스틸(Tom Rosenstiel), 『저널리즘의 기본요소』, 이종욱 옮김, 한국언론재단, 2001/2003, 41쪽.

서 민주주의를 수단이자 목적으로 본 것이다.[36]

듀이는 민주주의가 정상적으로 작동하기 위해 모든 것을 아는 '지적인 공중'이 필수적인 것은 아니며, 지적인 공중이 없으면 민주주의가 불가능하다고 보는 시각이 잘못되었다고 주장했다. 이와 관련, 이준웅 등은 "듀이는 공중은 단지 전문적 지식이 공동의 관심사에 대해 갖는 결과를 판단할 수 있을 정도의 능력만 있으면 충분하다고 주장한다."며 다음과 같이 말한다.

"또한 그는 공중의 판단을 위해 필요한 것이 바로 사회적 탐구(social inquiries)와 그 결과의 자유로운 전달과 공개라고 지적하면서, 공중의 문제(the problem of the public)란 바로 이것들을 위한 '논쟁, 토론, 설득의 방법과 조건을 개선하는 것'이라고 주장한다. 결국 듀이에 따르면, 민주주의의 실현은 공적인 채널을 통해 자유롭게 접근할 수 있는 정보를 근거로 상호 논쟁, 토론, 설득을 통해서 공공의 관심사에 대해 나름대로 판단할 수 있는 능력을 지닌 공중이면 된다는 것이다. 우리는 듀이의 주장에 공감하면서도, 바로 이러한 공중, 즉 '정보를 근거로 상호 논쟁, 토론, 설득을 통해서 공공의 관심사에 대해 나름대로 판단할 수 있는 능력을 지닌 공중'을 기대하는 것조차 쉽지 않을 것이라고 생각한다."[37]

---

36 Mark Whipple, "The Dewey-Lippmann Debate Today: Communication Distortions, Reflective Agency, and Participatory Democracy," *Sociological Theory*, 23:2(2005), pp.159-161.

37 이준웅 외, 「공공 화법과 토론 교육이 의사소통 능력, 토론 효능감, 시민성에 미치는 효과」, 한국언론학보 제51권1호, 2007년 2월, 146쪽.

'리프먼-듀이 논쟁'은 '숙의민주주의 논쟁'의 기원

사실 쉽지 않은 정도가 아니라 그마저도 거의 불가능하다는 게 충분히 입증되었다고 보아야 하지 않을까? 듀이의 반론은 진보의 '희망사고(wishful thinking)'에 가까운 것이었는지도 모른다. 역사학자 크리스토퍼 래시Christopher Lasch(1932-1994)는 『진보의 착각: 당신이 진보라 부르는 것들에 관한 오해와 논쟁의 역사』(1991)에서 리프먼-듀이 논쟁에 대해 듀이의 편에 서면서도 다음과 같이 논평했다.

"정작 듀이가 설명하지 못한 것은 대규모 생산과 매스컴이 지배하는 세상에서 (공동체에 대한) 충성과 책임이 도대체 어떻게 살아날 수 있는가 하는 것이었다. 듀이는 '가정, 교회, 이웃의 해체'를 당연한 것으로 받아들였다. 거기서 생겨나는 '공백'을 무엇으로 채워야 할까? 듀이는 답하지 않았다. 듀이는 '얼굴과 얼굴을 맞대는 공동체를 재건할 전망을 점치는 것'은 '우리의 논의 범위를 벗어났다'고 썼다. 듀이가 이 점을 파고들지 못한 것은 진보 이념에 대한 그의 믿음이 워낙 투철해서였다."[38]

이념적 지향점은 크게 달랐을망정 신좌파 운동(New Left Movement)에 큰 영향을 미친 사회학자 C. 라이트 밀스C. Wright Mills(1916-1962)는 리프먼-듀이 논쟁에서 리프먼을 거들었다. 그는 "시민은 정치적으로 무슨 일이 벌어지고 있는지 알 수 없고 정치에 관해 제대로 생각할 수도 없을 뿐 아니라, 지적으로 그것에 입각해 행동할 수도 없다"는 점을 논증한 리프먼의 분석은 어떤 자유주의자라도 논박할 수 없을 것이라고 했다.[39]

---

38 크리스토퍼 래시(Christopher Lasch), 『진보의 착각: 당신이 진보라 부르는 것들에 관한 오해와 논쟁의 역사』, 이희재 옮김, 휴머니스트, 1991/2014, 428-429쪽.

39 대니얼 기어리(Daniel Geary), 『C. 라이트 밀스: 실천적 지식인과 사회학적 상상력』,

밀스의 주장에 따르면, 듀이의 자유주의는 "토론을 통해 완전히 화합되지 않는, 구조와 권력 사이에 크게 갈라진 온갖 틈을 숨기지 않는 비교적 동질적인 공동체"의 존재를 가정한다. 즉, 듀이는 초창기 미국 공화정의 특징이던, 서로 얼굴을 맞대는 민주주의로 복귀하려는 비현실적 갈망을 견지하고 있었다는 것이다. 밀스는 듀이의 자유주의가 갖고 있는 중요한 결점은 "사회질서 속에 존재하는 그대로 현재의 권력 분배에 대한 정치·법률 문제를 정면으로 직시하지" 못하고, 듀이의 '행동' 개념이 "규모가 큰 조직이나 운동, 집권 가능성 있는 정당과 연결되어 있지 않는" 것이라고 보았다.[40]

그럼에도 밀스는 듀이의 '숙의 민주주의(deliberative democracy)'의 비전은 공유하고 있었다. 문제는 듀이가 과거 뉴잉글랜드의 '타운 미팅(town meeting)'처럼 모든 구성원이 동등한 목소리를 내는 이상향을 목표로 삼았다는 것이다.[41] 리프먼의 비관론에 대한 듀이의 답은 '더 많은 참여의 형식(a more participatory form of democracy)'이었던 셈인데, 이는 오늘날에도 활발하게 이루어지고 있는 참여민주주의·숙의민주주의 논쟁과 비슷하다. 이 논쟁은 시민의 역할과 관련된, 현재진행형 논쟁이다. 이상은 좋지만 그게 가능하겠느냐는 입장과 그래도 이상에 충실해야 한다는 끝없는 순환 논쟁이기도 하다.[42]

정연복 옮김, 삼천리, 2009/2016, 227쪽.

40 대니얼 기어리(Daniel Geary), 『C. 라이트 밀스: 실천적 지식인과 사회학적 상상력』, 정연복 옮김, 삼천리, 2009/2016, 87-88쪽.

41 Steve Urbanski, "Walter Lippmann's Ethical Challenge to the Individual," *SAGE Open*, 2:1(January - March 2012), p.4.

42 Daniel Schugurensky, "Walter Lippmann and John Dewey debate the role

이 논쟁이 지속되는 이유 중의 하나는 글쓰기의 방법론과도 관련이 있다. 윌리엄 제임스가 듀이의 글을 두고 "화가 치민다. 저주하고픈 마음이 들 정도이다."고 악평을 했을 정도로 듀이의 문장은 추상적이고 난해했다. 이와 관련, 리처드 호프스태터Richard Hofstadter는 듀이의 진의가 제대로 파악되지 않았기 때문에 오랫동안 큰 영향력을 발휘할 수 있었던 건지도 모르겠다고 했는데,[43] 사실 이는 한국에서 독재정권 시절 표현의 자유에 대한 탄압 때문에 조세희가 우화의 형식을 빌려 쓴 『난장이가 쏘아올린 작은 공』(1978)의 지속적인 인기와 통하는 면이 있다. 구체적이지 않기 때문에 긴 생명력을 갖게 되었다는 것이다.

듀이의 이상을 따르는 공공 저널리즘 운동

듀이는 대화를 민주적인 공중의 전형적인 소통 조건으로 격상시켰다. 그는 대화를 강조하면서 "시각은 구경꾼, 청각은 참여자(Vision is a spectator; hearing is a participator)"라고 주장했다.[44] 듀이는 『공중과 그들

---

of citizens in democracy," 2001; http://schugurensky.faculty.asu.edu/moments/1922lippdew.html; Carl R. Bybee, "Walter Lippmann and John Dewey," Notes from Carl R. Bybee, 1997, Media, Public Opinion and Governance: Burning Down the Barn to Roast the Pig, Module 10, Unit 56 of the MA in Mass Communications, University of Leicester; www.infoamerica.org/teoria_articulos/lippmann_dewey.htm.

43 리처드 호프스태터(Richard Hofstadter), 『미국의 반지성주의』, 유강은 옮김, 교유서가, 1963/2017, 490쪽.

44 이와 관련, 제임스 캐리(James W. Carey)는 리프먼이 진실(truth)과 정보(information)를 구분하는 것은 '지식의 관객이론(a spectator theory of knowledge)'에 기대고 있다고 보았다. 커뮤니케이션 분석에 있어서 리프먼은 눈과 시각을 강조

의 문제(The Public and Its Problems)』(1927)에서 다음과 같이 말했다.

"직접적인 상호작용의 대화 가운데 날개를 단 말은 문자화된 언어의 고착되고 고정된 말에는 존재하지 않는 생동감 있는 의미를 지닌다. 관계에 영향을 미치는 모든 조건과 그 조건이 표현으로 이어지는 과정에 대한 체계적이고 지속적인 연구는 참된 공중을 만들어내는 데 전제조건이 된다. 그러나 그러한 연구와 결과는 결국 수단에 불과하다. 그것들이 최종적으로 실현되는 것은 직접적인 교류를 통한 면 대 면 관계에서다. 그것이 실현되는 논리는 대화라는 낱말의 원초적 의미로 회귀된다. 표현 속에서 소통되거나 공유되거나 재생되지 않는 관념은 독백이며, 독백은 깨어지고 불완전한 생각에 불과하다."[45]

이와 관련, 롭 앤더슨Rob Anderson 등은 "듀이는 자유로운 언론을 암묵적으로 지지하면서도, 자유 이상으로 광범위한 사회적 대화에 참여하는 언론을 지지한다. 그러한 저널리즘은 자신의 수용자들을 적극 신뢰하고 실제로 그들을 창출하도록 돕는다."며 다음과 같이 말한다.

"듀이는 집단적 반응에서 부조리와 비합리성을 발견하는 유럽 사상에 강력하게 반박하려고 했다. 유럽 사상은 소위 '보통' 사람들의 반응을 불

하는 반면 듀이는 귀와 청각을 강조한다는 것이다. Christopher Lasch, *The Revolt of the Elites and the Betrayal of Democracy*, New York: W. W. Norton & Company, 1995, pp.171-172; Mark Whipple, "The Dewey-Lippmann Debate Today: Communication Distortions, Reflective Agency, and Participatory Democracy", *Sociological Theory*, 23:2(2005), p.161.

45 John Dewey, *The Public and Its Problems: An Essay in Political Inquiry*, Athens, OH: Swallow Press, 1927/2016, pp.232-233; 롭 앤더슨(Rob Anderson), 로버트 다덴(Robert Dardenne) & 조지 킬렌버그(George M. Killenberg), 『저널리즘은 어떻게 민주주의를 만드는가』, 차재영 옮김, 커뮤니케이션북스, 1996/2006, 31쪽.

신하고 대신에 권위 있고, 정보에 밝고, 명망 있는 엘리트의 행위를 신뢰한다. 대조적으로 듀이는 '보통' 사람들과 공적인 소통에 대한 그들의 감각, 그리고 사회의 결을 이루는 소통을 부각시켰다. 순수한 이성과 정보에 바탕한 합리성은 권위가 아니라 소통에서 생성된다."[46]

듀이의 대화 강조는 나중에(1990년대 초반) 이른바 공공 저널리즘운동(public journalism movement)의 이론적 기초가 되었다.[47] 물론 public journalism에서 public도 듀이의 정의를 따르는 것이다. 이 운동의 선구자 중의 한 명인 콜 캠벨Cole Campbell은 리프먼의 엘리티즘을 배격하고 듀이의 참여주의를 선호하면서 언론이 보도만으로 끝내면 안되며 공중토론(public discussion)을 진작시켜야 할 책임이 있다고 주장했다. 여론조사가들마저 엘리트주의자로 간주한 그는 여론조사보다는 공동체 토론(community discussions)이 필요하다고 역설했다.[48]

왜 언론이 관찰자의 입장에만 머물면 안되는가?

공공저널리즘은 언론은 시민의 교육자이며 민주주의의 수호자라는 자유언론의 이상적 견해는 신화로 전락했다는 문제의식에서 비롯되었다.

---

46 롭 앤더슨(Rob Anderson), 로버트 다덴(Robert Dardenne) & 조지 킬렌버그(George M. Killenberg),『저널리즘은 어떻게 민주주의를 만드는가』, 차재영 옮김, 커뮤니케이션북스, 1996/2006, 32쪽.

47 Carl Bybee, "Can Democracy Survive in the Post-Factual Age?: A Return to the Lippmann-Dewey Debate about the Politics of News," *Journalism & Communication Monographs*, 1:1(March 1999), p.30.

48 Kenneth F. Warren, *In Defense of Public Opinion Polling,* Boulder, CO: Westview, 2003, pp.182-193.

공공저널리즘은 공동체 보도에 소홀한 기존의 시장 논리 저널리즘에 대한 반발이기도 하다. 언론은 수용자를 민주시민이 아닌 소비자로만 보고 있으며 갈등지향적 보도의 상업성만을 높이 산 나머지 정치혐오 유발의 주범이 되고 있다. 언론은 문제를 해결하기보다는 논쟁을 계속하는 데에 이해관계를 갖고 있으며, 언론의 방관, 자만, 냉소는 역겨울 정도다. 그리고 기자가 군림하는 계급인가? 기자의 특권계급화에 대한 의문도 앞서 제기한 문제들과 더불어 공공저널리즘을 부르짖게 만든 배경이 되었다.

공공저널리즘은 언론이 보도 이상의 그 무엇을 해야 한다고 주장한다. 정치사회적 이슈에 '관찰자'가 아닌 '해결사'가 되어야 하며, 그렇게 하기 위해 주민들의 여론을 조사, 지면에 반영할 뿐만 아니라 지역사회의 이슈를 해결하기 위해 주민들이 참여하고 토론할 수 있는 무대를 만들어줘야 한다는 것이다. 언론매체를 지역사회의 조직자로 활용하는 건 무리한 것일까? 예컨대, 시민 모임 주선에 언론사가 나서면 안되는 걸까? 이를 위해 언론은 전통적인 객관주의나 중립성도 기꺼이 포기해야 하는 건 아닐까? 수용자에게 객석이 아닌 무대를 제공해야 하는 건 아닐까? 공공저널리즘은 바로 이런 의문에 답하기 위해 제시된 새로운 저널리즘 패러다임인 것이다.

물론 공공저널리즘에 대한 반론도 만만치 않다. 가장 강력한 반론은 언론이 사회변화를 조직하고 이끌려고 하면 객관성, 불편부당성의 자세를 잃을 우려가 있다는 것이다. 예컨대, 미국에서 환경문제는 공화당보다는 민주당 후보에 유리한 이슈라 언론이 환경문제에 적극 나설 경우 정치적 편향성을 갖기 마련이라는 것이다.

또 뉴스에 개입하는 게 원론적으론 타당하다 할 지라도, 문제는 언론의 힘이 너무 커졌다는 것이며 또 늘 좋은 방향으로만 개입이 이루어지리라는 보장이 없다는 것도 문제로 지적되고 있다. 공공저널리즘은 오래된 전통적 저널리즘일 뿐이며 새로운 것은 아무 것도 없으며, 영악한 경영자들에 의해 수용자의 환심을 사려는 도구로 이용될 수 있다는 비판도 제기되고 있다. 또 종교적 열광이 엿보여 위험하다거나 현실적으로 돈과 노력이 많이 들어 경제적 압박을 가져올 수 있다는 반론도 제기되고 있다.[49]

공공저널리즘운동에 적극적인 뉴욕대 교수 제이 로젠Jay Rosen은 박사학위 논문을 리프먼-듀이 논쟁에 대해 썼는데, 그는 "이 논쟁은 리프먼이 이긴 논쟁이지만, 듀이가 이겼어야만 하는 논쟁"이라고 평가했다.[50] 리프먼은 현실, 듀이는 이상이라는 뜻으로 이해할 수 있겠다. 듀이가 '지역적인 면대면 공동체(local, face-to-face community)'의 중요성을 강조한 것은 민주주의의 기본 원리엔 충실할지 몰라도 그것이 과연 20세기의 도시사회에 맞는 것인가 하는 의문과 더불어 그런 공동체가 인습에 사로잡혀 있을 경우 소통의 장애가 되기도 하는 게 현실이 아닌가 하는 의문을 불러 일으켰기 때문이다.

이 시기의 리프먼을 전문가주의에 빠진 엘리트주의자로만 보는 것은 온당치 않은 것 같다. 리프먼이 당시에 유행의 붐을 타고 있던 IQ에 대한 생각을 보더라도 그렇다. 그는 『뉴리퍼블릭』에 여러 건의 IQ 비판 칼

---

49 이효성, 「공공 저널리즘의 이론과 실제」, 『한국언론의 좌표』, 커뮤니케이션북스, 1996, 417-435쪽; 장원호, 『미국신문의 위기와 미래: 21세기 한국 신문의 과제』, 나남, 1998, 165-166쪽; 『조선노보』, 1997년 9월 5일. 강준만, 「왜 언론이 관찰자의 입장에만 머물면 안되는가?: 공공 저널리즘」, 『소통의 무기: 일상의 '왜'에 답하는 커뮤니케이션 이론』, 개마고원, 2017, 281-287쪽 참고.

50 James Fallows, *Breaking the News: How the Media Undermine American Democracy*, New York: Vintage Books, 1996/1997, p.249.

럼을 게재했다. 그는 1922년에 쓴 글에서 만약 지능검사가 제도로 뿌리를 내리면 그 검사를 통제하는 지식인들은 "신정체제(theocracy)의 붕괴 이래로 그 어떤 지식인들도 갖지 못했던 지위를 차지하게 될 것이다"고 경고했다. 그의 우려대로 미국은 IQ와 관련된 테스트 산업이 엄청난 권력으로 군림하는 나라로 나아가게 된다.[51]

리프먼이 큰 영향을 미친 『타임』의 창간

리프먼의 『여론』이 출간된 1922년엔 『리더스 다이제스트』, 『솔직한 고백(True Confessions)』, 『집과 정원 가꾸기(Better Homes and Gardens)』 등과 같은 새로운 잡지들이 창간되었다. 이 가운데 가장 주목할 만한 잡지는 단연 『리더스 다이제스트』였다.

장로교 목사의 아들로 태어난 드위트 월리스DeWitt Wallace(1889-1981)는 정부의 농업 보고서 요약본을 만들어 파는 사업을 하다가 일반인들을 대상으로 잡지나 단행본 가운데 흥미있고 유익한 내용을 요약해 소개하는 잡지를 만들 결심을 하고 부인인 라일라 애치슨과 같이 1922년 2월 『리더스 다이제스트』 창간호를 내놓았다. 사업 성공담, 휴먼 스토리, 일상에서 부딪히는 문제에 대한 조언 등에 '유머'와 '성性'을 적절히 버무린 잡지였다.

이 잡지는 1920년대에 피임 캠페인을 벌였으며 성병에 관한 정보도 소개했다. '매독'이라는 낱말을 처음으로 인쇄한 것도 바로 이 잡지였다. 월

51 Jonathan R. Cole, *The Great American University: Its Rise to Preeminence Its Indispensable National Role Why It Must Be Protected*, New York: PublicAffairs, 2009, pp.25-26.

리스는 처음부터 보수적인 중산층을 독자층으로 겨냥했기 때문에 반유태주의, 반공, 인종 통합 반대 등 보수적인 가치를 대변했다. 창간호 5천부로 시작한 이 잡지는 1990년대에 발행부수 3천만부에 독자가 1억명이 넘는 세계 최대 부수의 잡지로 성장하게 된다.[52]

1923년 3월 3일엔 최초의 주간 뉴스 잡지인 『타임(Time)』이 창간되었다. 예일대를 다니던 헨리 루스Henry R. Luce(1898-1967)와 브리턴 해던Briton Hadden(1898-1929)이 부유한 예일대 동창들에게서 8만6천달러를 빌려 창간한 『타임』은 다른 잡지들과는 전혀 달랐다. 뉴스 '보도'에만 충실하던 당시 언론의 성역을 깨고 '해설' 위주의 시사주간지였기 때문이다. "일에 쫓기는 미국인들은 매일 신문을 읽을 여유가 없다. 그래서 모여 있는 정보를 한 손에 넣을 수 있는 정보매체가 필요하다."는 이유에서였다. 『타임』은 기사 하나에 400 단어 안팎, 한 문장에 평균 20단어를 넘기지 않는 등 간결한 문장으로 독자들의 눈길을 끌었다. 『타임』의 명칭도 '시간(Time)이 없는 사람들'을 대상으로 한다는 취지에 따라 정해졌다. 루스는 "시간은 우리가 가진 가장 귀중한 재화"라고 말했다.

『타임』의 창간과 이후 활약엔 리프먼이 큰 영향을 미쳤다. 루스는 자신보다 9년 연상인 리프먼을 숭배에 가까울 정도로 존경해 창간 전부터 리프먼과 긴밀히 의논했으며, 이후에도 중요한 일이 있을 때마다 리프먼의 자문을 요청하곤 했다. 이들은 아이리비그 대학의 자부심으로 잘 통하는 사이였는데, 이런 자부심은 『타임』의 초기 창간 멤버들의 구성에서

52 최재영, "미(美)잡지 『리더스다이제스트』 성장사", <경향신문>, 1993년 9월 8일, 13면.

도 여실히 나타났다. 창간 멤버 20명 중 14명이 예일대 출신, 2명이 하버드 출신이었다. 루스와 해던은 예일대의 최강 부유층 서클인 스컬앤본즈 Skull and Bones 출신이어서 이 인맥을 이용해 창간 자금도 확보할 수 있었다.[53]

창간호로 9천부를 찍은 『타임』은 창간 10년만에 수십만부를 발간하면서 '미국 중산층의 지도자'이자 '미국 이미지와 가치관의 보호자'로 자리잡았다. 시카고대 총장 로버트 허친스Robert Hutchins(1899-1977)는 "타임지는 미국인 성격의 틀을 잡아주는 데 모든 교육 제도를 합친 것보다 더 큰 공헌을 했다"고 평가했다.[54]

1920년대는 시사 잡지의 전성시대

1898년 장로교 선교사인 아버지가 활동하던 중국 텅차우(현재 펑라이)에서 태어난 루스는 다양한 독서열과 새로운 세계에 대한 관심이 충만한 열정적인 인물이었다. 그는 15세 되던 1913년에 유럽을 단신 여행하는 당찬 모습을 보이기도 했다. 1920년 예일대에 입학한뒤 그는 학생신문 제작에 적극 참여하면서 뉴욕 브루클린 출신의 동급생 해던과 만나 의기투합했다. 보수주의자를 자처한 루스는 타임의 역할을 엘리트와 중산층을 연결시키는 도구로 규정했다. 해던은 조어에 대한 탁월한 감각이 있

---

53 James L. Baughman, *Henry R. Luce and the Rise of the American News Media*, Baltimore, MD: Johns Hopkins University Press, 1987, pp.33-35; Alan Brinkley, *The Publisher: Henry Luce and His American Century*, New York: Vintage Books, 2010/2011, pp.95, 104.

54 조선일보 문화부 편, 『아듀 20세기 1』, 조선일보사, 1999, 159쪽.

어 'tycoon(실업계 거물)', 'socialite(사교계 명사)', 'kudos(명성, 칭찬)' 등과 같은 신조어들을 유행시켰다.[55]

루스는 공동창립자인 해던이 1929년 병으로 요절하자 홀로 타임을 이끌며 『포천』(1930), 『라이프』(1936)를 잇따라 창간하는 공격적인 경영을 펼쳤다. 이 잡지들이 다 대성공을 거둠으로써 루스는 '타임-라이프 제국'의 황제로 군림하게 된다. 루스는 돈 보다는 권력에 탐닉했기 때문에 자신이 번 돈을 모두 잡지에 재투자했다. 주변 친지들이 분산 투자를 하라고 조언하면, 그는 잡지를 통한 권력만이 자신의 목표라고 말하곤 했다. 그래서 『포천』도 처음엔 제호를 『권력(Power)』으로 했다가 오해의 소지가 있다는 이유로 『포천(Fortune)』으로 바꾼 것이다. 권력은 논조에서 나오는 것이기 때문에, 『타임』에선 기자의 역할은 원자재를 공급하는 수준에 머무르고 편집자가 큰 힘을 발휘했다. 『타임』은 전형적인 '편집자의 잡지(editor's magazine)'였던 것이다. 루스는 편집자들만 집중 관리함으로써 자신의 논조를 『타임』 전체에 걸쳐 관철시킬 수 있었다.

루스는 신앙심이 매우 깊어 언론 사업을 하면서도 자신을 선교사로 간주했으며, 이런 태도는 잡지 운영에도 그대로 적용돼 『타임』을 완전히 장악한 가운데 모든 논조를 자신의 뜻대로 결정했다. 1920년대엔 '정보'와 '정치' 사이에서 그럭저럭 균형을 취했지만, 1930년대부터는 루스의 강한 공화당 색깔이 지면에 공격적으로 반영되면서 민주당 대통령 프랭클린 루스벨트Franklin Delano Roosevelt(1882~1945)와 적대관계에 들어서게 된다. 언젠가 대학생들을 대상으로 한 강연에서 "『타임』은 주관적

---

55 하워드 민즈(Howard Means), 『머니 & 파워: 지난 천년을 지배한 비즈니스의 역사』, 황진우 옮김, 경영정신, 2001/2002, 264-266쪽.

인 의견으로 가득 차 있는데 어떻게 '뉴스 잡지'라고 할 수 있느냐?"는 질문을 받자, 루스는 "내가 이 잡지 체제를 발명했으므로 내 마음대로 부를 수 있다"고 답했다.[56]

의견 중심이건 뉴스 중심이건, 때는 바야흐로 시사 잡지의 전성시대였다. 1925년 해롤드 로스Harold Ross(1892-1951)는 『뉴요커(New Yorker)』를 창간했으며, 1929년 『비즈니스 위크(Business Week)』, 1933년 『뉴스위크(Newsweek)』가 창간된다. 『타임』의 경쟁자로 『타임』의 인력을 스카우트 해가면서 창간된 『뉴스위크』는 1961년 『워싱턴포스트』의 소유가 된다.[57]

다니엘 벨Daniel Bell(1919-2011)은 1920년대에 창간된 『타임』과 『리더스 다이제스트』에 각별한 의미를 부여했다. 전자는 도시의 중산계급, 후자는 농촌의 하층 중산계급을 대상으로 삼아 당시까지의 가치의식을 20세기 중엽 무렵의 시대를 위한 가치관으로 전환시키는 작용을 했다는 것이다. 루스에 대해 벨은 다음과 같이 말했다.

"루스의 작업은 천재적이었다. 그는 미국의 전통적인 가치 체계를 발전하기 시작한 도시문명의 용어를 사용하여, 세계적인 스케일의 미국의 사명으로 변모시켰다. 이러한 의미에서 재미있는 것은, 루스는 중국에서 자란 '외국인'이었는데 미국인보다 더 미국적이었던 점이다. 루스는 새로운 저널리즘의 성급한 리듬과 도시생활의 새로운 쾌락주의의 베이스를

---

56 David Halberstam, *The Powers That Be,* New York: Dell, 1979, pp.70-78; 권대익, "시사지 '타임' 창간 75주년", <한국일보>, 1998년 3월 4일, 11면.

57 A. Kent MacDougall, *The Press: A Critical Look From the Inside,* Princeton, NJ: Dow Jones Books, 1966.

교묘히 융합시켰다."[58]

저널리즘과 PR의 갈등 또는 공생

『타임』이 창간된 1923년 '현대 PR의 아버지'로 불리는 에드워드 버네이즈Edward L. Bernays(1891-1995)는 『여론의 구체화(Crystallizing Public Opinion)』라는 책을 출간했다. 버네이즈는 리프먼과도 밀접한 관련이 있었던 크릴위원회에서 선전·PR 경험을 쌓은 인물이었다. 크릴위원회의 전시동원을 위한 대대적인 선전 행위엔 그간 발달된 각종 광고·PR기법이 사용되었으며, 이는 역으로 다시 광고·PR 발달에 기여하는 시너지 효과를 가져왔다.

크릴위원회에서 "유럽에 민주주의를!"이라는 슬로건으로 미국 대중의 마음을 움직이는 데에 성공한 경험을 쌓은 버네이즈는 그런 선전술이 전후 평화시에도 적용될 수 있다고 생각했다. 다만 선전(propaganda)이라는 단어에 묻은 때를 피하기 위해 그는 PR이란 단어를 사용했다. 그는 press agent, counsel on public relations라는 용어를 최초로 사용해 널리 전파시키기도 했다.[59]

버네이즈는 그간의 경험을 바탕으로 출간한 『여론의 구체화』의 서문에서 "PR 전문가라는 직업은 수년내에 서커스단의 곡예를 대리하는 하

---

58 다니엘 벨(Daniel Bell), 『자본주의의 문화적 모순』, 김진욱 옮김, 문학세계사, 1976/1990, 112쪽.

59 Michael Schudson, *The Good Citizen: A History of American Civic Life*, New York: The Free Press, 1998, pp.199-200.

잘것없는 지위에서 세계사를 움직이는 중요한 위치로 발전하였다."고 주장했다.[60] 이 책은 당시 PR에 대한 무관심 때문에 미미한 판매량으로 시작되었지만 궁극적으론 PR 연구의 고전이 되었다.

버네이즈는 이 책에서 "선전과 교육의 유일한 차이점은 실제로 관점일 뿐이다. 사람들은 자신이 믿는 것을 주창하는 것은 교육이고, 믿지 않는 것을 주창하는 것은 선전이라고 한다."며 선전의 가치를 열정적으로 주창했다. 그는 자신이 조작자(manipulator)로 불리는 것도 개의치 않았는데, 그 이유는 그것이 바로 PR 전문가의 일이라고 생각했기 때문이다. 즉, 클라이언트의 사적인 이익과 사회의 공적인 이익을 조화시키는 것이 PR 전문가가 하는 일이라는 것이다.[61]

저널리즘과 PR의 경계는 명확하지 않았으며, PR 전문가들은 저널리즘의 자유를 똑같이 누리고 싶어했다. '현대 PR의 아버지'라는 타이틀을 놓고 버네이즈와 경합했던 아이비 리Ivy Ledbetter Lee(1877-1934)는 1924년의 한 연설에서 캘빈 쿨리지Calvin Coolidge(1872~1933) 대통령이 프로파갠다를 비난한 것에 대해 리프먼의 말을 인용하며 반박했다. 그는 쿨리지가 사실에 대한 완전한 정보를 제공하지 않는다고 비난한 것에 대해 그건 불가능한 일이라며 사실의 해석만이 가능할 뿐이라는 리프먼의 말을 인용한 것이다. 리는 일부 언론인들이 홍보대행사를 보이코트하자고 주장하자, 그건 "내 아내에게 메이시 백화점에 진열돼 있는 수많은 고급

---

60 다니엘 J. 부어스틴(Daniel J. Boorstin), 『미국사의 숨은 이야기』, 이보형 외 옮김, 범양사출판부, 1989/1991, 215쪽.

61 래리 타이(Larry Tye), 『여론을 만든 사람, 에드워드 버네이즈: 'PR의 아버지'는 PR을 어떻게 만들었나?』, 송기인·김현희·이종혁 옮김, 커뮤니케이션북스, 1998/2004, 175-176쪽.

제품들을 거부하라는 것과 같다"고 비아냥대기도 했다.[62]

이즈음 통계조사기법은 광고 분야에 막 도입되기 시작하고 있었다. 1924년 광고주들의 연례 총회에서 콜럼비아 대학 경제학 교수 웨슬리 미첼Wesley C. Mitchell(1874-1948)은 "통계조사는 원가계산에서부터 시장조사에 이르기까지 현대 비즈니스의 필수가 되어야 한다"고 역설했다.[63] 나중에 드러나지만, 이는 저널리즘과 비즈니스의 숙명적인 갈등 또는 공생 관계를 예고하는 주장이기도 했다. 리프먼은 저널리즘의 개혁을 부르짖었지만, 저널리즘에겐 상업적 생존이 우선이라는 사실에 대한 고민은 그의 몫은 아니었으니 말이다.

---

62 Michael Schudson, *The Good Citizen: A History of American Civic Life*, New York: The Free Press, 1998, pp.199-200.

63 Merle Curti, "The Changing Concept of "Human Nature" in the Literature of American Advertising," *Business History Review*, 41(Winter 1967), pp. 335-357.

4장

1925-1933

“민주주의의 기본 가정으로 삼은 공중은 ‘유령’이다”

· 1925-1933 ·

“민주주의의 기본 가정으로 삼은 공중은 ‘유령’이다”

『여론』이 언론과 정치와의 관계에서 나타나는 문제들을 해결하기보다는 더욱 많은 문제들을 제기하였을 뿐이라는 것을 리프먼도 의식하고 있었던 것 같다. 그는 1925년 『여론』의 속편으로 『유령 공중(The Phantom Public)』이라는 책을 출간하였다. 그러나 이 책 역시 민주주의에 대해 『여론』보다 더욱 강한 비판을 퍼부었을 뿐, 리프먼 자신이 지적한 민주주의의 딜레마를 해결한 건 결코 아니었다.

리프먼은 『유령 공중』에서 유권자들이 공공문제들을 대하는 데 있어서 잠재적인 능력을 갖고 있다는 것조차도 그릇된 이상이라고 주장했다. 그는 시간, 흥미, 또는 지식이 없어서 사회적 문제들의 세부 사항을 알고 있지 못한 유권자들의 의견을 물어 여론이라고 말하는 것은 무의미하며, 보통사람들에게 많은 것을 기대하는 것은 부당하다고 역설했다.

리프먼은 이익단체들을 아예 ‘공중(public)’이라는 개념에서 배제해야 한다고 주장했다. 이해세력들간의 갈등에 직접적으로 개입하지 않은 채

관중으로 머무르는 사람들이야말로 진정한 '공중'이라는 것이다. 그러나 리프먼의 기준에 따르면, 진정한 '공중'의 범위는 너무 축소되고 만다는 데에 문제가 있었다. 모든 이해관계에서 자유로운 진정한 공중은 가능한가? 예컨대, 모든 사람들의 이해관계가 걸려 있는 세금 문제에서 초연함을 유지할 수 있는 사람이 얼마나 될까?

그러나 그것보다 리프먼을 더욱 괴롭힌 문제는 '공중'의 무력과 무능함이었다. 리프먼은 "공중은 연극의 제3막 중간에 도착해 커튼이 채 내리기도 전에 떠난다. 공중은 그 연극의 주인공과 악한이 누구인가를 겨우 알아차릴 수 있을 정도로 머물렀을 뿐이다"라고 말한다. 문명이 발달된 사회라면 그렇게 우연적으로 통치되어서는 안된다는 것이다. 고전적 민주주의 이론에서 기본 가정으로 삼은 공중은 '유령'이요 '추상'이라는 것이 『유령 공중』의 주장이었다.[1]

리프먼의 민주주의의 한계에 대한 신념은 1925년 봄에 일어난 이른바 '스콥스 사건'으로 인해 더욱 강해졌다. 이 사건은 테네시주 데이톤의 학교 교사인 존 스콥스John T. Scopes(1900-1970)가 주법을 어기고 다윈의 진화론을 가르쳤다 하여 법정에 회부돼 온 미국을 떠들썩하게 만든 사건이었다.

개신교 근본주의자들이 장악하고 있던 테네시 주의회가 그해 3월 "이 주의 모든 대학교와 고등학교, 그리고 전체 혹은 부분적으로 주의 공립학교 기금을 지원받는 모든 공립학교에서 교사가 성경에서 가르치는 대

---

1 Ronald Steel, *Walter Lippmann and the American Century,* Boston, MA.: Little, Brown, 1980, p.212; Clarence Schettler, *Public Opinion in American Society,* New York: Harper & Bothers, 1960, p.23.

로 인간이 신성한 창조물임을 부인하는 이론을 가르치고, 인간이 하등동물의 후손이라고 가르치는 일은 법에 저촉되는 것으로 한다"고 규정한 이른바 '버틀러 법(Butler Act)'을 통과하면서 일어난 사건이다. 리프먼은 이 재판을 '다수 지배(majority rule)'의 한계를 노출시킨 대표적 사건으로 보았기에 자세히 살펴보기로 하자.

세기의 '원숭이 재판'이 된 스콥스 사건

버틀러 법이 통과되자 테네시주의 데이턴Dayton이라는 인구 1700여 명의 작은 마을에서 몇몇 사람들이 모여 이 법을 한번 시험해보자는 데에 의기투합했다. 그런 시험을 해보겠다는 동기 중의 하나는 이 일이 데이턴을 유명하게 만들어줄 거라는 생각이었다. 그런 사람들중의 한 명은 센트럴 고등학교의 생물학 교사로 25살 먹은 존 스콥스였다. 여기에 버틀러법이 개인의 자유를 위협한다고 본 미국 시민자유연맹(American Civil Liberties Union) 운동가들이 가세했다.

스콥스는 학생들에게 진화론을 가르치다가 체포되었다. 물론 일부러 체포되기 위해 벌인 '쇼'였다. 스콥스는 학생들에게 자신에게 불리한 증언을 하도록 권고했고 어떤 답변을 할지 미리 지도해두기까지 했다. 스콥스 일행이 예상했던 일이 벌어지기 시작했다. 대통령후보에 세 차례나 지명된 바 있고 국무장관을 역임한 미국 정계의 거물 윌리엄 제닝스 브라이언William Jennings Bryan(1860-1925)이 검찰 측 변호인에 자원했다. 정치경제적으론 좌파 성향이 강하면서도 종교적으론 우익이었던 브라이언의 우익 기질이 발동한 탓이었다. 스콥스의 변호인단도 클래런스 대로Clarence Darrow(1857-1938), 더들리 필드 맬론Dudley Field

Malone(1882-1950), 아서 가필드 헤이즈Arthur Garfield Hays(1881-1954) 등 모두 다 거물들이었다.[2]

싸움의 내용도 흥미진진했거니와 거물들간의 대결이었기에 사람들이 데이턴에 몰려 들어야 할 이유는 충분했다. 언론은 3만여명에 이르는 방문객이 이 재판을 보기 위해 데이턴을 찾을 것이라고 예상했다. 비록 실제 모인 인원을 10배나 불린 근거 없는 수치이기는 했지만, 데이턴을 서커스 분위기로 만드는 데엔 수천 명도 충분한 인원이었다.

서던 철도는 데이턴까지 열차 운행을 증편하고 승차권만 있으면 마을에 무상으로 체류할 수 있다고 광고했다. 행상들은 구경꾼들을 상대로 원숭이 인형, 핫도그, 음료를 팔았다. 스콥스의 혐의는 경미한 금주법 위반자들에게 매일같이 내리는 벌금형 정도밖에 되지 않았지만 판사는 이 재판에 시간 제한을 두지 않았으며 너무 많은 인원이 몰려 사고가 날 것을 우려해 아예 법정을 법원의 널찍한 뒤뜰로 옮겼다.

2백여명의 기자들이 몰려 들었고, 재판은 『시카고 트리뷴』의 라디오방송국인 WGN을 통해 방송되었다. 『시카고 트리뷴』은 "라디오 역사상 대중에게 중대 뉴스를 전달하기 위해 공공기관의 업무 현장을 중계하는 최초의 사건으로 기록될 것입니다."라면서 이렇게 말했다. "일반적인 의미로 볼 때 이번 재판은 형사 재판이 아닙니다. 오히려 대학 여름 학기가 개강되는 것 같은 분위기랄까.... 피고인 스콥스는 무시해도 좋을 만큼 이번 재판에서 차지하는 비중이 적습니다. 그에게 심각한 일이 벌어질 일도 없을테고요. 결국 이건 관념의 싸움이니까요."

---

2 Rodney A. Smolla, "Monkey Business," *The New York Times Book Review*, October 5, 1997, p. 21.

웨스턴유니온사가 파견한 22명의 전신기사를 포함하여 모두 65명의 전신수들이 새로 깔린 대서양 횡단 전신망으로 매일 기사를 내보낸 덕분에 스위스, 이탈리아, 독일, 러시아, 중국, 일본 등 세계 각국에서도 기사 요구가 급증했다. 『아메리칸 머큐리』지의 편집자이자 독설가로도 유명한 H. L. 맹켄H. L. Mencken(1880-1956)은 이 재판에 "세기의 '원숭이 재판'"이라는 조롱조의 이름을 붙였다.[3]

다수지배형 민주주의의 반지성주의

보수적인 지방색 때문인지 애초부터 재판은 창조론자에게 유리하게 돌아갔다. 재판부는 과학자를 증인으로 채택하려는 대로의 계획을 무산시켰다. 그러자 대로는 이례적으로 브라이언을 증인으로 불렀다. 성경을 문자 그대로 해석하고 있는 브라이언을 자기 모순에 빠뜨리려는 계획이었다. 대로는 브라이언을 몰아붙였다. 정말 이브는 아담의 갈비뼈에서 나왔는가. 카인은 어떻게 아내를 얻었는가. 뱀이 이브를 유혹했는가. 브라이언은 성경을 대로의 마음대로가 아니라, 원뜻 그대로 해석해야 한다고 맞섰다.

그 와중에서 브라이언은 심각한 자기 모순을 범하고 말았다. 천지창조가 단 6일만에 이루어졌다는 성경 말씀을 그대로 믿어야 하는가? 브라이언은 "성경에서의 하루는 24시간이 아니라 수백만년일 수도 있다"고 답함으로써 그 자신도 성경을 있는 그대로 믿지는 않는다는 것을 실토하고

---

3 메릴 윈 데이비스(Merryl Wyn Davies), 『다윈과 근본주의』, 이한음 옮김, 이제이북스, 2002).

말았다.[4]

7월 10일에 시작돼 21일에 끝난 재판에서 스콥스는 1백달러의 벌금형이라는 유죄판결을 받았다. 겉보기엔 근본주의의 승리였지만, 실상은 근본주의의 패배였다. 역사가 F. L. 알렌Frederick Lewis Allen(1890-1954)은 "각지의 개화된 사람들은 데이턴 사건을 놀라고 즐거워하면서 지켜보았고, 근본주의에서 서서히 이탈하는 경향은 분명히 계속되었다."고 썼다.[5]

특히 브라이언은 여론의 지탄과 조소를 집중적으로 받았다. 심지어 광신자와 미친 사람이라는 비난까지 들었다. 재판 첫날 『뉴욕타임스』는 브라이언을 '유난히도 무식한자'이며 '별로 갖추어지지 않은 머리통'이라고 비난했다.[6] 이때 받은 충격 때문이었는지 브라이언은 승소한 지 닷새가 지난 26일 일요일 오후 낮잠을 자다가 그대로 세상을 떴다.

브라이언은 죽어서도 편안하진 못했을 것이다. 이 사건은 1955년 브로드웨이 연극 〈바람을 물려받다〉, 1960년 영화 〈신의 법정〉, 그리고 이후 여러 차례 다시 제작된 영화 등을 통해 불멸의 명성을 얻었는 바, 이 모든 재현에서 브라이언은 매우 부정적으로 묘사되었기 때문이다. 그럼에도 버틀러 법은 1968년에서야 폐지됐다.[7]

---

4 William E. Leuchtenburg, *The Perils of Prosperity, 1914-32,* Chicago: The University of Chicago Press, 1958.

5 F. L. 알렌(Frederick Lewis Allen), 『원더풀 아메리카』, 박진빈 옮김, 앨피, 1931/2006, 269쪽.

6 존 우드브리지(John D. Woodbridge) 외, 『기독교와 미국』, 박용규 옮김, 총신대학출판부, 2002.

7 스콥스 재판은 이후 70여년간 '창조론'에 대한 '진화론'의 승리로 여겨져 왔다. 그러나 1997년 역사가 에드워드 라슨(Edward J. Larson, 1953-)은 『신들을 위한 여름: 종교의 신과 과학의 신이 펼친 20세기 최대의 법정 대결(Summer for the Gods: The Scopes

리프먼은 이 재판을 '다수 지배(majority rule)'의 한계를 노출시킨 사건으로 본 이유는 이런 것이었다. 테네시주의 사람들은 그들 다수의 힘을 그들의 아이들이 단지 진화론을 배우는 것을 막는 데에만 사용한 것이 아니라 새로운 배움이 가능하다고 하는 정신까지 막는 데에 사용했다는 것이다.[8]

리처드 호프스태터Richard Hofstadter(1916-1970)는 『미국의 반지성주의』(1963)에서 이 사건을 자세히 다뤘다. 이 책에 따르면, 브라이언은 다수지배형 민주주의에 구식 종교를 결합시킨 반지성주의(anti-intellectualism)의 화신이었다. 그는 지식인들에 의한 지배에 "과학을 동원한 소비에트 체제", "자칭 '지식인'들에 의한 극히 무책임한 과두제"라고 비난을 퍼부었다. 브라이언은 종교와 과학의 싸움에 판결을 내리는 주체는 보통의 일반인들이지 "인간을 졸업장이나 학위로 평가하는 자들"이 아니라고 확신했다.

그래서 브라이언은 진화론 시비를 개신교인들의 투표에 붙이자고 제

Trial and America's Continuing Debate Over Science and Religion)』에서 전혀 다른 시각을 제시하고 나섰다. 라슨은 스콥스 재판에 대한 미국인의 이해에 결정적 영향을 미친 대중적 역사서들이 스콥스 재판의 결과를 '창조론과 근본주의의 완패'로 묘사함으로써 그런 시각이 굳어져 왔지만, 그런 역사서들의 저자들이 한결같이 북부 출신이라는 점에 주목했다. 남부인들의 시각은 전혀 달랐으며, 이후 오히려 창조론과 근본주의 운동이 남부에선 겉으론 잘 드러나지 않는 방식으로 더욱 강하게 전개되었다는 것이다. 라슨은 반(反)진화론운동은 외부의 대중을 겨냥하는 대신 근본주의 교회 내부에 노력을 집중함으로써 훗날에 대비했으며, 그 결과로 나타난 것이 이른바 '창조과학(creation science)'이라고 말한다. 에드워드 라슨(Edward J. Larson), 『신들을 위한 여름: 종교의 신과 과학의 신이 펼친 20세기 최대의 법정 대결』, 한유정 옮김, 글항아리, 1997/2014, 390-405쪽.

8 Ronald Steel, *Walter Lippmann and the American Century*, Boston, MA.: Little, Brown, 1980, pp. 216-218.

안하여, 쟁점을 다수의 권리 문제로 돌려버렸다. 브라이언이 보기에 학교에서 진화론을 가르치는 것은 일반적으로 받아들여진 민주주의에 대한 도전이었다. 그가 말하는 정부란 헌법상 보장되는 소수자의 권리를 제외하고 "다수가 권리를 가지는" 정부였다. 리프먼이 지적했듯이, 모든 인간은 궁극적으로 신 앞에서 평등하다는 종교적 신념이 브라이언의 머릿속에서는 모든 사람이 테네시주의 투표함 앞에서는 똑같이 뛰어난 생물학자라는 생각으로 바뀌었다.[9]

홍보 · 광고 산업과 라디오의 급성장

리프먼은 공중을 가르칠 수 있는 세력이라기보다는 길들여져야 할 괴물로 보았다. 『아메리칸 머큐리』지의 편집자이자 독설가로도 유명한 H. L. 멩켄H. L. Mencken(1880-1956)이 대중 민주주의를 비웃는 것을 리프먼이 심각하게 받아들인 것도 바로 그런 이유때문이었다. 두 사람은 '다수 지배'라고 하는 전제를 의심한다고 하는 점에선 의견이 일치했다. 다만 멩켄에겐 그러한 의심이 일종의 조크였으나 리프먼에겐 매우 심각한 딜레마로 여겨졌다는 것이 다를 뿐이었다.[10]

리프먼은 1926년 멩켄을 "이 세대의 모든 미국인에게 가장 큰 영향력을 가진 사람"이라고 했고, 이에 화답하듯 맹켄도 『유령공중』을 긍정 평

9 리처드 호프스태터(Richard Hofstadter), 『미국의 반지성주의』, 유강은 옮김, 교유서가, 1963/2017), 185-186쪽.

10 Ronald Steel, *Walter Lippmann and the American Century,* Boston, MA.: Little, Brown, 1980, p. 259.

가했다. 맹켄에 따르면 리프먼은 "민주주의에 대한 드높은 희망을 품고서 인생을 시작"했지만 "대중은 무지하고 가르칠 수가 없다는 결론에 도달"했다.[11]

리프먼은 1927년에 출간한 연설문집인 『미국의 심문자들(American Inquisitors)』에서 51%라는 다수의 지지를 받은 의견이 49%의 지지를 받은 의견보다 낫다는 생각에 반대하는 등 다수결주의에 대한 강한 회의를 드러냈다.[12] 하지만 문제는 언론은 상업적 생존과 성장을 위해 다수결주의를 추종하지 않을 수 없다는 점이었으니, 그의 고뇌는 깊어질 수밖에 없었다.

1927년 뉴욕에만도 홍보대행사의 수가 5천개에 이르렀고, 워싱턴에만 2천개가 존재하는 가운데, 언론 기사의 60% 정도가 보도자료에 의존하고 있었다.[13] 이미 저널리즘은 언론보도를 위해 만들어진 '의사사건擬似事件(pseudo-event)'의 시대에 진입한 건 물론이고 그 한복판에서 저널리즘 본연의 가치를 지켜내야 하는 힘겨운 상황에 처해 있었던 것이다.

에드워드 버네이즈는 1928년에 출간한 『선전(Propaganda)』에서 선전의 필요성을 열렬히 역설하였다. 이 책 전체를 관통하는 하나의 사상이 있다면, 그건 바로 무질서에 대한 두려움 또는 질서정연에 대한 갈망이다. 이 책은 "대중의 관행과 의견을 의식과 지성을 발휘해 조작하는 것은

---

11 크리스토퍼 래시(Christopher Lasch), 『진보의 착각: 당신이 진보라 부르는 것들에 관한 오해와 논쟁의 역사』, 이희재 옮김, 휴머니스트, 1991/2014, 419쪽.

12 Francesco Regalzi, "Democracy and Its Discontents: Walter Lippmann and the Crisis of Politics (1919-1938)", *E-rea*, 2012; https://erea.revues.org/2538.

13 Michael Schudson, *The Good Citizen: A History of American Civic Life*, New York: The Free Press, 1998, pp.193-194.

민주주의 사회에서 중요한 요소이다"는 말로 시작해 다음과 같은 말로 끝을 맺는다. "선전은 절대 사라지지 않는다. 현명한 사람일수록 선전은 생산적인 목표를 달성하고 무질서를 바로잡는 데 필요한 현대적 도구라는 점을 직시한다."[14]

버네이즈는 "선전 전문가들은 우리의 일상에서 갈수록 중요한 위치와 기능을 차지하고 있다"며 이렇게 말한다. "새로운 활동은 새로운 용어를 요구한다.... 현대 생활이 날로 복잡해지면서 대중사회의 어느 한 영역에서 이루어지는 움직임을 다른 분야에도 알려야 할 필요성이 대두됐다. PR이라는 직업이 새롭게 부상한 이유는 그 때문이다."[15]

게다가 크릴위원회의 전시동원을 위한 대대적인 선전 행위엔 그간 발달된 각종 광고기법이 사용되었으며, 이는 역으로 다시 광고 발달에 기여하는 시너지 효과를 가져왔다. 1927년 해롤드 라스웰Harold Lasswell(1902-1978)의 『세계대전에서의 프로파갠다 기술(Propaganda Technique in the World War)』이라는 책이 나온 것도 우연이 아니다. 프로파갠다의 발달과 더불어 전후에 밀어닥칠 경제적 풍요 덕분에 1929년경에 이르러서는 광고로 지출되는 비용이 17억 8천만 달러에 달하게 된다. 이는 당시 모든 형태의 공식 교육비에 버금가는 것이었다.[16]

어디 그뿐인가. 1927년에 제정된 라디오법이 시사하듯이, 저널리즘은 라디오의 대중화라고 하는 새로운 도전과 기회에 직면하고 있었다.

---

14 에드워드 버네이스(Edward Louis Bernays), 『프로파간다: 대중심리를 조종하는 선전 전략』, 강미경 옮김, 공존, 1928/2009, 61, 261쪽.

15 에드워드 버네이스(Edward Louis Bernays), 『프로파간다: 대중심리를 조종하는 선전 전략』, 강미경 옮김, 공존, 1928/2009, 102쪽.

16 손세호, 『하룻밤에 읽는 미국사』, 랜덤하우스, 2007, 186-187쪽.

1921년에 라디오 수신기를 소유한 가정은 미국 전체가구의 0.2%에 지나지 않았지만, 라디오 보급률은 1925년에 10%, 1927년에 20%, 1929년에 30%, 1930년에 40%, 1931년에 50%를 넘어서게 된다.[17]

'1927년 라디오법'은 전파는 공중의 소유라는 전제하에 방송국의 등록을 요구하였으며, 방송검열권은 없어도 면허갱신을 결정하는 권한을 FRC(Federal Radio Commission)에게 부여하고, 면허기준으로는 "공익, 편의 또는 필요(public interest, convenience or necessity)"를 제시하였다. 그러나 "전파는 공중의 소유"라는 전제는 얼른 보기엔 그럴듯해도 실제로는 방송참여의 자격을 자본력 기준으로 극도로 제한하는 효과를 낳고 말았다.

대자본의 소유자만이 방송사업에 진출하게 됨에 따라 미국의 라디오는 1920년대 후반부터 철저한 자본논리의 지배하에 놓이게 되었다. 1920년대 말에는 청취율조사가 본격적으로 도입되어 프로그램의 운명을 결정하게 되었다.[18] 이런 환경 변화와 더불어 1929년에 밀어닥친 대공황은 신문의 입지를 더욱 어렵게 만들었다. 대공황 직전까지 경제에 대한 장밋빛 낙관론이 팽배했었기에 대공황이 미친 충격은 더욱 컸다.

---

17 Sterling Kittros. Stay Tuned : *A Concise History of American Broadcasting*, Belmont, Ca. : Wadsworth, 1978, p. 533.

18 Harry Castleman & Walter J. Podrazik, *Watching TV: Four Decades of American Television,* New York: McGraw-Hill, 1982, p. 4.

금주법이 주요 쟁점이 된 1928년 대선

1927년 봄 주식에 대한 열광이 커지면서 캘빈 쿨리지Calvin Coolidge(1872-1933) 대통령은 『메인스트리트와 월스트리트(Main Street and Wall Street)』라는 책을 출간한 하버드대 경제학 교수 윌리엄 리플리William Z. Ripley(1867-1941)를 백악관에 초청했다. 메인스트리트는 실물경제를 담당하는 실업계, 월스트리트는 금융계를 뜻했다. 리플리는 다우지수 상승 이면에 있는 "허풍 떨기, 감언이설, 사기, 거짓말"을 설명했다. 쿨리지가 대통령으로서 무엇을 할 수 있는가를 묻자, 리플리는 이 문제는 국가적 문제가 아니라 주의 문제라고 답했다. 뉴욕 증권거래소는 백악관이 아니라 뉴욕주 관할이라 손 대기가 어렵다는 말이었다.

무엇인가를 강하게 느꼈던 걸까? 7월 하순 쿨리지는 인디애나 주의 연설에서 주식시장은 급등하는데도 미숙련 노동자는 여전히 저임금 상태에 있음을 지적하고, 며칠 뒤 "1928년 대선에 출마하지 않기로 했다"고 발표했다. 그의 불출마가 대공황의 도래가 두려워서였는지는 알 수 없지만, 쿨리지 개인만을 놓고 보자면 현명한 결정이었다.[19]

리플리와 쿨리지, 그리고 극소수의 사람만 빼놓곤 곧 미국경제에 다가올 어두운 그림자를 아무도 눈치채지 못하고 있었다. 1927년에 일어난 미시시피 대홍수가 그 전조일 리는 없었지만, 이 참사의 비극은 대공황의 고통을 예고하는 듯 했다. 약 1천명 사망, 1백만명의 수재민, 20억~78억 달러 손실 등을 기록한 이 참사의 피해자는 대부분 흑인들이었다.

백인 승객을 절반가량 태운 증기선 한 척은 안전을 이유로 아예 흑인

---

19 케빈 필립스(Kevin P. Phillips), 『부와 민주주의: 미국의 금권정치와 거대 부호들의 정치사』, 오삼교·정하용 옮김, 중심, 2002/2004, 129-130쪽.

을 태우지 않은 채 떠났으며, 그때 선상 밴드는 흑인들을 비꼬며 '검은 새여, 안녕(Bye-Bye, Blackbird)'이란 곡을 연주했다. 이 대홍수를 다룬 책 『조류 상승(Rising Tide: The Great Mississippi Flood of 1927 and How it Changed America)』(1998)의 저자인 존 M. 배리John M. Barry는 "흑인들은 버려졌다고 느꼈으며 실제로 버려졌다"고 말했다. 그간 공화당의 굳건한 보루였던 흑인 표가 민주당으로 이동하는 조짐이기도 했다. 비록 그 이동은 프랭클린 루스벨트Franklin Delano Roosevelt(1882~1945)의 등장 이후로 나타나지만 말이다.[20]

1928년 대선에서 주요 쟁점은 주식시장이 아니라 1920년부터 시행돼 온 금주법이었다. 캘빈 쿨리지 내각에서 상무장관을 지낸 공화당 후보 허버트 후버Herbert Hoover(1874-1964)는 금주법을 지지한 반면, 뉴욕주지사 출신의 민주당 후보 알 스미스Al Smith(1873-1944)는 법 개정을 주장했다.

후버는 10월 22일 선거 유세에서 "우리는 평화시인데도 불구하고 한편으로는 거친 개인주의(rugged individualism)라는 미국적인 체제와 다른 한편으로는 그와 정반대되는 온정주의(paternalism) 내지는 국가사회주의(state socialism)라는 유럽적인 이론 가운데서 어느 하나를 선택해야만 하는 도전에 직면해 있다"고 말했다.[21]

유권자들이 그런 어려운 말에 신경을 썼겠는가? 그가 외친 "미국인들

---

20 Evan Thomas, "카트리나 경제학: 미국의 허점이 드러났다", 〈뉴스위크 한국판〉, 2005년 9월 14일, 15-26면; T. H. Watkins, "Boiling Over", *The New York Times Book Review*, April 13, 1997, p.34.

21 다니엘 J. 부어스틴(Daniel J. Boorstin), 『미국사의 숨은 이야기』, 이보형 외 옮김, 범양사출판부, 1989/1991, 283-284쪽.

모든 차고에는 자동차를, 미국인들 식탁에는 닭고기를"이라는 슬로건이 훨씬 더 먹혀 들었을 것이다.[22] 후버는 2,139만1천표를 얻어 1,501만6천표에 그친 스미스에게 압승을 거두었다. 선거인단에서도 444 대 87로 일방적인 승리였다. 후버의 당선으로 금주법은 지속되었다. 이 대선 결과에 대해 역사가 프레드릭 루이스 알렌Frederick Lewis Allen(1890-1954)은 다음과 같은 질문을 던졌다.

"선거 결과는 여전히 불식되지 않는 의심의 여지를 남겨두었다. 동부 출신의 활기찬 투사(앨 스미스)가 패배한 것은 그가 금주법 반대론자였기 때문인가, 또는 로마가톨릭 신자였기 때문인가, 아니면 그가 쿨리지 번영시대가 안겨준 무한한 기쁨의 연속에 대한 위협으로 간주되었기 때문인가, 그도 아니면 민주당이었기 때문일까?"[23]

"월스트리트 흥행에 실패하다"

케네스 데이비스Kenneth C. Davis는 후버의 승리엔 종교적 요인도 컸지만 결정적 이유는 전반적인 번영이라고 답한다.[24] 사실 그랬다. 자동차와 건설을 비롯하여 전 분야에 걸쳐 생산이 폭발적으로 증가했다. 1921년 이후 8년 동안 주가는 계속 올라갔다. 제너럴모터스General

22 김용관, 『탐욕의 자본주의: 투기와 약탈이 낳은 괴물의 역사』, 인물과사상사, 2009, 278쪽.

23 F. L. 알렌(Frederick Lewis Allen), 『원더풀 아메리카』, 박진빈 옮김, 앨피, 1931/2006, 333쪽.

24 케네스 데이비스(Kenneth C. Davis), 『미국에 대해 알아야 할 모든 것, 미국사』, 이순호 옮김, 책과함께, 2003/2004, 390-391쪽.

Motors의 주가는 치솟았고 골드만삭스Goldman Sachs와 같은 투자신탁 회사가 월스트리트에 앞 다퉈 등장했다. 멈출 줄 모르는 주가 상승은 사람들을 주식시장으로 모여 들게 했고 돈 좀 가진 미국인들은 재산의 대부분을 주저 없이 주식에 투자했다. 상당수 미국인은 주식을 사기 위해 은행과 증권회사로부터 돈을 빌렸다.

미국 예일대의 첫 번째 경제학 박사로 미국이 낳은 최고의 경제학자로 불린 어빙 피셔Irving Fisher(1867-1947)는 "주가는 영원히 높은 고원처럼 보이는 곳에 도달했다."며 1929년 미국 경제의 장밋빛 미래를 낙관했다. 실제로 1921년 8월 24일 63.9였던 다우존스산업평균지수는 1929년 3월 9일 6배 가까이 급등하며 사상 최고치인 381.17에 올라섰다.[25] 1929년 3월 대통령 취임사에서 후버가 "빈곤에 대한 최후의 승리가 눈앞에 다가왔다"고 큰소리친 것도 무리는 아니다.

그러나 후버도 불길한 징조는 감지하고 있었던 걸까? 그는 대통령 취임 직후 신문 발행인들에게 투기를 반대하는 내용의 사설을 싣도록 촉구했으며, 연방준비제도이사회(Federal Reserve Board)에도 그의 우려를 전했다. 또 앤드류 멜론Andrew W. Mellon(1855-1937) 재무장관을 설득하여 투자자들에게 신중하도록 경고했고, 부통령 찰스 커티스Charles Curtis(1860-1936)를 뉴욕 증권거래소에 보내 과열을 자제할 것을 요구했다.[26] 물론 아무 효과도 없었지만 말이다. 게다가 그는 대공황이 일어나기 불과 두달전의 연설에서 "이제 가난은 우리사회에서 자취를 감춰가고

---

25 이현두, "1929년 美증시 '검은 목요일'", <동아일보>, 2008년 10월 24일.

26 케빈 필립스(Kevin P. Phillips), 『부와 민주주의: 미국의 금권정치와 거대 부호들의 정치사』, 오삼교·정하용 옮김, 중심, 2002/2004, 130쪽.

있다"고 말하는 등 오락가락했다.

1929년 10월 24일 목요일 오전 11시 뉴욕 월가 '뉴욕 주식거래소'에서 이상한 징후가 감지됐다. 매도 주문이 갑자기 늘어나더니, 이는 곧 눈덩이 사태로 변해 너나 할 것 없이 "팔아. 빨리 팔아. 얼마라도 좋다. 팔기만 하면 된다"고 외쳐대기 시작했다. 다우존스지수는 이날 20% 이상 하락해 299.47까지 떨어졌다. 이날 하루 동안 거래된 주식은 종전 하루 최대 거래량인 400만 주의 3배가 넘는 1290만 주였다. 시카고와 버펄로주식거래소는 낮 12시 반에 아예 문을 닫아 버렸다.

피셔의 공언公言은 공언空言이 되어 버렸다. 피셔는 명예만 잃은 것이 아니었다. 그 자신도 사업을 통해 번 전 재산을 주식에 투자하고 있었다. 검은 목요일의 공포에도 주식을 팔지 않았던 그는 결국 며칠 뒤 계속 이어진 '검은 월요일'과 또 한 번의 '검은 목요일'을 거치면서 거의 모든 재산을 잃었다. 그가 잃은 재산은 1000만 달러로 추산됐다.[27]

연예전문지인 『버라이어티(Variety)』의 1929년 10월 30일자 헤드라인은 미국 언론사상 가장 유명한 헤드라인으로 손꼽힌다. 가장 희극적으로 비극을 묘사했다는 이유 때문이다. 그것은 "월스트리트 흥행에 실패하다(Wall St. Lays an Egg)"였다.[28]

월스트리트 흥행 실패 이후 나타날 도덕적 공황을 우려했기 때문일까? 전문 경제학자들도 예견에 실패한 대공황을 리프먼이 감지했을 리는 없

---

27 이준호, "아듀…20세기 (55) 대공황 서곡 뉴욕증시 폭락 1929년 10월 24일", <조선일보>, 1999년 3월 31일; 이현두, "1929년 美증시 '검은 목요일'", <동아일보>, 2008년 10월 24일.

28 존 스틸 고든(John Steele Gordon), 『월스트리트제국: 금융자본권력의 역사 350년』, 강남규 옮김, 참솔, 1999/2002, 338쪽.

지만, 그가 때마침 1929년에 출간한 『도덕 서설(A Preface to Morals)』은 '권위의 부재'라고 하는 자유주의의 딜레마를 건드렸다. 점점 위축되는 전통적인 형식의 권위(교회, 국가, 계급, 가족, 법, 관습, 공동체 등)를 대체할 새로운 권위의 주체가 나타나지 않고 있다는 것이다. 그는 더욱 많은 휴머니즘과 '사심 없음(disinterestedness)'의 이상에 의해 추동되는 삶의 방식을 수용하는 것만이 지금의 혼돈 상태를 극복할 수 있는 길이라고 역설했다.[29]

리프먼이 이상만 역설한 건 아니다. 사랑에 관한 그의 견해는 그의 현실주의적 면모를 유감없이 드러낸다. 이 책에서 그는 공유된 관심, 상호 존경, 상호 양립성과 같은 비감정적 전제들에 근거하지 않은 채 사랑이라는 감정에만 의존하는 결혼은 위험하다고 주장했다. "사랑의 감정은 그 낭만성에도 불구하고 자립해 존재할 수 있는 게 아니다. 그것은 연인들이 서로 사랑하는 것뿐만 아니라 많은 것들을 같이 사랑할 때에만 지속되는 법이다."[30]

자신의 앞날을 예언했던 걸까? 미리 이야기하자면, 그는 언제부턴가 친한 친구인 해밀턴 암스트롱Hamilton F. Armstrong(1893-1973)의 아내 헬렌Helen에게 눈독을 들이더니, 자신의 아내 페이Faye에게 이혼을 요구하고 1938년 헬렌과 재혼을 하는 파렴치한 짓을 저질렀다. 평소 도덕과 냉정을 강조했던 리프먼이 그렇게 물불을 가리지 않는 격정에 빠져든 건 낭만적인 사랑의 힘인가, 아니면 현실적으로 20년 넘게 결혼생활을 해온

---

29 Walter Lippmann, *A Preface to Morals,* New York: Routledge, 1929/1982.

30 Ronald Steel, *Walter Lippmann and the American Century,* Boston, MA.: Little, Brown, 1980, p. 265.

아내와 같이 사랑할 수 있는 것들이 많지 않았기 때문인가? 아내를 빼앗긴 암스트롱은 리프먼과 헬렌을 평생 용서하지 않았다. 암스트롱이 편집자로 있던 『포린 어페어즈(Foreign Affairs)』엔 그후 35년간 리프먼의 이름은 다른 사람의 글속에서조차 아예 나타날 수 없었다.[31]

허버트 후버 대통령의 대책없는 낙관주의

홍행 실패의 여파는 계속되는데도 후버는 대책없는 낙관주의만을 피력했다. 아니 그런 낙관주의가 사태를 수습할 수 있는 길이라고 생각했던 것 같다. 그는 1930년 1월 "경기와 기업은 이제 고비를 넘겼다"고 했다. 5월엔 "최악의 상태는 지나갔다"고 했다. 그는 그러면서 실업자와 굶주린 자들을 정부 구제책으로 해결하자는 의견은 반대했다. 그것은 사회주의나 공산주의 정책이라는 이유에서였다. 뒤늦게 공공사업정책을 수립하고자 했지만, 그땐 너무 늦은 시점이었다.[32]

리프먼은 『하퍼스(Harper's)』 1930년 6월호에 쓴 〈후버 대통령의 특독한 약점(The Peculiar Weakness of Mr. Hoover)〉이라는 제목의 글에서 후버는 고도로 기획된 최첨단 프로파갠다에 의해 대통령이 되었을 뿐만 아니라 그의 공적인 커리어 전부가 현대적 홍보술에 의해 제시된 미국 최초의 대통령이라고 진단했다.[33]

---

31 Kenneth S. Lynn, "Versions of Walter Lippmann," *Commentary*, October 1980, p.68.

32 케네스 데이비스(Kenneth C. Davis), 『미국에 대해 알아야 할 모든 것, 미국사』, 이순호 옮김, 책과함께, 2003/2004, 397-399쪽.

33 Michael Schudson, *The Good Citizen: A History of American Civic Life,* New York:

그렇게 볼 만도 했다. 후버는 1931년에도 "지금 미국에서 필요한 것은 활달하고 즐겁게 웃는 일"이라면서 "만약 사람들이 열흘에 한 번씩이라도 재미난 농담을 할 수 있다면, 어떤 어려움이라도 극복할 수 있다고 생각한다"고 주장했다.[34] 후버와 그의 언론 참모들은 언론보도마저 낙관주의로 가길 희망했다. 그래서 기자들에게 심지어 '재정 위기(financial crisis)'나 '실업(unemployment)'이라는 말을 쓸 때엔 꼭 백악관에 사실 여부를 확인해달라는 요구를 할 정도였다.[35] 후버의 낙관주의에 대한 집착과 관련, 케네스 데이비스는 당시의 한 풍경을 이렇게 묘사한다.

"대공황으로 몸살을 앓고 있는 와중에도 후버 대통령과 부인은 나팔수들이 트럼펫으로 식사 시간을 알려주고 흰 장갑을 낀 하인들이 시중을 드는 7코스 정찬을 들었다. 후버 대통령은 제왕의 체통과 깔끔한 풍모를 유지하는 것이 국민의 사기진작에도 좋을 것으로 생각했다. 백악관 밖에서는 미국인들이 쓰레기통 속의 먹을 것을 서로 차지하려고 아귀다툼을 벌이고 있었다."[36]

주가는 1930년 초 회복되는 듯했지만 1930년 말 다시 폭락세가 이어지며 결국 1932년 더 깊은 대공황으로 빠져 들어간다. 증권시장 붕괴의 원인으로 전문가들은 투기 만연, 부채를 창출할 수밖에 없는 지주회사와 투자신탁회사의 확신, 청산이 불가능한 대규모 은행대부의 증가 등을 꼽

The Free Press, 1998, p.195.

34 찰스 패너티(Charles Panati), 『문화와 유행상품의 역사 2』, 이용웅 옮김, 자작나무, 1991/1997, 30쪽.

35 David Halberstam, *The Powers That Be*, New York: Dell, 1979, p.17.

36 케네스 데이비스(Kenneth C. Davis), 『미국에 대해 알아야 할 모든 것, 미국사』, 이순호 옮김, 책과함께, 2003/2004, 400쪽.

았지만, 버스 떠난 뒤에 손 흔드는 격이었다. 수십명의 주식 브로커들이 뉴욕 맨해튼의 고층빌딩에서 떨어져 자살한 것으로 상징된 '검은 목요일' 또는 '암흑의 목요일'은 그렇게 시작되어 이후 10년간 세계 경제를 지배하게 된다.

대공황이 모든 사람들에게 다 재앙인 건 아니었다. 이성형은 "대공황은 흑인 소작농들에게 재앙이 아니라 차라리 축복에 가까웠다. 수출용 면화 생산은 중단되었고, 면화밭은 자영농들이 지배하는 옥수수와 대체 작물의 공급지로 바뀌었다. 농민들의 먹거리는 이전보다 풍부해졌다."고 말한다.[37]

문제는 도시였다. 1880년에는 절반 이상의 미국인이 농업에 종사했지만, 1930년대에 이르러 농업 종사 인구는 전체 인구의 20% 이하로 크게 줄었다. 공장 노동자나 사무실 근무자들은 농부와는 달리 경제 침체기엔 기댈 곳이 전혀 없었다. 대공황을 맞아 산업화·도시화의 부메랑이 미국인들을 덮친 셈이다.[38]

'생산의 우상'에서 '소비의 우상'으로

1929년 미국은 세계 총생산량의 42%를 생산하는 초강대국이었기에 유럽을 비롯한 다른 나라들의 경제까지 연쇄적으로 무너지기 시작했다. 1929-1932년 대공황 기간 동안에 실업률은 미국은 22%, 독일은 17%로

37 이성형, 『콜럼버스가 서쪽으로 간 까닭은?』, 까치, 2003, 266쪽.

38 테드 할스테드(Ted Halstead) & 마이클 린드(Michael Lind), 『정치의 미래: 디지털시대의 신정치 선언서』, 최지우 옮김, 바다출판사, 2001/2002, 60쪽.

상승했으며, 일본도 1930년 한 해 동안 823개 기업이 도산하고 300여만 명의 실업자가 발생했다.

1931년 한 해 동안 미국에서만 은행 약 2300개가 문을 닫았다. 1932년 3월 14일 롤필름을 발명하고 코닥사를 설립한 거부 조지 이스트먼 George Eastman(1854-1932)도 끝없이 발생하는 자살 대열에 참여했다. 그의 경우는 권총자살이었다. 1932년 미국 노동 인구의 4분의 1에 해당하는 1,300만명의 실업자가 발생했으며, 100만명 이상의 무주택자가 생겨났다. 미국은 1934년까지 실업률은 25%에 달했고, GNP는 30%나 떨어졌다.

이제 후버라는 이름은 궁핍의 상징이 되었다. 뜨내기 일꾼(hobo)이나 빈민들이 추위를 쫓기 위해 둘러썼던 신문지를 '후버 담요', 텅 빈 호주머니를 '후버 주머니', 무주택자들의 달동네를 '후버촌', 돈이 없다는 것을 보여주기 위해 호주머니 속이 밖으로 나온 것은 '후버 깃발', 발바닥에 구멍이 난 신발은 '후버 신발', 닳아 헤진 구두의 안을 대기 위해 사용한 골판지는 '후버 가죽', 휘발유가 없어 말이 끌고 다니는 자동차를 '후버 마차', 그렇지 않아도 부족한 식량을 먹어 치우는 야생 토끼는 '후버 돼지'라고 부르는 등 후버를 접두어로 한 많은 신조어들이 생겨났다.[39]

훗날 학자들은 대공황의 근본 원인이 경제 시스템인가, 우발적 사건

---

39 박한용, 「'공황기' 국내 민족해방운동의 고양과 민족통일전선운동의 굴절」, 강만길 외, 『통일지향 우리민족해방운동사』, 역사비평사, 2000, 163쪽; 마이클 하워드(Michael Howard) & 로저 루이스(Roger Louis), 『20세기의 역사』, 차하순 외 옮김, 가지않은길, 2000, 104쪽; 손세호, 『하룻밤에 읽는 미국사』, 랜덤하우스, 2007, 201쪽; 찰스 패너티(Charles Panati), 『문화와 유행상품의 역사 2』, 이용웅 옮김, 자작나무, 1991/1997, 30-31쪽; 이준호, "아듀…20세기 (55) 대공황 서곡 뉴욕증시 폭락 1929년 10월 24일", <조선일보>, 1999년 3월 31일.

인가 하는 논쟁을 벌이게 되지만, 그게 어찌 양자택일 할 수 있는 문제이랴. 모든 요인들이 복합적으로 작용했다고 보는 게 옳으리라. 대공황은 사회적 우상이 '생산의 우상'에서 '소비의 우상'으로 바뀌는 결정적 계기가 됨으로써 자본주의 유지에 유리한 '소비 이데올로기 효과'를 얻게되는 바, 대공황이 자본주의 저주만도 아닌 셈이 되고 만다.

실제로 1929년의 대공황은 인류 문명사에 한가지 큰 변화를 몰고 왔으니, 그건 바로 소비(consumption)라는 개념의 재탄생이었다. '소비'는 14세기 초에 만들어진 단어로 consume이라는 동사의 뜻은 파괴하고, 약탈하고, 정복하고, 소진시킨다는 의미였다. 1900년대 초반까지만 해도 '소비(consumption)'라는 단어는 낭비, 약탈, 탕진, 고갈 등과 같은 부정적인 뜻으로 쓰였으며, 심지어 폐병을 뜻하는 말이기도 했다. 그러나 '소비'에 대한 이런 부정적인 이미지는 대공황 이후 대중광고와 마케팅이 본격적으로 도입되면서 긍정적 이미지로 돌아서기 시작했다. '소비'라는 단어는 '선택'과 동일시되면서 '축복'으로 다시 태어난다. 이와 관련, 제러미 리프킨Jeremy Rifkin은 다음과 같이 말한다.

"아메리칸 드림을 가지고 미국 땅으로 몰려든 이민자들이 못내 부러워한 것은 교실과 공식석상에서 찬양하던 시민적 참여의 이상이 아니라 탐나는 물건들이 잔뜩 쌓여 있는 궁전처럼 으리으리한 백화점에 가서 원하는 물건을 마음껏 사는 것이었다. '참여'는 정치적 영역의 고매한 횃대에서 굴러 떨어져 상업적 영역에서 소비자로서 마음껏 선택할 수 있는 기회로 격하되었다."[40]

---

40 제러미 리프킨(Jeremy Rifkin), 『소유의 종말』, 이희재 옮김, 민음사, 2000/2001), 207쪽.

리프먼의 이적, 『뉴욕 월드』에서 『헤럴드 트리뷴』으로

그런 상황에서 『뉴욕 월드』는 1920년대 말 큰 경제적 곤경에 빠지게 되었다. 독자와 광고수입이 급격히 감소함에 따라 경쟁지인 『뉴욕타임스』의 2분의 1의 규모로 전락하였다. 『뉴욕타임스』가 사실 기록에 충실한 신문이라면 『뉴욕 월드』는 폭로와 집중보도에 큰 관심을 기울이는 신문이었다. 『뉴욕타임스』의 기록성에 대해 『뉴욕 월드』의 편집자들은 "인쇄할 가치가 있는 모든 뉴스가 다 읽을 가치가 있다고는 생각하지 않는다"고 코웃음을 쳤다.[41]

『뉴욕 월드』의 위기는 방향성 상실에서 비롯된 것이기도 했다. 사설은 지식인을 대상으로 삼는가 하면 어떤 기사들은 아주 무식한 사람들을 대상으로 삼는 등 신문의 모든 편집 방향이 일관성을 크게 결여하고 있었다. 『뉴욕 월드』에서 편집장의 직책까지 맡은 리프먼이 그 책임에서 면책될 수는 없었다.

『뉴욕 월드』는 선정적인 '옐로우 저널리즘(yellow journalism)'으로 성공한 신문이었는데 리프먼은 그러한 체질을 바꾸고자 노력했다. 그는 『뉴욕 월드』의 뉴스보도량이 너무 적고 보도에 감정이 개입된다고 불평하였다. 그는 언론의 '역 그레샴의 법칙'을 주창하였다. 언론사를 살펴 보면 신문들은 정부의 통제로부터 자유롭기 위해 광고주에 의존하고 대중의 기호에 영합했지만, 독자들은 궁극적으로 '센세이셔널리즘'에 싫증을 내게 되었으며, 독자들이 성숙함에 따라 그들은 더욱 진지하고 덜 센세이셔널하며 신뢰할 수 있고 포괄적인 보도를 하는 신문을 선호하게 되었

---

41 Ronald Steel, *Walter Lippmann and the American Century,* Boston, MA. : Little, Brown, 1980, p. 269.

다는 것이다.[42] 리프먼의 견해는 장기적인 관점에선 옳은 것일른지 몰라도 적어도 『뉴욕 월드』의 상업적 성공을 위해서는 아무런 기여도 하지 못했다.

그러나 보다 근본적인 문제는 창업자인 조지프 퓰리처에게 있었다. 그는 1907년에 은퇴했으면서도 1911년 사망하기까지 사실상 『뉴욕 월드』를 막후에서 지배함으로써 후계자인 장남 랠프 퓰리처Ralph Pulitzer(1879-1939)의 무능을 키우는 데에 결정적 기여를 했다. 게다가 유능한 편집장인 프랭크 콥Frank I. Cobb(1869-1923)이 1923년에 사망하면서 사태가 악화됐다. 1931년 랠프를 비롯한 퓰리처의 세 아들들이 『뉴욕 월드』를 신문재벌 스크립스-하워드Scripps-Howard에게 500만 달러에 팔아넘기자 리프먼은 허스트의 스카우트 제의를 뿌리치고 『헤럴드 트리뷴(Herald Tribune)』으로 자리를 또 옮기게 되었다.[43]

신문 시장은 위기였을망정 리프먼에겐 위기는 없었다. 오히려 정반대였다. 그는 1931년 3월 30일자 『타임』 표지 인물로 등장하면서 미국의 대표적 저널리스트로 대중의 뇌리에 각인되었다. 그래서 일부 비평가들은 리프먼이 대중에게 잘못된 인상을 줬다고 비판했다. 대공황으로 기자들이 무더기로 잘려나가는데도 리프먼의 명성으로 인해 저널리즘은 건재

---

42 Ronald Steel, *Walter Lippmann and the American Century,* Boston, MA.: Little, Brown, 1980, p.274.

43 David Nasaw, *The Chief: The Life of William Randolph Hearst,* New York: Houghton Mifflin, 2000/2001, pp.429-430; James McGrath Morris, *Pulitzer: A Life in Politics, Print, and Power,* New York: Harper, 2010, pp.462-463. 이 퓰리처 전기의 국내 번역판 부제목이 사태의 진실을 잘 말해준다. 제임스 맥그래스 모리스, 『퓰리처: 권력의 감시자는 왜 눈 먼 왕이 되었는가』, 추선영 옮김, 시공사, 2016.

하는 것처럼 오해하게끔 만들었다는 것이다.[44]

당시 리프먼의 이적移籍은 사회적으로 큰 화제거리가 되었다. 그는 비록 변신을 했을지라도 여전히 자유주의자의 체취를 풍기고 있던 반면에 『헤럴드 트리뷴』은 대표적인 공화당계 신문으로 실업가들이 주요 독자층이었기 때문이다. 리프먼으로선 경제적 안정이 필요했고 『헤럴드 트리뷴』으로선 보다 넓은 독자층이 필요했기 때문에 가능했던 일종의 대타협이었다.

"오늘은 리프먼이 나를 두렵게 만들었다"

리프먼이 1주에 4개를 쓰기로 한 '오늘과 내일(Today and Tomorrow)'이라는 칼럼은 시작부터 온 미국을 떠들썩하게 만들었다. 흔히 〈TNT〉로 불려진 이 칼럼은 1년내로 1백개 신문이 신디케이션 신청을 했으며 나중에는 2백50여개의 신문에 게재되었다. 중남미 지역(17개 신문), 캐나다(9개 신문), 호주, 그리스, 일본 등 세계 전역의 신문에 신디케이트 칼럼으로 실리면서 리프먼의 명성은 국제적인 것이 되었다.

전적으로 의견을 실은 최초의 정치칼럼으로 각광을 받은 '오늘과 내일'은 만평과 코미디의 소재로까지 등장할 정도로 많은 미국인의 사랑을 받게 되었다. 리프먼은 의견을 제시하면서도 감정에 몰입하지는 않았다. 그의 칼럼의 생명은 냉정한 분석이었다. 리프먼은 매우 복잡한 것을 쉽고 단순하고 재미있게 설명할 수 있는 천부적인 재능을 갖고 있었

---

44 Howard Kurtz, *Media Circus: The Trouble with America's Newspapers*, New York: Times Books, 1994, p.359.

다. 그는 칼럼에서 어려운 전문용어를 쓰지 않고 흔한 은유법(homely metaphors)을 사용함으로써 비교적 무식한 사람들도 이해할 수 있게 만들었다.

한 평론가는 '오늘과 내일'의 독자들은 리프먼이 말하기 전 까지는 주요 이슈들에 대해 어떻게 생각해야 할지를 몰랐다고 말했다. 아낙네들은 자신이 '오늘과 내일'을 읽는다는 것을 강조함으로써 자신의 지성을 뽐내고 싶어했다. "오늘은 리프먼이 나를 두렵게 만들었다"고 말하는 한 부인을 그린 만평이 잡지에 등장하기도 했다.[45]

1933년 『네이션』은 리프먼 특집 기사를 시리즈로 게재하면서 "아마도 우리 시대의 가장 영향력 있는 저널리스트"로 평가했다. 이렇듯 칼럼 덕분에 리프먼의 지위는 급상승했다. 『헤럴드 트리뷴』 칼럼 첫 해인 1931년에 허버트 후버 대통령이 점심을 같이 먹자고 초대했지만, 리프먼은 선약이 있다며 점심을 다른 날로 바꾸게 만들 정도였다.[46]

1932년 11월 리프먼의 박학다식博學多識에 놀란 루이스 가넷Lewis Gannett은 신문들이 리프먼의 독서 목록을 게재해 널리 알려야 한다고 주장했다. 이에 리프먼은 가넷에게 편지를 보내 자신은 책을 다 읽지 않고 필요한 몇 개 장만을 읽기 때문에 그렇게 해선 안된다는 반대의 뜻을

---

45 Craufurd D. Goodwin, *Walter Lippmann: Public Economist*, Cambridge, MA: Harvard University Press, 2014, p.99; David Halberstam, *The Powers That Be*, New York: Dell, 1979, p.517; John Simkin, "Walter Lippmann," *Spartacus Educational*, August 2014; http://spartacus-educational.com/USAlippmann.htm.

46 Craufurd D. Goodwin, *Walter Lippmann: Public Economist*, Cambridge, MA: Harvard University Press, 2014, p.3.

밝히기도 했다.[47]

리프먼이 『헤럴드 트리뷴』과 손을 잡은 것은 그의 사상적 변신을 의미하는 것이기도 했다. 그는 『헤럴드 트리뷴』으로 자리를 옮긴 바로 그 해에 미국정치학회에서 행한 한 연설을 통해 '자유주의(liberalism)'의 개념을 새롭게 정의하였다. 그는 대기업들이 사회에 미치는 영향력이 너무도 막강해짐에 따라 자유주의자들과 대기업들이 반목하던 시대는 지났으며 이제 그들은 서로 손을 잡고 공동의 목표를 추구할 수 있게 되었다고 역설함으로써 많은 사람들을 깜짝 놀라게 했다. 그의 오랜 친구인 해롤드 라스키는 돈이 리프먼을 타락시켰다고 개탄하였다.

"나는 부가 리프먼에게 두가지 영향을 미쳤다고 생각한다. 부는 그의 감수성을 손상시켰다. 그는 외적인 것에만 관심을 갖게 되었고 가정부가 커피를 끓이는 걸 잊었다고 몹시 화를 내는 등 아주 가치없는 안락에 탐닉하게 되었다. 그리고 리프먼은 지적인 위험을 회피하려고 하는 단계에까지 이르렀다.... 나는 그의 독서량이 줄었고 전망에 대한 감각을 잃었다는 것을 발견하게 되었다. 그는 즉각적인 순간 속에서만 살고 있으며 그것에 대해 깊은 생각을 기울이지 않고 있다."[48]

---

47 Craufurd D. Goodwin, *Walter Lippmann: Public Economist,* Cambridge, MA: Harvard University Press, 2014, pp.36-37.

48 Ronald Steel, *Walter Lippmann and the American Century,* Boston, MA.: Little, Brown, 1980, p.277.

왜 리프먼은 퇴역군인들의 원수가 되었는가?

그러나 리프먼의 옛 친구들을 더욱 화 나게 할 일들이 남아 있었다. 그건 바로 제32대 대통령 프랭클린 루스벨트와 리프먼의 관계였다. 리프먼은 처음엔 루스벨트를 지지했지만, 나중엔 그의 적敵으로 변하게 된다. 하지만 그 이유는 라스키가 짐작하는 것처럼 돈과 같은 물질적인 환경의 변화로는 설명할 수 없는 것이었다. 리프먼의 나름의 확고한 이론과 철학이 있었다는 뜻이다. 이걸 이해하기 위해선 이른바 '퇴역군인 보너스 사건'으로 거슬러 올라갈 필요가 있다.

1924년 미국 의회는 제1차 세계대전에 참전했던 퇴역 군인들에게 1인당 1천달러, 총 24억 달러에 달하는 보너스를 지급하되, 1945년부터 지불한다는 내용의 법을 통과시켰다. 대공황으로 먹고 살 길이 막막해진 퇴역 군인들은 기한이 아직 되지 않은 정부발행증서를 바로 지급해달라는 내용의 보너스 법안을 1931년 의회에 제출했다. 이 법안은 하원은 통과했지만 상원에서 거부되었다.

이에 분노한 2만5천명의 퇴역병이 1932년 여름 수도 워싱턴으로 밀어닥쳤다. 무일푼의 이들 유랑자 무리는 가족과 함께 백악관 앞 펜실베이니아 애비뉴에 늘어선 버려진 건물들을 무단 점거하고, 아나코스티아 강변을 따라 허름한 판자집과 텐트로 이루어진 야영지를 만들었다. 이들은 '보너스 원정대(Bonus Expeditionary Force)' 또는 '보너스 군대(Bonus Army)'라 불렸다.

허버트 후버Herbert Hoover(1874-1964) 대통령은 이들의 간청을 묵살하고 군대를 동원했다. 보병 4개 중대, 기병 4개 중대, 기관총병 1개 중대, 전차 6대 등 엄청난 규모였다. 더글러스 맥아더Douglas

MacArthur(1880-1964) 장군의 지휘 아래 드와이트 아이젠하워Dwight D. Eisenhower(1890-1969)와 조지 패튼George Patton(1885-1945)이 진압을 맡았다. 맥아더의 강경 대응으로 100명 이상의 사상자가 발생했고, 사상자 중에는 가스 공격으로 질식사한 아기 두 명도 있었다. 수도에서 쫓겨난 보너스 군대는 뿔뿔이 흩어져 200만명의 다른 '방랑자' 무리에 합류했다. 전국 곳곳에서 시위와 폭동이 빈발했다.[49]

이 사건과 관련, 리프먼은 보너스 지급은 정부재정을 악화시켜 심각한 경제 문제를 일으킬 수 있다는 이유로 반대했을 뿐만 아니라 보너스 지급 요구를 퇴역 군인들의 탐욕으로 여기는 주장을 폈다. 리프먼은 이후 수년간 퇴역군인들의 원수가 되었다.[50]

보너스 군대에 대한 공격은 1932년 대통령 선거전이 한창일 때 이루어졌다. 민주당의 시카고 전당대회에선 1928년 후버에게 완패를 당했던 알 스미스Al Smith(1873-1944), 신문왕 윌리엄 랜돌프 허스트William Randolph Hearst(1863-1951)의 지지를 받으며 막강한 하원의장으로 활약하던 테네시주의 존 낸스 가너John Nance Garner(1868-1967), 알 스미스가 뉴욕주지사로 직접 엄선한 프랭클린 D. 루스벨트Franklin Delano Roosevelt(1882~1945)가 격돌했다.

루스벨트는 첫 투표에서 1위를 차지했으나 후보 지명에 필요한 득표수에는 미치지 못했다. 허스트가 '막후 협상'을 벌인 끝에 가너가 부통령

---

49 손세호, 『하룻밤에 읽는 미국사』, 랜덤하우스, 2007, 200쪽; 최웅·김봉중, 『미국의 역사』, 소나무, 1997, 285-286쪽; 케네스 데이비스(Kenneth C. Davis), 『미국에 대해 알아야 할 모든 것, 미국사』, 이순호 옮김, 책과함께, 2003/2004, 400-402쪽.

50 Craufurd D. Goodwin, *Walter Lippmann: Public Economist*, Cambridge, MA: Harvard University Press, 2014, pp.184-188.

직을 보장받는 조건으로 루스벨트를 밀어줌으로써 결국 루스벨트가 대통령 후보로 지명되었다. 차선책으로 루스벨트를 택한 허스트는 11개 조항에 걸친 자신의 정책적 요구 조건에 대한 루스벨트의 활약을 받고 일을 성사시켰지만, 둘은 나중에 적대관계로 변하게 된다.[51]

'뉴딜(New Deal)'을 제시한 프랭클린 루스벨트

1932년 7월 2일 시카고 민주당 전당대회장에서 대통령후보 지명 수락 연설에 나선 루스벨트는 "나는 여러분에게 맹세합니다. 또 나 스스로에게 맹세합니다. 미 국민을 위한 '새로운 정책'(New Deal)을 펼 것을 말입니다."라고 외쳤다. 그는 선거운동과정에서도 대공황 여파로 자신감을 상실한 채 무기력해져 있는 미국민들을 향해 "어떤 방법이든 택하여 그것을 해봅시다. 만일 실패한다면 그것을 솔직히 인정하고 다른 것을 해봅시다. 그러나 무엇보다 중요한 것은 무엇이든 해보자는 것입니다."라고 말했다.[52]

혼자 걸을 수 없는 루스벨트의 소아마비 때문이었을까? 루스벨트를 부정적으로 보는 이들이 많았다. 저널리스트 헨리 루이 맹켄Henry Louis Mencken(1880-1956)은 "가장 허약한 후보자"를 뽑았다고 했으며, 리프먼은 루스벨트를 "대통령직에 필요한 중요한 자질은 하나도 갖추지 못한

---

51 케네스 데이비스(Kenneth C. Davis), 『미국에 대해 알아야 할 모든 것, 미국사』, 이순호 옮김, 책과함께, 2003/2004, 403쪽; John K. Winkler, *William Randolph Hearst: A New Appraisal,* New York: Hastings House, 1955.

52 나윤도, "미국의 대통령 문화(21회 연재)", 〈서울신문〉, 1997년 11월 22일~1998년 5월 7일자.

귀여운 보이스카웃 단원"이라고 불렀다. 리프먼은 루스벨트가 "남들을 기쁘게 해주려는 열정이 지나치다"고 비판했는데, 이는 루스벨트가 사실상 '부활한 워런 하딩'이 아니냐는 논지였다.[53] 제29대 대통령 워런 하딩Warren G. Harding(1865-1923)은 무능한 대통령의 상징으로 여겨진 인물이었는데, 물론 이들의 판단이 오류라는 건 곧 밝혀진다.

1882년 뉴욕주 업스테이트의 허드슨강변 동쪽 언덕에 위치한 하이드파크에서 출생한 루스벨트는 부유한 가정형편 덕분에 개인교습을 받고 사립학교에 다녔으며 어려서부터 유럽여행을 다니는 등 풍족하고 귀족적인 분위기에서 성장했다. 특히 그의 성장기에 대통령으로 명성을 날리던 시어도어 루스벨트Theodore Roosevelt(1858-1919)는 먼 친척 형(12촌)뻘로 정신적 지주가 되었다. 그는 하버드대 학생 시절 당시 부통령이던 시어도어 루스벨트와의 관계를 이용하여 뉴스거리를 얻어옴으로써 『하버드 크림슨』지의 편집장이 되는 데 도움을 받기도 했다. 그의 부인이 된 엘리너 루스벨트Eleanor Roosevelt(1884-1962)는 시어도어 루스벨트의 조카로 부친을 일찍 여의였기때문에 1905년 그들의 결혼식에는 현직 대통령이 신부를 데리고 입장해 화제가 되기도 했다.

하버드 대학과 콜럼비아대 로스쿨을 나와 변호사로 활동하다 1910년 뉴욕주 상원의원에 당선, 정계입문한 루스벨트는 각종 선거에서 여러차례 낙선을 경험하는 등 초기에 순탄치 않은 길을 걸었다. 우드로우 윌슨

---

53 James David Barber, *The Pulse of Politics: Electing Presidents in the Media Age*, New Brunswick, NJ: Transaction Publishers, 1980/1992, p.243; 케네스 데이비스(Kenneth C. Davis), 『미국에 대해 알아야 할 모든 것, 미국사, 책과함께, 2003/2004, 404쪽; Alvin Stephen Felzenberg, *The Leaders We Deserved (And A Few We Didn't): Rethinking the Presidential Rating Game*, New York: Basic Books, 2008, p.126.

Woodrow Wilson(1856-1924) 대통령에 의해 해군성 차관보로 임명돼 1차 대전 당시 중요한 해군전략 수립에 관여했으며 탁월한 능력을 인정받았다. 그러나 그는 연방 상원의원 선거에서 패배했으며, 1920년 38세의 젊은 나이로 제임스 콕스 James M. Cox(1870-1957) 대통령후보의 런닝메이트로 출마해 고배를 마시는 등 중앙정치무대와는 인연이 없는 듯 했다.

엎친데 덮친 격으로 잠시 금융회사의 임원으로 정치를 떠나 있을 때 척수성 소아마비에 걸려 양다리를 못쓰게 됨은 물론 팔과 손에까지 부분마비가 오게 되었다. 당시 주변의 모든 사람들은 그의 정치적 생명은 끝난 것으로 생각했다. 그러나 그는 의지를 잃지 않았다. 조지아주의 웜스프링스로 가서 3년동안 기적적인 투병으로 그는 스스로 휠체어를 타고 움직일 수 있었다. 1924년 그가 휠체어를 타고 민주당 전당대회장에 나타났을 때 모든 사람들은 깜짝 놀랐으며 그가 목발에 의지해 단상에 기대서서 연설할 때는 그의 인간승리 모습에 감동적인 환호를 보냈다. 그는 1928년 뉴욕주지사로 화려하게 정계에 복귀했고, 결국엔 대통령 후보의 자리에까지 오르게 된 것이다.[54]

"법이 효과적이기 위해서는 탄력성이 필요하다"

1932년 대선이 한창이던 때 자동차를 얻어타면서 전국을 횡단하는 기록을 세운 사람이 나타났는데, 그 비결은 그가 내세운 다음과 같은 현수

---

54 게리 윌스(Gary Wills), 『시대를 움직인 16인의 리더: 나폴레옹에서 마사 그레이엄까지』, 곽동훈 옮김, 작가정신, 1994/1999, 43-48쪽; 나윤도, "미국의 대통령 문화(21회 연재)", 〈서울신문〉, 1997년 11월 22일~1998년 5월 7일자.

막 내용 때문이었다. "만약 나를 태워주지 않으면, 대통령 선거에서 후버를 찍겠다." 해볼 것도 없는 선거였다는 걸 시사해주는 에피소드였다.[55]

1932년 11월 8일 루스벨트는 뉴딜, 금주법 폐지, 공공사업 수립, 농민 구제책을 주요 공약으로 내세워 일반 투표의 57% 득표율과 선거인단 투표의 46개주(전체 48개 주 중에서)를 확보하면서 현직 대통령인 후버를 압도적 격차로 누르고 제32대 대통령에 당선되었다. 민주당은 상하 양원에서도 절대다수를 차지했다. 루스벨트는 1933년 3월 4일 취임연설에서 "우리가 두렵게 생각해야 할 유일한 것은 두려움 그 자체다(The only thing we have to fear is fear itself)"는 명언을 남겼다.[56]

금주법 문제와 관련, 리프먼은 나중에 '오늘과 내일' 칼럼(1933년 12월 5일자)을 통해 자신의 법에 대한 생각을 밝혔다. 그는 금주법 실패의 원인을 미국 국민의 거부에서 찾았다. "지나칠 정도로 음주하지 않는 인민 대중의 양심을 무시했기" 때문에 금주법에 대해 "인민이 반란을 일으켰고", 그 결과 금주법이 법으로서 기능하지 못했다는 것이다. 그는 금주법 폐지 과정에서 다음과 같은 귀중한 교훈을 얻었다고 했다. "아무리 고귀한 목적을 갖고 있더라도 그 목적이 공동체 구성원 대다수의 실질적 목적이

---

55 찰스 패너티(Charles Panati), 『문화와 유행상품의 역사 2』, 이용응 옮김, 자작나무, 1991/1997, 30쪽.

56 이 말은 불멸의 명언으로 인구에 회자되지만, 말이 안되는 말장난이라는 비판도 있다. 역사가 리처드 호프스태터(Richard Hofstadter, 1916-1970)는 루스벨트가 취임식 며칠 전에 헨리 데이빗 소로(Henry David Thoreau, 1817-1862)의 글을 읽고 "두려움만큼 두려워해야 할 것은 아무것도 없다(Nothing is so much to be feared as fear)"라는 글귀에서 영감을 받은 것이 분명하다고 주장했다. 케네스 데이비스(Kenneth C. Davis), 『미국에 대해 알아야 할 모든 것, 미국사』, 이순호 옮김, 책과함께, 2003/2004, 404쪽.

되지 않는다면 입법을 통해 아무런 효과를 얻지 못한다."[57]

사실 리프먼은 오래전부터 '법의 탄력성'이 필요하다는 주장을 해왔었다. 그는 1915년 8월에 발표한 <법과 질서>라는 제목의 글에서 이렇게 주장했다. "법은 우리를 완벽하게 만드는 방법이 아니다.... 민주주의 하에서 법이 효과적이기 위해서는 준법성과 더불어 탄력성이 필요하다. 법은 스스로를 성장에 적응시켜 변화할 수 있어야 하며 실현 불가능한 이상을 규정해서도 안된다. 법은 특정 시기에 그 상황에서 가능한 최선을 만족시켜야만 한다."[58]

루스벨트의 취임식이 끝나자 '보너스 군대'는 다시 워싱턴으로 돌아왔다. 1933년 5월에 벌어진 '제2차 보너스 투쟁'이다. 루스벨트는 보너스 군대에게 식사를 제공했으며, 아내 엘리너에게 그들의 말을 들어주고 공짜 커피도 실컷 마시게 해주라고 당부했다. 엘리너는 그들과 함께 어울리며 노래도 불렀다. 그 자리에 있었던 한 퇴역병은 훗날 이렇게 말했다. "후버는 군대를 보냈고, 루스벨트는 아내를 보냈다."[59]

이후 이런 식의 평가가 계속되자, 훗날 후버는 "옛날 내 정적들은 내가 혼자서 전 세계적인 대공황을 일으킬 수 있는 환상적 지성과 경제적 힘을

57 김대영, 「법과 정치: 리프만의 정치평론에 나타나는 보통법적 관점」, 『한국정치학회보』 제37권1호, 2003년 5월, 38쪽.

58 김대영, 「법과 정치: 리프만의 정치평론에 나타나는 보통법적 관점」, 『한국정치학회보』 제37권1호, 2003년 5월, 37쪽.

59 케네스 데이비스(Kenneth C. Davis), 『미국에 대해 알아야 할 모든 것, 미국사』, 이순호 옮김, 책과함께, 2003/2004, 404-405쪽; 사루야 가나메, 『검증, 미국사 500년의 이야기』, 남혜림 옮김, 행담출판, 2004/2007, 219쪽.

지녔다고 칭송했습니다."라고 푸념했다.[60] 막후 협상으로 부통령이 된 가너는 훗날 부통령직이 "야구 투수가 내뱉는 더러운 침만도 못하다"고 말했다.[61] 두 사람 모두 루스벨트의 영광에 가려 피해를 본 사람들이다.

"라디오가 정치를 바꿨다"

루스벨트를 가리켜 용인술의 대가라고 하는데, 이를 말해주는 좋은 일화가 있다. 대통령 취임 직후 루스벨트의 군예산 대폭 삭감계획에 불만을 품은 더글러스 맥아더 육군참모총장이 조지 던George H. Dern(1872-1936) 전쟁장관과 함께 백악관을 방문했다. 대통령과 부딪히는 것을 꺼리고 있던 던 장관을 제치고 맥아더가 국가안보의 중요성을 강조하자 루스벨트는 빈정거리는 투로 평화시에 많은 군대를 유지할 필요가 있느냐고 답했다. 두사람 사이에 다소 설전이 오갔다.

마침내 맥아더가 자제력을 잃고 "만일 다음 전쟁에서 미국이 져 미국 병사들이 적의 군화발에 짓밟힌다면 그들은 맥아더가 아닌 루스벨트를 원망할 것입니다"라고 대들었다. 그러자 루스벨트 역시 화를 버럭내며 "당신이 대통령 앞에서 그렇게 말할 수 있는가"라며 고함을 질렀다. 잠시 침묵이 흘렀다. 맥아더의 참모총장 생명은 끝난 것과 다름 없었다. 군통수권자에 대한 모욕은 군법회의 감이었다. 그는 사과를 한 후 총장직 사

60 밥 돌(Bob Dole), 『대통령의 위트: 조지 워싱턴에서 부시까지』, 김병찬 옮김, 아테네, 2001/2007, 178쪽.

61 조지형, 『헌법에 비친 역사: 미국 헌법의 역사에서 우리 헌법의 미래를 찾다』, 푸른역사, 2007, 89쪽.

의를 표하고 뒤돌아 나왔다. 맥아더가 막 집무실 문을 나서려는 순간 뒤에서 대통령의 차분한 목소리가 들렸다. "더글러스, 어리석은 짓 말게. 여기 당신의 목과 예산안을 함께 가져 가게."[62]

루스벨트의 가장 큰 강점은 사람들의 감정을 이해할 수 있는 뛰어난 능력이었다. 소아마비와 싸움을 하면서 얻은 능력이었다. 일반 대중은 루스벨트가 소아마비에 걸린 적이 있다는 것은 알고 있었지만 하반신 불수라는 사실은 몰랐다. 그가 매일 아침 침대에서 나오기 위해 시종의 도움을 필요로 한다는 점도 몰랐다. 대통령의 불구상태를 사진에 담지 않는 것이 언론의 불문율이었기 때문이다. 그래서 대중은 대통령이 혼자서 얼마든지 걸을 수 있는 사람으로 여겼다.

영화배우 그레고리 펙Gregory Peck(1916-2003)이 어렸을 때 부두에서 대통령을 기다린 적이 있었다. 그는 대통령이 아이처럼 배에서 내려지는 것을 보고 너무 놀라 울음을 터뜨렸다. 그러나 루스벨트는 휠체어에 앉자마자 군중에게 환한 미소를 지으면서 그들을 안심시켰다. 루스벨트는 사람들의 동정심을 존경심으로 바꿔놓는 능력의 소유자였다.[63] 게리 윌스Gary Wills는 루스벨트가 '완벽한 배우'였다며 다음과 같이 말한다.

"그는 자신의 모든 동작에 대한 사람들의 반응을 연구했고, 사람들의 시선이 자신의 상체에 쏠리도록 연극적인 소도구까지 사용했다. 길다란 담배파이프, 해군 망토, 구깃구깃한 모자 등을 착용한 것뿐만 아니라, 높

62 나윤도, "미국의 대통령 문화(21회 연재)", <서울신문>, 1997년 11월 22일~1998년 5월 7일자.

63 도리스 굿윈(Doris Goodwin), "프랭클린 D. 루스벨트: 강한 의지·확고한 신념-미소의 리더십", 로버트 A. 윌슨(Robert A. Wilson) 외, 『국민을 살리는 대통령 죽이는 대통령』, 형선호 옮김, 중앙M&B, 1997, 13-48쪽.

은 코가 강조되도록 턱을 내민 자세로 몸짓을 크게 하는 등 모든 행동이 그런 효과를 노린 것이었다.(해군 망토는 몸이 불편한 루스벨트로서도 입고 벗기가 편안하다는 장점도 있었다.)"[64]

루스벨트의 첫 번째 취임 연설 직후 백악관엔 50만통의 편지가 답지했다. 이전엔 상상할 수 없었던 일이었다. 루스벨트가 '친근감 있는 정치인'이 대중에게 다가갈 수 있었던 데엔 라디오의 역할이 절대적이었다. 대중에게 그런 느낌을 주는 건 라디오 이전엔 기대하기 어려웠던 것이다. 그래서 "라디오가 정치를 바꿨다"는 주장이 나오기도 했다.[65]

대공황은 라디오에겐 행운으로 작용했다. 대공황으로 인해 영화, 연극 관객이 급격히 줄면서 라디오청취자가 급증하게 된 것이다. 또 많은 회사들이 라디오광고로 회생하게 됨에 따라 라디오광고의 위력이 입증되었다. 루스벨트가 대통령에 당선된 1932년 라디오의 보급률은 60.6%에 이르렀다. 루스벨트의 라디오방송 시리즈 "노변 담화(Fireside Chats)"가 큰 위력을 발휘하게 된 것도 바로 그와 같은 배경에서 비롯된 것이었다.[66]

라디오의 이용에 있어서 그 누구도 루스벨트를 따라가긴 어려웠다. 일부 평자는 그가 독일의 아돌프 히틀러Adolf Hitler(1889-1945)보다 훨씬

---

64 게리 윌스(Gary Wills), 『시대를 움직인 16인의 리더: 나폴레옹에서 마사 그레이엄까지』, 곽동훈 옮김, 작가정신, 1994/1999, 49쪽.

65 고든 그레이엄(Gordon Graham), 『인터넷 철학』, 이영주 옮김, 동문선, 1999/2003), 49-50쪽.

66 Joon-Mann Kang , "Franklin D, Roosevelt and James L. Fly : The Politics of Broadcast Regulation, 1941~1944" *Journal of American Culture*, 10:2(Summer 1987), pp. 23-33 ; Newton M. Minow. John Bartlow, and Lee M. Mitchell, *Presidential Television*, New York : Basic Books, 1973, p. 32 참고

더 뛰어났다고 말하지만, 그 방식은 전혀 달랐다. 마치 거실에서 가족이 오순도순 모여 있는 듯한 느낌 속에서 자상한 아버지처럼 다가가는 게 루스벨트의 장기였다.[67] '노변 담화(Fireside Chats)'라는 이름도 바로 그 점을 간파한 CBS의 워싱턴 지국장 해리 부처Harry C. Butcher(1901-1985)가 붙인 것이다. 루스벨트도 이 작명이 마음에 들었는지 나중엔 스스로 '노변담화'라고 말하곤 했다.[68]

루스벨트, "지성은 2류지만, 기질은 1류"

리프먼은 영 내켜하지 않으면서도 1932년 대선에서 루스벨트를 지지했다. 그는 루스벨트 행정부의 성패 여부는 루스벨트 참모들의 품성(character)에 달려있다고 보았는데,[69] 이는 어떤 면에선 날카로운 판단이었다. 루스벨트부터가 지성은 별로였지만, 품성이 뛰어난 지도자였기 때문이다.

대법관 올리버 웬델 홈스Oliver Wendell Holmes(1841-1935)는 루스벨트를 가리켜 "지성은 2류지만, 기질은 1류(A second-class intellect. But a first-class temperament!)"라고 했는데, 사실상 루스벨트의 최대 무기인

---

67 William E. Leuchtenburg, *The Perils of Prosperity, 1914-32,* Chicago: The University of Chicago Press, 1958; H. G. Nicholas, "Roosevelt and Public Opinion," *Forthnightly,* 163(May 1945), pp.303-308.

68 Waldo W. Braden & Earnest Brandenburg, "Roosevelt's Fireside Chats," *Speech Monographs,* 22(November 1955), pp.290-302.

69 James A. Smith, *The Idea Brokers: Think Tanks and the Rise of the New Policy Elite,* New York: The Free Press, 1991/1993, p.72.

친근감을 두고 한 말이다.[70] 케네스 데이비스Kenneth C. Davis는 "루스벨트의 공헌은 아마 단순히 입법적인 것이라기보다는 심리적인 것에 있을 것이다. 그에게는 잃어버린 확신을 되찾아주고 낙관주의를 회복하고 꺼져버린 듯한 희망을 되살리는 천부적인 재능이 있었다."며 다음과 같이 말했다.

"루스벨트는 부유한 특권층 가정에서 자라났음에도 그런 기질을 천부적으로 지니고 있었다. 국민들은 라디오에서 흘러나오는 그의 '노변 담화'를 듣고 루스벨트가 마치 자신들의 응접실이나 거실에 앉아 스스럼없이 말을 건네는 듯한 친밀감을 갖게 되었다. 보수적인 공화파 집안에서는 물론 루스벨트라는 이름을 입밖에 내지 못하고 '그 사람'이라고 불렀지만 대부분의 미국인들은 실제로 그를 존경했다. 흑인들도 재건기 이래 자신들의 본거지였던 공화당을 버리고 루스벨트가 속한 민주당으로 옮겨 가기 시작했다."[71]

대공황을 어떻게 타개해 나갈 것인가? 루스벨트는 대통령에 취임한 후 의회에 비상 임기 의회 개회를 요청한 뒤 1933년 3월부터 6월까지 100일간에 걸쳐 일련의 놀라운 법령을 제정해 나갔다. 이른바 '뉴딜(New Deal) 정책'이다. 구제(relief), 부흥(recovery), 개혁(reform)을 내세운 뉴딜정책은 '미국적 삶의 방식에 일대 변화를 몰고 온 혁명'이었다.

1933년 3월 9일 발표된 비상 은행구제법은 대통령에게 신용·통화·금

---

70 James MacGregor Burns, *Roosevelt: The Lion and the Fox*, New York: Harcourt Brace, 1956.

71 케네스 데이비스(Kenneth C. Davis), 『미국에 대해 알아야 할 모든 것, 미국사』, 이순호 옮김, 책과함께, 2003/2004, 410-411쪽.

에 대한 광범위한 권한을 부여했다. 5월 27일 루스벨트는 미국 증권시장 사상 최초의 증시 규제 법안인 '연방증권법'을 발효시켰다. 이 법에 따라 모든 신주는 일정 기간 동안 공시를 해야 발행될 수 있었고, 발행된 신주는 정부기관에 등록해야했다. 6월 5일 의회는 금본위제의 정지를 의결했고, 6월 16일에는 미국 금융 역사상 가장 획기적인 법인 '글래스 스티겔(Glass-Steagall)법'을 통과시켰다. 공식적으로 '1933년 은행법'으로 불리는 이 법에 따라 5천달러 이하의 예금을 정부가 지급보증하는 방법으로 은행 파산을 진정시키기 위해 연방예금보험공사(FDIC: The Federal Deposit Insurance Corporation)가 발족했다. 또한 이 법은 모든 은행들이 여·수신 전문은행과 투자은행 가운데 선택을 하도록 했다.[72]

뉴딜의 첫 번째 프로그램으로 시민자원보존단(CCC: Civilian Conservation Corps)이 창설되었다. 18세에서 25세까지의 젊은이 160만 명에게 식목과 청소 등 자원보존 관계 일자리를 제공하는 프로그램이었다. 농업조정부도 신설해 소출없는 토지는 농부들에게 돈을 주고 거둬들이는 방식으로 농산물 가격을 상승시키고자 했다. 이는 굶주리는 사람들의 분노를 자아내게 했고, 흑인 소작인들이 농사를 짓지 못하게 되는 부작용을 낳았다.

리프먼의 뉴딜정책 지지

더 큰 논란을 불러 일으킨 건 테네시강유역개발공사(TVA: Tennessee

72 존 스틸 고든(John Steele Gordon), 『월스트리트제국: 금융자본권력의 역사 350년』, 강남규 옮김, 참솔, 1999/2002, 342-343쪽.

Valley Authority) 사업이었다. 이는 연방 주도의 수력전기발전계획으로 급진적인 출발의 시작이었다. 이 공사는 전력을 생산하는 것 외에도 댐을 지었고 비료를 생산·판매했으며 주변 지역의 재식림 사업을 했고 휴양지를 개발했다. 민간 분야에 정부가 끼어 든다고 해서 '공산주의 정책'이라는 비난이 쏟아졌다. 루스벨트는 그런 비난에 굴하지 않고 이어 연방긴급구제국(FERA: Federal Emergency Relief Administration)을 신설하여 연방 구제기금 5억 달러를 극빈곤층에게 배당했다. 연방복지제도의 시작이다.

루스벨트의 프로그램 중 가장 논란이 컸던 것은 1933년 6월 16일부터 발효된 전국부흥법(NRA: National Recovery Act)이었다. 기업 생산을 촉진하기 취해 마련된 이 법령은 생산, 노동, 원가에 엄청난 정부 통제를 수반하는 것이었다. 이 법의 감독기관으로 푸른 독수리를 상징으로 하는 미국산업부흥국(NRA: National Recovery Administration)이 신설되었다. 기업인과 상인들은 푸른 독수리와 "우리는 우리 일을 한다(We Do Our Part)"라는 모토가 적힌 미국산업부흥국의 상징물 앞에서 서약을 했으며, 소비자들은 미국산업부흥국의 상징물이 부착된 곳에서 물건을 구입하도록 권유받았다.

미국 전역에서는 이 정책을 지지하는 거대한 행진이 벌어졌다. 뉴욕시에서만도 수백만 시민들이 미국산업부흥국 지지 행진을 벌였다. 에이브러햄 링컨Abraham Lincoln(1809~1865) 이후 공화당의 고정표였던 흑인들은 거실에 붙여 놓았던 링컨의 사진을 떼고 루스벨트의 사진으로 바꾸기 시작했다.

반면 보수파들은 크게 반발했다. 루스벨트 부부가 함께 부르는 형식을 취한, "그대가 흑인에게 키스하면 나는 유대인에게 키스한다. 서로 숨이

멎을 때까지 백악관에 머무르리라."는 우스꽝스러운 노래가 유행하기도 했다. 특히 공화당 보수파는 루스벨트가 빨갱이라고 비난하고 나섰다. 온갖 날조된 인신공격과 유언비어가 난무했다. 이름을 바꾸어서 그렇지 루스벨트는 원래 네덜란드계 유대인 자손이라든가, 대통령 부인 엘리너가 흑인으로부터 얻은 임질을 루스벨트에게 전염시켰다든가, 차마 입에 담을 수도 없는 섹스 행위를 배우기 위해 모스크바를 방문할 예정이라든가 하는 소문마저 떠돌았다.[73]

심지어 루스벨트 가문내에서도 프랭클린 루스벨트를 '상류층의 배신자'로 낙인 찍어 미워하는 사람들이 많았다.[74] 이와 관련, 오치 미치오는 이렇게 주장한다. "링컨의 지휘하에 노예해방을 단행했던 자유주의적 공화당이 서서히 보수화되고 마침내는 반동적 상류층 정당으로 변모하는 계기는 상당 부분 '상류층의 배신자' 루스벨트에 대한 증오에서 비롯됐다."[75]

그러나 리프먼은 뉴딜정책을 지지했다. 예컨대, 그는 1933년 8월 11일자 칼럼에서 '뉴딜 개혁'을 통해서 "워싱턴 정부의 마비 상태를 극복할 수 있었다"며, 이 과정을 통해서 "국민정신이 복원되고 소심한 계산 대신에 자신감과 도량을 회복할 수 있었다"고 주장했다.[76] 그러나 시간이 흐르

---

73 케네스 데이비스(Kenneth C. Davis), 『미국에 대해 알아야 할 모든 것, 미국사』, 이[illegible]호 옮김, 책과함께, 2003/2004, 406-412쪽.

74 보니 앤젤로(Bonnie Angelo), 『대통령을 키운 어머니들』, 이미선 옮김, 나무[illegible]숲, 2000/2001, 68-69쪽.

75 오치 미치오, 『와스프: 미국의 엘리트는 어떻게 만들어지는가』, 곽해선 옮김[illegible]림, 1998/1999, 59쪽.

76 김대영, 「공론화를 위한 정치평론의 두 전략: 비판전략과 매개전략」, 『한국정[illegible]회

면서 [illegible]프먼은 뉴딜과 루스벨트에 등을 돌리면서 강력한 비판자로 변하게 된[illegible].

[illegible]』 제38권2호, 2004년 6월, 132쪽.

5장

1933–1939

V

"사회를 통제할 수 있다는 생각은 환상이다"

· 1933-1939 ·

프랭클린 루스벨트 대통령과 신문의 갈등

1933년 이래로 미국의 신문 시장은 허스트Hearst, 패터슨-매코믹Patterson-McCormick, 스크립스-하워드Scripps-Howard, 폴 블록Paul Block, 리더Ridder, 가넷Gannett 등 6대 신문 체인이 지배하고 있었다. 이들의 지배력이 강화됨에 따라 '언론비판'이라는 새로운 장르의 글쓰기도 등장했다. 그 선구자는 『시카고 트리뷴』 기자 출신인 조지 셀더스George Seldes(1890-1995)였다. 그는 신문들의 뉴딜 비판을 비난하면서, 미국신문발행인협회(American Newspaper Publishers Association)를 '귀족들의 집합소'라고 비난했다. 그는 『언론자유(Freedom of the Press)』(1935), 『언론귀족(Lords of the Press)』(1938) 등의 저서를 출간해 지속적인 언론비판 활동을 하면서 언론윤리강령의 필요성을 주장했다.[1]

---

1 Jean Folkerts & Dwight L. Teeter, Jr., *Voices of a Nation: A History of Mass Media in the United States*, 3rd ed., Boston, Mass.: Allyn and Bacon, 1998.

당시 신문들은 전반적으로 루스벨트 행정부에 적대적이었다. 루스벨트 자신은 신문의 85%가 자신에 대해 적대적이라고 주장했다. 아서 슐레신저Arthur M. Schlesinger, Jr.(1917-2007)는 그건 좀 과장된 수치라고 평가한 반면,[2] 저널리스트 존 군더John Gunther(1901-1970)는 적대적 신문은 80~85%라고 했다.[3] 누가 맞건 신문의 다수가 루스벨트에게 적대적인 건 분명했다. 그들은 루스벨트가 '미국식 삶의 방식(the American way of life)'를 파괴한다고 보았다.[4]

그런데 흥미로운 건 루스벨트가 신문 소유주나 경영자들과는 사이가 극도로 나빴지만 자신을 직접 취재하는 기자들에겐 인기가 매우 높았다는 점이다. 경영자들은 루스벨트가 도대체 무슨 수법을 쓰길래 기자들에게 인기가 높은지 그걸 늘 궁금하고 의아하게 여길 정도였다. 결국 기사는 대체적으로 신문사 경영진의 색깔을 반영하기 마련이지만 말이다.[5]

루스벨트의 수법은 인간관계였다. 그는 기자들의 이름을 친근하게 불러주고, 기사를 기억해 두었다가 한마디 함으로써 기자들을 우쭐하게 만들었고, 가벼운 농담을 던지고, 백악관 만찬에 자주 초대하는 등 인간

---

2 Arthur M. Schlesinger, Jr., *The Politics of Upheaval*, Boston, Mass.: Houghton Mifflin, 1960.

3 John Gunther, *Roosevelt in Retrospect: A Profile in History*, New York: Harper & Brothers, 1950.

4 Rexford G. Tugwell, *Roosevelt's Revolution: The First Year-A Personal Perspective*, New York: Macmillan, 1977.

5 Denis W. Brogan, *The Era of Franklin D. Roosevelt: A Chronicle of the New Deal and Global War*, New Haven: Yale University Press, 1950; Leo C. Rosten, "President Roosevelt and the Washington Correspondents", *The Public Opinion Quarterly*, 1(January 1937), pp.36-52.

적 매력과 관심으로 기자들을 포섭했다.[6] 솜씨가 너무 능숙해 때론 기자들을 선생님이 학생 다루듯이 할 때도 있었다. 1937년 어느 기자가 3선에 도전할 생각이냐고 묻자, 루스벨트는 이렇게 꾸짖었다. "저 구석에 가서 꿇어앉아 손 들고 있으세요(Go sit in the corner and put on a dunce cap)." 여기서 중요한 건 모든 기자들이 이 말에 웃음을 터뜨렸다는 점일 게다.[7]

루스벨트의 그런 재능이 아니더라도 기자들이 매주 2번씩 정력적으로 기자회견을 갖는 대통령을 싫어하기는 어려운 일이었다. 루스벨트는 첫 번째 임기에선 337회, 두 번째 임기에선 374회, 세 번째 임기에선 279회, 네 번째 임기의 수주간 7회의 기자회견 등 총 998회의 기자회견을 갖는 불멸의 기록을 세운 언론지향적 정치인이었다.[8] 〈왜 기자들은 루스벨트를 좋아하는가?〉라는 제목의 글을 쓴 레이먼드 클래퍼Raymond Clapper는 대략 뉴딜을 지지하는 기자는 60%지만, 루스벨트를 지지하는 기자는 90%에 이른다고 했다.[9]

루스벨트는 신문의 비판을 점잖게 넘기거나 모르는 척 하는 스타일은 아니었다. 그는 부정적인 기사에 대해 직간접적으로 신문사 사주에게 '과장과 왜곡'에 대한 항의를 하곤 했으며, 공개적으로 분노를 터뜨리

---

6 Arthur M. Schlesinger, Jr., *The Coming of the New Deal*, Cambridge, Mass.: Houghton Mifflin, 1958.

7 David Halberstam, *The Powers That Be*, New York: Dell, 1979, p.23.

8 James E. Pollard, "Franklin D. Roosevelt and the Press," *Journalism Quarterly*, 22(1945), pp.196-206.

9 Raymond Clapper, "Why Reporters Like Roosevelt," *Review of Reviews and World's Work*, June 1934, pp.14-17.

기도 했다.[10] 루스벨트는 그런 채찍과 더불어 다양한 당근 정책으로 그는 늘 언론 보도에 영향을 미치는 뛰어난 정치적 기술을 발휘했다.[11]

루스벨트가 가장 못 마땅하게 여긴 사주는 윌리엄 랜돌프 허스트 William Randolph Hearst(1863-1951)와 헨리 루스Henry R. Luce(1898-1967)였다. 그는 이들에 대해 편지나 메모 등을 통해 품평을 하곤 했다. 그의 주장에 따르면, 허스트는 "미국 민주주의와 문명에 엄청난 해악을 끼치는 인물," 루스는 "고의적인 과장이나 왜곡으로 『타임』을 파는 사람"이었다.[12]

라디오의 전성시대와 텔레비전의 탄생

신문들에 불만을 품은데다 라디오의 정치적 힘을 만끽한 루스벨트는 한때 수도 워싱턴에 본부를 둔 전국적인 타블로이드 신문을 논평 없이 사실 위주로만 만들거나 이런 기능을 갖는 국영 또는 공영방송 채널을 창설하려는 구상을 하기도 했다. 이젠 라디오와 더불어 텔레비전까지 출

---

10 W. A. Swanberg, *Citizen Hearst: A Biography of William Randolph Hearst*, New York: Charles Scribner's Sons, 1961; W. A. Swanberg, *Luce and His Empire*, New York: Charles Scribner's Sons, 1972.

11 Frank Freidel, *Franklin D. Roosevelt: The Triumph*, Boston, Mass.: Little, Brown, 1956; Charles E. Rogers, "The Newspaper in Government," *Journalism Quarterly*, 12:1(March 1935), pp.1-8; B. H. Winfield, "Franklin D. Roosevelt's Efforts to Influence the News during His First Term Press Conferences," *Presidential Studies Quarterly*, Spring 1981, pp.189-199.

12 Arthur M. Schlesinger, Jr., *The Coming of the New Deal*, Cambridge, Mass.: Houghton Mifflin, 1958.

현했으니 루스벨트로선 충분히 유혹을 느낄 만한 일이었다.[13]

1920년대 후반, 텔레비전을 실용화하기 위한 독립적인 과학자들의 연구성과는 비약적인 발전을 기록했다. 1925년 6월 13일 찰스 젠킨스Charles Francis Jenkins(1867-1934)는 워싱턴에서 5 마일이나 떨어진 곳의 움직이는 영상을 전달하는 성공을 거두었으며 4개월후 영국 런던에서도 존 베어드John Baird(1888-1946)가 비슷한 실험에 성공하였다. 이러한 성과들에 힘입어 1927년 4월에는 뉴욕-뉴저지-워싱턴을 연결하는 텔레비전 실험에서 당시 상무장관 허버트 후버Herbert Hoover의 축하 메시지를 방송하는 데에 성공을 거두었다. 4월 8일자 뉴욕타임스지 1면 머릿기사 제목은 다음과 같이 그 때의 감격을 전했다.

"멀리 있는 연사가 여기서 들릴 뿐만 아니라 보이다 : 마치 사진이 살아 움직이는 것 같아 (Far Off Speakers Seen as Well as Heard Here :Like a Photo Comes to Life)"[14]

1928년 1월 GE와 RCA는 텔레비전수상기 3대를 생산하여 일반에게 공개하였으며, 5월에는 GE의 뉴욕 슈넥타디방송국이 1주에 3일간 하루 3분씩 최초의 텔레비전방송을 시작하게 되었다. 1929년 가을에는 런던에서도 텔레비전방송이 시작되었으며, 미국에는 이미 26개의 텔레비전방송국이 존재하였다. 그러나 1929년 10월에 발생한 대공황은 막 일

13 Joon-Mann Kang, "Franklin D. Roosevelt and James L. Fly: The Politics of Broadcast Regulation, 1941-1944," *Journal of American Culture*, 10:2(Summer 1987), pp. 23-33; John Gunther, Roosevelt in Retrospect: A Profile in History, New York: Harper & Brothers, 1950; Graham J. White, *FDR and the Press*, Chicago: University of Chicago Press, 1979.

14 Harry Castleman & Walter J. Podrazik, *Watching TV: Four Decades of American Television*, New York: McGraw-Hill, 1982, p. 5.

기 시작한 텔레비전 붐에 찬물을 끼얹고 말았다. 1930년 데이빗 사노프 David Sarnoff(1891-1971)가 RCA의 사장이 되면서 NBC도 1932년에 텔레비전방송국을 설립하였지만 텔레비전은 라디오의 보조매체로서 아직 실험단계에서 벗어나지 못하고 있었다.[15]

대공황은 텔레비전 발달의 본거지를 미국에서 유럽으로 이동시켰다. 특히 1933년 집권한 히틀러 치하의 독일에서는 경제가 왕성한 가운데 텔레비전이 크게 발달되어 1936년 8월 베를린 올림픽을 중계방송 하는 수준에까지 이르렀다. 독일과 더불어 영국, 프랑스, 러시아, 이탈리아, 일본 등의 나라들도 30년대에 텔레비전의 비약적인 발전을 이룩하였으나 미국의 텔레비전은 대공황의 후유증으로 거의 빈사상태에 놓여 있었다. 이와 같은 상황을 극복하기 위해 나선 인물이 바로 데이빗 사노프였다. 그는 1935년 5월 7일 RCA의 주주들 앞에서 1백만 불을 투자하여 텔레비전을 실용화하겠다고 선언하였다.[16]

텔레비전의 실용화가 RCA에 의해 적극적으로 추진되고 있는 동안 라디오는 전성기를 구가하고 있었다. 1938년 라디오의 보급률은 거의 80%에 이르렀다. 10월 30일 CBS 라디오가 방송한 드라마 〈화성으로부터의 침공〉(The Invasion from Mars)은 라디오의 영향력을 극적으로 입증하였다. H. G. 웰스H. G. Wells(1866-1946)의 공상과학소설 〈세계 전쟁

---

15 Joon-Mann Kang, "Franklin D, Roosevelt and James L. Fly : The Politics of Broadcast Regulation, 1941~1944" *Journal of American Culture*, 10:2(Summer 1987), pp. 23-33 ; Newton M. Minow. John Bartlow, and Lee M. Mitchell, *Presidential Television,* New York : Basic Books, 1973. p. 32 참고

16 Harry Castleman & Walter J. Podrazik, *Watching TV: Four Decades of American Television,* New York: McGraw-Hill, 1982, p.9.

〉(War of the World)을 오손 웰스Orson Welles(1915-1985)가 각색하고 직접 출연해 제작한 이 프로그램은 화성인들의 침입을 다루었는데, 이걸 실제 일어난 일로 착각한 수많은 청취자들이 공포에 질려 피난을 가는 사태가 벌어졌던 것이다.

1930년대 후반 미국의 텔레비전은 RCA의 주도하에 서서히 발전하기 시작했다. 텔레비전이라고 하는 새로운 매체를 과시하고 싶은 RCA의 욕구는 NBC가 1939년 뉴욕 세계박람회 개회식을 중계방송 하는 것으로 나타났다. 1939년 4월 30일, 이 날은 후일 "미국 텔레비전의 탄생일"로 기념될 역사적인 날이었다. 그 날 오후 12시 반 개막연설을 하는 루스벨트 대통령의 모습이 뉴욕 시에 이미 보급되었던 2백여대의 텔레비전 수상기를 통해 생생하게 중계방송되었다. 이로써 루스벨트는 텔레비전에 출연한 미국 최초의 대통령이 되었으며, 뒤이어 연설을 한 사노프는 텔레비전의 밝은 전망을 역설하고 또 그걸 현실화시킴으로써 "미국 텔레비전의 아버지"라는 호칭을 얻게 되었다.[17]

1936년 대선의 진정한 승자는 조지 갤럽

1930년대 중반 대학교수 출신의 여론조사 전문가인 조지 갤럽George H. Gallup(1901-1984)의 등장은 대중의 수준에 대한 리프먼의 우려를 확인시켜주는 듯 했다. 예컨대, 갤럽은 1936년 영앤루비컴에 제출한 보고서에서 뉴욕『데일리 뉴스(Daily News)』의 성공은 여성이 신문 헤드라인

17 Harry Castleman & Walter J. Podrazik, *Watching TV: Four Decades of American Television*, New York: McGraw-Hill, 1982, p.10.

만 읽는 습관과 관련이 있다고 밝혔다. 여성은 저속하고 센세이셔널한 기사들만 좋아하며 흥미진진한 범죄 스토리가 아니라면 신문의 헤드라인만 읽는다는 이야긴데, 갤럽은 여성독자의 너무도 낮은 취향 수준에 경악했다고 실토했다.[18]

1936년 대선은 갤럽의 등장으로 미국 여론조사의 분수령이 된 사건이기도 했다. 당시 여론조사업계는 춘추전국시대였는데, 선두 주자는 『리터러리 다이제스트(Literary Digest)』라는 잡지사였다. 이 잡지사는 1916년 이래 여론조사를 통해 매번 정확히 선거결과를 예측한 걸로 유명했다. 당시의 여론조사는 오늘날의 기준에선 미련해보일 정도의 물량 공세 위주였다. 이 잡지는 1924년 대선에서 1600만명의 유권자에게 설문지를 우송했고 28년에는 1800만명에게 인기투표 용지를 보냈으며, 1936년 대선에서도 1000만명에게 설문지를 발송해 230만장을 반송받았다.[19]

그렇게 엄청난 공을 들여 얻어낸 설문지를 집계한 결과에 따라 『리터러리 다이제스트』는 1936년 대선 전망에서 현직 대통령으로 민주당 후보인 프랭클린 루스벨트Franklin Delano Roosevelt(1882~1945)가 42 대 57로 공화당의 알프레드 랭돈Alfred M. Landon(1887-1987) 후보에게 패배할 것이라는 예측을 내놓은 반면, 갤럽은 54 대 46으로 루스벨트의 승리를 예측했다.

『리터러리 다이제스트』와 갤럽의 대결은 골리앗과 다윗의 싸움으로 여겨졌기에, 갤럽의 예측은 엄청난 비난 공세에 시달렸다. 신생 업체가

---

18 Roland Marchand, *Advertising the American Dream: Making Way for Modernity, 1920-1940*, Berkeley: University of California Press, 1985, pp.68-70.

19 박창식, "『유레카』 신종 여론조사 왜곡", 〈한겨레〉, 2010년 1월 15일.

이름을 알리기 위해 '노이즈 마케팅'을 하는 게 아니냐는 질책이었다. 갤럽은 자신의 칼럼을 싣는 신디케이트 신문사들에게 만약 자신의 예측이 틀리면 그간 받은 돈을 환불하겠다고 선언하는 대담한 도박을 감행했다.

당시 갤럽의 여론조사 표본은 오늘날의 10배에 이르는 15,000명 수준이었는데, 제대로 된 표본의 추출방법보다는 표본 크기의 다다익선多多益善을 굳게 믿고 있던 『리터러리 다이제스트』는 갤럽의 표본이 적다고 비웃었다. 그렇게 비웃음을 당한 수준의 표본이었지만 15,000명을 상대로 여론조사를 하는 데엔 비용이 많이 들었다.

물론 그 비용은 신디케이트 신문사들에게서 나오지만 환불할 경우 파산으로 내몰릴 수밖에 없었다. 그런 상황에서 갤럽의 긴장은 극도로 고조되었고, 이를 보다 못한 부인이 쉬면서 긴장을 풀라고 갤럽을 일부러 플로리다 사라소타(Sarasota)로 데려갔다. 당시엔 선거일을 앞둔 막판 조사는 없었기에 갤럽이 휴양지에서 할 수 있는 일은 선거 결과를 기다리는 것 이외엔 없었다.[20]

승리의 여신은 갤럽의 손을 들어 주었다. 갤럽의 예측대로 루스벨트가 61 대 37로 승리했으니 말이다. 1936년 대선의 진정한 승자는 갤럽이었던 셈이다. 갤럽의 완전한 승리였지만, 갤럽은 자신의 예측이 실제 결과와 7% 포인트의 격차가 난 것에 대해 불만족스러워 했다.[21]

---

20 David W. Moore, *The Superpollsters: How They Measure and Manipulate Public Opinion in America,* New York: Four Walls Eight Windows, 1992, pp.31-33; Susan Ohmer, *George Gallup in Hollywood,* New York: Columbia University Press, 2006, pp.60-61; 프랭크 뉴포트(Frank Newport), 『여론조사: 대중의 지혜를 읽는 핵심 키워드』, 정기남 옮김, 휴먼비즈니스, 2004/2007, 200쪽.

21 David W. Moore, *The Opinion Makers: An Insider Exposes the Truth Behind the Polls,* Boston, MA: Beacon Press, 2008, p.44.

이 때의 충격으로 『리터러리 다이제스트』는 1938년에 폐간되고 말았다. 『리터러리 다이제스트』는 어떤 실수를 저질렀던 걸까? 갤럽은 이 잡지의 조사가 자동차와 전화를 가진 부자들을 대상으로 이루어진 것이라며 루스벨트의 우세를 주장했는데, 그의 말이 맞았다. 이 잡지는 구독자 주소록과, 전화 가입자, 자동차 보유자 명단을 토대로 조사를 했는데, 이들은 대부분 부유층이며 공화당 지지자였다. 표본 크기가 아니라 표본 추출 방법이 중요하다는 점을 모르고, 특정 계층만 상대로 조사하는 잘못을 저지른 것이다.[22]

저널리즘과 여론 연구 분야에 나타난 리프먼의 영향력

1936년 대선 예측에 성공하면서 갤럽의 명성은 전국적으로 알려졌으며, 이제 여론조사 산업은 전시의 프로파갠다 산업을 계승하는 동시에 압도할 정도로 성장하기 시작했다. 여론과 관련해 독립적인 전문가 조직의 필요성을 역설해 온 리프먼의 영향도 있었다. 저널리즘 연구 분야에서도 리프먼의 영향력이 나타나기 시작했다.

레오 로스텐Leo Rosten(1908-1997)은 1935-1936년에 107명의 워싱턴 특파원에 대한 설문조사를 근거로 박사학위논문을 썼는데, 이는 언론보도에 관한 최초의 본격적인 연구였다. 이 논문에 따르면, 응답자의 60%가 데스크의 선호에 맞게끔 기사 왜곡을 한다는 점을 인정했다. 이 연구 결과는 1937년 『워싱턴 특파원(The Washington Correspondents)』이라는 책으로 출간되었는데, 로스텐은 이 책에서 저널리즘의 절대적 객관성은

22 박창식, "『유레카』 신종 여론조사 왜곡", 〈한겨레〉, 2010년 1월 15일.

불가능하기 때문에 기자의 출신 배경, 전문적 훈련, 개인적 기질, 기자의 경제적 지위가 큰 중요성을 갖는다고 지적하고 이에 대해 연구해야 할 필요성을 제기하였다.[23]

제1차 세계대전 전엔 전혀 쓰이지 않던 objectivity라는 단어는 1930년대 중반부터 언론계에서 널리 쓰이기 시작했으며, 특히 『타임』이나 『포춘』 등 언론사 편집국에서 열띤 토론 주제로 떠오르곤 했다.[24]

1937년엔 『여론연구(Public Opinion Quarterly)』가 창간되었으며, 1935년 미국으로 건너 온 오스트리아계 유대인 폴 라자스펠드Paul F. Lazarsfeld(1901-1976)는 미국의 미디어 효과 연구를 주도하기 시작했다.[25]

갤럽은 1939년의 어느 강연에서 라디오 기술, 신문의 광범위한 보급, 그리고 그 자신이 대중화시킨 새로운 조사기법에 의해 나타날 가능성들을 검토하면서 전국적 규모의 '타운 미팅(town meeting)'의 도래를 예측했다. 마치 이웃끼리 공동체의 문제를 논의하는 것처럼 새로운 기술은 그런 전국적 토론을 가능케 하리라는 것이었다.[26]

갤럽은 1940년에 출간한 『민주주의의 맥박(The Pulse of Democracy)』

---

23 Leo Rosten, *The Washington Correspondents*, New York: Harcourt, Brace, 1937, pp.149-150, 352; Bernard Roshco, *Newsmaking*, Chicago, IL: University of Chicago Press, 1975, pp.47-48.

24 Michael Schudson, *Discovering the News: A Social History of American Newspapers*, New York: Basic Books, 1978, p.156.

25 Daniel J. Czitrom, *Media and the American Mind: From Morse to McLuhan*, Chapel Hill: University of North Carolina Press, 1982, pp.122-133.

26 브루스 빔버(Bruce Bimber), 『인터넷시대 정치권력의 변동: 미국 민주주의의 역사적 진화』, 이원태 옮김, 삼인, 2003/2007, 380쪽.

에서 그럼 꿈을 재차 피력하면서 여론조사가 민심을 반영해 엘리트 중심의 정치와 행정을 견제할 수 있는 메커니즘이라는 평소의 지론을 역설했다. 여론조사가 민주주의의 맥박을 측정하고 감시할 수 있다는 것이다.[27]

애초의 취지가 그러했던 만큼 갤럽의 여론조사는 처음엔 유권자들의 큰 인기를 끌었다. 한 소작농부가 "내 생각을 묻는다구? 내 생각이 중요하단 말이요? 아직 그 누구도 내 생각을 물어본 적이 없었는데!"라고 말한 데에서도 드러나듯이, 당시 생소했던 여론조사에 대한 호응도는 썩 괜찮은 편이었다.[28]

루스벨트의 뉴딜은 파시즘인가?

리프먼은 1930년대 중반 여전히 냉철한 현실주의자의 면모를 보이고 있었다. 그는 모든 진보주의자들이 비난해 마지 않는 독점에 대해서도 조금 다른 입장을 취했다. 그는 1934년 4월 5일자 칼럼에서 독점을 주취(drunkenness)에 비유했다. 독점은 마치 금주법처럼 금지한다고 해서 사라지진 않으며, 여론에 휘둘려 인간본성에 반하게끔 법을 너무 엄격하게 만들면 부패와 위선을 불러들인다는 것이었다. 그는 1935년 12월 21일자 칼럼에서도 "좋은 점도 있고 나쁜 점도 있는데 아무 생각 없이 독점을

---

27 George Gallup & Saul Rae, *The Pulse of Democracy*, New York: Greenwood, 1940.

28 한겨레신문 문화부 편, 『20세기 사람들 (상)』, 한겨레신문사, 1995, 272-276쪽; Sarah E. Igo, The Averaged American: Surveys, Citizens, and the Making of a Mass Public, Cambridge, MA: Harvard University Press, 2007, p.159.

무조건 비난하는 건 어리석다"고 주장했다.[29]

이런 현실주의는 리프먼이 이미 20여년 전 『표류와 통제』(1914)에서 '서먼 트러스트법(Sherman Act)'에 대해 보인 '진보적이면서도 현실적인' 입장과 같은 것이었다. 그는 당시 이 법이 진지한 분석보다는 감정에 근거했다고 보았다. 집중은 규모의 경제 효과를 낳을 수 있다는 점을 인정할 필요가 있음에도 그걸 무조건 금지시키는 것은 대기업의 시대와 기술 진보의 시대라는 변화를 이해하지 못한 것이라는 게 리프먼의 주장이었다.[30]

리프먼은 1936년 5월 14일자 칼럼에서도 국무장관 코델 헐Cordell Hull(1871-1955)의 쌍방적 관세인하 조치를 칭찬했다. 이 칭찬은 국제문제는 여론에 휘둘려선 안된다는 자신의 지론에 따라 여론의 반대에도 무릅쓰고 이루어진 것이었다.[31]

리프먼의 현실주의는 어느덧 루스벨트의 뉴딜과도 갈등을 빚고 있었다. 그는 초기의 뉴딜 지지를 철회하고 1936년 대선에서 루스벨트의 경쟁자인 공화당 후보 알프레드 랭돈에게 투표했을 뿐만 아니라 이후 뉴딜에 대한 맹렬한 비판자로 활약했다. 유명 칼럼니스트 마크 설리번Mark Sullivan은 1935년 11월에 쓴 칼럼에서 1936년 대선이 미국의 마지막 선거가 될지 모른다며, 뉴딜을 독일 파시즘에 비유했는데, 리프먼마저 그

---

29 Craufurd D. Goodwin, *Walter Lippmann: Public Economist*, Cambridge, MA: Harvard University Press, 2014, pp.215-217.

30 Craufurd D. Goodwin, *Walter Lippmann: Public Economist*, Cambridge, MA: Harvard University Press, 2014, p.22.

31 Craufurd D. Goodwin, *Walter Lippmann: Public Economist*, Cambridge, MA: Harvard University Press, 2014, p.104.

런 반감의 흐름에 가담한 것이다.[32]

뉴딜을 파시즘으로 보는 주장들은 이미 1933년부터 쏟아져 나왔다. 루스벨트가 이탈리아의 베니토 무솔리니Benito Mussolini(1883-1945)에게 호감을 표했다는 것도 그런 시각의 근거가 되었다. 루스벨트는 독일의 아돌프 히틀러Adolf Hitler(1889-1945)와는 거리를 두면서도 무솔리니에게는 1930년대 중반까지 오직 '호감과 신뢰'만을 갖고 있다고 말했다. 미국은 2차 세계대전에 뛰어들기 전까지는 반공反共이라는 가치 아래 파시즘을 우호적으로 생각하는 경향이 있었다는 걸 감안할 필요가 있겠다.

이탈리아와 독일에서도 뉴딜을 파시즘으로 보는 의견들이 나왔는데, 이는 자신들의 파시즘이 지구상의 가장 강한 국가인 미국에 의해 추인받았다는 걸 강조하고 싶은 생각 때문이었다. 1933년 7월 무솔리니는 루스벨트의 저서 『전망』에 대해 쓴 서평에서 "루스벨트는 독자들에게 청년의 결단성과 남성다운 절제심을 가지고 맞서 싸울 것을 촉구한다. 이러한 호소는 파시즘이 이탈리아 인민들을 자각시켰을 때 사용했던 방법과 수단을 연상시킨다."고 했다. 흥미로운 건 무솔리니의 언론담당 부서는 뉴딜을 파시즘적인 것으로 기술하지 말라는 명령까지 내렸다는 사실이다. 루스벨트의 국내 정적政敵들에게 환영할 만한 공격수단을 제공할까봐 염려해서 그랬다나.

무솔리니의 그런 배려에도 불구하고 미국에서 루스벨트의 정적들은 뉴딜은 파시즘이라며 맹공을 가했다. 1932년 대선에서 루스벨트에게 패한 허버트 후버Herbert Hoover(1874-1964)는 "우리 정부는 일종의 파시

32 James L. Baughman, *Henry R. Luce and the Rise of the American News Media*, Baltimore, MD: Johns Hopkins University Press, 1987, p.57.

스트 정부가 될 수 있다"고 경고했으며, 일부 민주당 의원들조차 루스벨트가 "이 나라의 구석구석에다 히틀러주의를 이식하려" 한다고 비난했다. 미국 사회당(American Socialist Party) 대표 노먼 토머스Norman Thomas(1884-1968)는 『뉴욕타임스』(1933년 6월 18일) 기고문에서 "우리는 파시즘의 정치학이 없는 파시즘의 경제학을 어느 정도까지 취할 것으로 기대할 수 있는가?"라고 물었다. 그는 1934년엔 "뉴딜의 경제학과 무솔리니의 조합주의 국가 혹은 히틀러의 전체주의 국가의 경제학 간의 유사성들은 밀접하고도 명백하다"고 주장했다.

실용주의와 파시즘의 '선택적 친화성(elective affinity)'을 지적하는 시각도 나왔다. 1934년 콜럼비아대학의 철학자 윌리엄 페퍼럴 몬터규William Pepperell Montague(1873-1953)가 뉴딜을 옹호하면서 '페이비언 파시즘(Fabian Fascism)'이란 말을 만들어 낸 것도 그런 관점에서 볼 수 있다. '페이비언 파시즘'은 '인간의 얼굴을 가진 파시즘'이란 뜻일텐데, 이런 게 바로 실용주의적 사고에서 비롯된 게 아니겠느냐는 것이다.[33]

"사회를 통제할 수 있다는 생각은 환상이다"

리프먼은 '뉴딜'에서 '전체주의(totalitarianism)의 확산'을 발견하고 그러한 우려를 1937년 『좋은 사회(The Good Society)』라는 책을 통해 상세히 표현하였다. 그는 이 책에서 모든 '집단주의(collectivism)'(공산주의, 파시

33 볼프강 쉬벨부시(Wolfgang Schivelbusch), 『뉴딜, 세 편의 드라마: 루스벨트의 뉴딜·무솔리니의 파시즘·히틀러의 나치즘』, 차문석 옮김, 지식의풍경, 2005/2009, 66-67쪽.

즘, 심지어 '뉴딜'까지)는 '경제계획'이라는 개념에 근거를 두고 있기 때문에 위험하다고 주장했다.[34]

리프먼은 1937년 11월 18일자 칼럼에선 뉴딜 비판자들이 루스벨트를 레닌과 스탈린에 비유하는 것은 넌센스라고 일축했다. 루스벨트를 옹호한 건가? 그게 아니었다. 레닌은 잘못된 것일망정 나름의 비전이 있었지만, 루스벨트에겐 그런 게 없다는 것이다. 리프먼은 루스벨트에겐 일관된 철학도 없다며, 만약 있다면 그것은 부자에 대한 적대감과 빈자에 대한 동정심일 뿐이라고 주장했다.[35]

루이스 멈포드Lewis Mumford(1895-1990), 막스 러너Max Lerner(1902-1992) 등 당대의 유명 지식인들은 리프먼의 그런 주장에 대해 맹비난을 퍼부었다. 러너는 "리프먼이 라이오넬 로빈스Lionel Robbins, 프리드리히 하이에크Friedrich Hayek를 자신의 경제적 메시아(economic messiahs)로 여긴다는 건 알고 있었지만, 그들이 리프먼을 그들의 정치적 메시아(political messiah)로 모신다는 건 몰랐다"고 꼬집었다.[36]

사실 대표적인 자유시장경제 옹호자인 프리드리히 하이에크Friedrich August von Hayek(1899-1992)와 리프먼은 긴밀한 협업관계를 유지한 사이였다. 리프먼은 『좋은 사회』에서 "사회의 모든 것을 통제하에 놓을

---

34 Walter Lippmann, *The Good Society*, New Brunswick, NJ: Transaction Publishers, 1937/2005, pp.25, 123-124, 139, 330; Ronald Steel, *Walter Lippmann and the American Century*, Boston, MA.: Little, Brown, 1980), p.322.

35 Craufurd D. Goodwin, Walter Lippmann: Public Economist, Cambridge, MA: Harvard University Press, 2014, p.248.

36 Gary Dean Best, "Introduction to the Transaction Edition," Walter Lippmann, *The Good Society*, New Brunswick, NJ: Transaction Publishers, 1937/2005, pp.xxix-xxx.

수 있다는 생각은 환상이다"고 했다. 그는 그런 '통제의 환상(illusion of control)'에 대해 말하면서 인간의 지적 능력을 과대평가해선 안된다고 역설했는데,[37] 이게 바로 하이에크와 잘 통하는 지점이었다. 하이에크는 1943년 6월 『노예의 길(The Road to Serfdom)』(1944)의 초고를 리프먼에게 보내 조언을 얻는 등 1940년대까지도 두 사람은 매우 긴밀한 관계를 유지했다.[38]

흥미로운 건 리프먼이 하이에크의 정반대편에 있는 경제학자인 존 메이너드 케인즈John Maynard Keynes(1883-1946)와도 그런 관계를 유지했다는 점이다. 리프먼은 1919년 베르사이유에서 케인즈를 처음 만나 1946년 케인즈의 사망시까지 긴밀한 교류를 했는데, 둘은 서로 도움을 주고받는 관계였다. 케인즈는 미국의 인맥과 영향력 행사를 위해 리프먼을 이용했고, 리프먼은 같은 용도로, 그리고 아이디어를 얻기 위해 케인지를 이용했다. 리프먼은 1936년 하버드대가 월트 디즈니에게 명예박사 학위를 주는 것에 대한 의견을 묻자 디즈니의 업적은 너무 상업적이라며 케인즈를 추천하기도 했다.[39]

그래서 리프먼은 『좋은 사회』의 서문에서 하이에크와 케인즈 두사람에게 동시에 감사를 표했는데, 그 이유는 이런 것이었다. 하이에크의 계획

---

37 Walter Lippmann, The Good Society, New Brunswick, NJ: Transaction Publishers, 1937/2005, pp.29-34.

38 Craufurd D. Goodwin, *Walter Lippmann: Public Economist*, Cambridge, MA: Harvard University Press, 2014, p.256.

39 리프먼은 1933년 6년 임기의 하버드이사회(Harvard Board of Overseers)에 선출되었으며, 하버드의 대 미디어 관계에 자문을 하는 등 당시 하버드대에 막강한 영향력을 행사하고 있었다. Craufurd D. Goodwin, *Walter Lippmann: Public Economist*, Cambridge, MA: Harvard University Press, 2014, pp.48-61.

경제에 대한 비판은 집단주의의 모든 문제에 대한 이해를 새롭게 해주었다는 점에서, 그리고 케인즈는 현대 경제는 독재 체제 없이도 규제될 수 있다는 것을 보여주었다는 점에서 감사를 드리지 않을 수 없다는 것이었다.[40]

리프먼은 과연 돈 때문에 타락한 걸까?

리프먼에게 있어서 '계획'과 '인간자유'는 양립할 수 없는 것이었다. 그래서 그에게 '계획된 민주사회'란 언어 그 자체로서 모순이었다. 모든 종류의 '계획'을 '집단주의'와 동일시하고 '집단주의'의 형태와 정도에 있어서의 차이를 완전히 무시함으로써 리프먼은 '뉴딜'을 파시스트 이탈리아, 나치 독일, 공산주의 러시아와 동일 선상에 놓는 무리를 범하고 말았다.

당시 국제적 상황으로 보아 리프먼의 '전체주의'에 대한 우려는 이해할 만한 것이긴 했지만 『좋은 사회』는 그가 분석과 설명엔 뛰어날망정 '이론화(theorizing)'엔 명백한 한계가 있다는 걸 보여준 책이었다. 리프먼은 '뉴딜'을 '개혁'이 아닌 '혁명'으로 봄으로써 그의 생애에 있어서 가장 큰 오류를 저지르고 말았다.[41]

하지만, 그런 오류는 일관된 이론보다는 그때그때의 상황에 따라 달라져야 하는 칼럼니스트의 입장에서 보자면 당연한 것이었는지도 모른다.

---

40 Walter Lippmann, *The Good Society,* New Brunswick, NJ: Transaction Publishers, 1937/2005, pp.xli-xlii.

41 Ronald Steel, *Walter Lippmann and the American Century,* Boston, MA.: Little, Brown, 1980, p.324.

이론가라면 이론에 현실을 꿰맞출 수 있겠지만, 리프먼은 이론보다는 현실에 충실하고자 했으니 말이다.

『좋은 사회』는 유럽에서도 큰 반향을 불러 일으켰으며, 특히 하이에크, 라이오넬 로빈스Lionel Robbins(1898-1984), 헨리 시몬스Henry Simons(1899-1946), 프리츠 매클럽Fritz Machlup(1902-1983), 윌리엄 래퍼드William Rappard(1883-1958), 루이 루지에Louis Rougier(1889-1982), 빌헬름 뢰프케Wilhelm Röpke(1899-1966) 등 보수적인 자유주의 사상가들은 극찬을 아끼지 않았다. 1938년 8월 프랑스에선 이 책을 주제로 한 심포지엄까지 열렸다. 리프먼과 하이에크 외에 레이몽 아롱Raymond Aron(1905-1983), 루드비히 폰 미제스Ludwig von Mises(1881-1973), 마이클 폴라니Michael Polanyi(1891-1976), 빌헬름 뢰프케 등 당대의 쟁쟁한 지식인들이 참여해 열띤 토론을 벌였다.[42]

『좋은 사회』에 대한 미국내 반응은 전반적으로 냉담하거나 적대적이었다. 루스벨트는 리프먼을 "글을 워낙 잘 써서 자신의 일관성 없는 모순이 잘 드러나지 않게 하는 사람"으로 폄하했다. 루스벨트 지지자들은 리프먼을 철저한 반동이라고 비난했으며, 좌파 언론은 리프먼을 '월 스트리트의 대변인'이라고 몰아 부쳤다. 리프먼의 『헤럴드 트리뷴』으로의 이직移職이 그런 비난의 근거가 되었다.[43] 리프먼은 과연 돈 때문에 타락한

---

42 Craufurd D. Goodwin, *Walter Lippmann: Public Economist*, Cambridge, MA: Harvard University Press, 2014, p.233; Francesco Regalzi, "Democracy and Its Discontents: Walter Lippmann and the Crisis of Politics (1919-1938)", *E-rea*, 2012; https://erea.revues.org/2538.

43 Arthur M. Schlesinger, Jr., *The Coming of the New Deal*, Cambridge, MA: Houghton Mifflin, 1958.

걸까?

아니면 리프먼은『여론』에서 지적했던 '가용성 편향(availability bias)' 때문이었을까? 데이비드 엘리엇 와인가스트David Elliott Weingast는『월터 리프먼(Walter Lippmann)』(1949)이란 책에서 리프먼이 루스벨트행정부의 처음 7년간에 쓴 모든 칼럼들을 분석했다. 그는 리프먼의 글쓰기는 "공평하고 합리적"이라는 긍정적인 평가를 내리면서도, 리프먼의 취재원이 "정치, 외교, 기업계의 거물들"에 편중돼 있으며 "노동자, 농민, 마이너리티 단체들의 지도자들"의 수는 너무 적다고 주장했다.[44]

'가용성 편향'은 좀더 따져볼 문제이겠지만, 역사학자 프레드릭 크롬Frederic Krome은 리프먼은 타락한 것이 아니라 그가 공개적으로 천명한 자신의 원칙과 사상에 충실했다고 주장했다. 국가가 위기에 직면했다고 해서 대통령에게 초헌법적 권한을 부여하는 것은 미국 체제를 파괴시킬 것이라는 리프먼의 주장에 대한 동의 여부에 관계없이 일관성만큼은 리프먼의 몫이라는 것이다.[45]

리프먼이 돈 때문에 타락한 것 같진 않다. 그가 초기엔 뉴딜정책의 지지자였던 점도 감안해야겠지만, 대부분의 사람들이 무솔리니에 대해 열광하거나 호평을 할 때에 그는 무솔리니에 대한 외로운 비판을 했던 인물이었음을 상기해야 할 것이다.

사실 1930년대 초까지도 파시즘에 대한 세상의 인식은 지금 생각하는

---

44 George E. Simmons, "Book Review: Walter Lippmann," *Journalism Bulletin*, 27:1(1950), p.75.

45 Frederic Krome, "From Liberal Philosophy to Conservative Ideology?: Walter Lippmann's Opposition to the New Deal," *Journal of American Culture*, 10:1(Spring 1987), pp.57-64.

것과는 판이하게 다른 것이었다. 당시엔 공산화를 막아줄 수 있는 유일한 '구원의 사상'으로 여겨지기도 했다. 인도의 간디는 무솔리니를 '이탈리아의 구세주'로 보았고, 처칠은 그에게서 '아주 유쾌하고 우호적인 인상'을 받았다고 했다. 독일은 말할 것도 없고 프랑스, 스페인, 폴란드, 헝가리, 포르투갈, 영국 등 유럽 전역에서 무솔리니를 영웅으로 떠받드는 파시스트 세력이 적잖은 세력을 형성하게 된다. 앞서 지적했듯이, 루스벨트 대통령도 1930년대 중반까지 무솔리니에게 "호감과 신뢰"를 표현했다.[46]

심지어 조선에도 무솔리니 예찬론자들이 적지 않았다. 이광수는 1928년 9월『동아일보』에 쓴 글에서 당대의 위대한 개인으로 무솔리니 레닌, 쑨원 등 세 사람을 들었다. 그는 이후에도 여러 차례 무솔리니와 히틀러를 예찬했다. 윤치호도 무솔리니 예찬론자였다. 그가 1929년 2월 11일자 일기에 쓴 무솔리니 예찬론에 따르면, "그는 대단히 유능하고, 정직하고, 상식있고, 정력적인 사람이다. 이탈리아뿐만 아니라 중국, 러시아, 인도, 조선에도 무솔리니와 같은 인물이 반드시 필요하다. 낭만적인 국제주의, 짐승같은 볼셰비즘, 구역질나는 사회주의 같은 지긋지긋한 것들로부터 사람들을 구제해내기 위해서 말이다."[47]

오늘날 파시즘에 대한 평가는 파시즘 체제가 제2차 세계대전이라는 엄청난 범죄를 저지르고 패배한 이후에 내려진 것임을 잊어선 안된다.

---

46 볼프강 쉬벨부시(Wolfgang Schivelbusch),『뉴딜, 세 편의 드라마: 루스벨트의 뉴딜·무솔리니의 파시즘·히틀러의 나치즘』, 차문석 옮김, 지식의풍경, 2005/2009, 49-53, 58-62쪽.

47 박찬승,『민족주의의 시대: 일제하의 한국 민족주의』, 경인문화사, 2007, 331-332, 374-375쪽.

1920년대 후반 무솔리니 찬양의 대열에 조지 버나드 쇼, 링컨 스티븐스, 허버트 크롤리 등 쟁쟁한 지식인들도 가세했고, 헨리 루스의 『포춘』은 전 호를 무솔리니 특집으로 꾸미면서 그의 기업국가(Corporate State)를 칭찬했다. 무솔리니가 미국 언론의 전폭적 지지를 받고 있었다고 해도 과언이 아닐 그런 상황에서 리프먼은 무솔리니 비판의 선봉에 서는 외로운 길을 택했다는 점을 감안할 필요가 있겠다.

무솔리니는 리프먼에게 온갖 자료를 보내고 로마에 초대하는 등 리프먼의 호의를 얻기 위해 애를 썼다. 그래서 리프먼이 1929년 3월 로마를 방문해 무솔리니를 인터뷰하기도 했지만, 무솔리니에 대한 리프먼의 생각은 이후로도 달라지지 않았다.[48] 즉, 리프먼의 뉴딜 비판과 관련, 그가 집단주의에 대해 너무 과민한 반응을 보인다고 비판은 할 수 있을망정 단지 돈 때문에 타락했다고 비판하는 건 설득력이 떨어진다는 이야기다.

'미국사의 일대 전환점'이 된 뉴딜

뉴딜을 둘러싼 파시즘 논란은 뉴딜의 시행 내내, 아니 오늘날까지도 계속되고 있다. 그렇기 때문에 뉴딜에 대한 반대를 단지 당파싸움의 관점에서만 보긴 어렵다. 케네스 데이비스Kenneth C. Davis는 뉴딜 정책은 1776년(미국 독립)과 1860년(링컨의 대통령 당선)이 비견될 만한 '미국사의 일대 전환점'이었다며 다음과 같이 말한다.

---

48 Ronald Steel, *Walter Lippmann and the American Century*, Boston, MA.: Little, Brown, 1980, pp.251-252; Francesco Regalzi, "Democracy and Its Discontents: Walter Lippmann and the Crisis of Politics (1919-1938)," *E-rea*, 2012; https://erea.revues.org/2538.

"그것은 일부 국민에게 영향을 미치는 작은 연방 정부를 국민의 삶 곳곳에 영향을 미치는 거대한 정부로 변모시킨 일대 혁명이었다. 긍정적이든 부정적이든 루스벨트는 미국인들의 삶 속에 유례가 없을 만큼 깊숙이 연방 정부를 침투시켰다. 개인이나 민간 경제에 정부가 그토록 광범위한 영향력을 행사한다는 것은 예전이라면 꿈도 꿀 수 없는 일이었다. 개인이나 민간 경제는 정부에 기댈 생각도 없었고 또 그렇게 할 수도 없었다. 21세기 관점으로 보면, 미국에서 워싱턴의 결정에 좌우되지 않는 곳은 거의 없다 해도 과언이 아니다. 나라를 위기에서 구하기 위해 연방 기구를 조직하는 대통령에게 나라를 모스크바로 끌고 가는 공산주의자라는 낙인을 찍는 행위는 지금이라면 상상도 할 수 없는 일이다."[49]

독일 역사학자 볼프강 쉬벨부시Wolfgang Schivelbusch는 '미국사의 일대 전환점'이라는 말의 의미를 달리 해석한다. 그는 『뉴딜, 세 편의 드라마: 루스벨트의 뉴딜·무솔리니의 파시즘·히틀러의 나치즘』(2005)에서 루스벨트의 뉴딜 정책이 미국경제는 물론 세계경제를 대공황에서 구했으며 그래서 선善이라는 이른바 '뉴딜 신화'에 정면 도전한다. 그간 뉴딜은 선善, 파시즘은 악惡으로 여겨져 왔는데, 정말 그런가? 그렇지 않으며, 둘 사이엔 공통점이 많다는 게 그의 주장이다. 미국 학자가 그런 주장을 펴면 오해의 소지가 덜할텐데, 자신이 독일인이라는 게 영 마음에 걸렸나보다. 그는 "공통성의 영역을 찾는 일은 동일성을 주장하는 것이 아니다"고 선을 긋는다.

사회주의와 파시즘은 다른 것 같지만 배후에서 작동하는 주도적인 힘

---

49 케네스 데이비스(Kenneth C. Davis), 『미국에 대해 알아야 할 모든 것, 미국사』, 이순호 옮김, 책과함께, 2003/2004, 409쪽.

은 둘 다 계급의식이라는 점에선 같다. 1906년 독일 사회학자 베르너 좀바르트Werner Sombart(1863-1941)는 "왜 미국에는 사회주의가 존재하지 않는가?"라는 질문을 던졌으며, 1930년대엔 "왜 미국에는 파시즘이 존재하지 않는가?"라는 질문이 제기되었다. 쉬벨부시는 둘 다 답은 동일하다고 말한다. 미국인들은 계급의식을 갖고 있지 않기 때문이라는 것이다. 실제로 미국인들은 오늘날에도 계급에 관계 없이 계급이란 말을 아주 싫어한다. 그래서 미국에서 파시즘은 실현되지 않았지만, 파시즘 요소는 농후했다는 게 쉬벨부시의 주장이다.[50]

루스벨트와 뉴딜의 파시즘 요소

왜 미국인들에겐 계급의식이 없을까? 역사학자 데이비드 포터David Porter는 "유럽의 급진적인 사상은 부유층으로부터 자가용차와 고급 의복을 박탈해야 한다고 주장하는 경향이 있다. 이와 반대로 미국의 급진적인 사상은 보통 서민이라도 진짜와 구별할 수 없는 복사품을 대량 생산에 의해 가질 권리가 있다고 주장한다."고 설명한다.[51] 미국 공산당도 그걸 깨달았던 걸까? 미국 공산당은 루스벨트를 지지하면서 보수파의 전유물로 통했던 '미국 정신'이라는 말을 차용했다. 그래서 공산당의 슬로

---

50 볼프강 쉬벨부시(Wolfgang Schivelbusch), 『뉴딜, 세 편의 드라마: 루스벨트의 뉴딜·무솔리니의 파시즘·히틀러의 나치즘』, 차문석 옮김, 지식의풍경, 2005/2009, 231-234쪽.

51 Time-Life 북스 편집부, 『미국('세계의 국가' 시리즈)』, 한국일보 타임-라이프 편집부 옮김 ,한국일보 타임-라이프, 1988.

건은 "공산주의가 20세기의 미국 정신이다"로 바뀌었다.[52]

쉬벨부시가 주목하는 또 하나의 공통점은 강력한 카리스마 리더십이다. 이는 파시즘의 필수 요소이기도 하다. 루스벨트와 히틀러는 인민의 영혼을 감동시키는 탁월한 언어 능력을 구사했다. 특히 루스벨트는 이른바 '노변정담爐邊情談'으로 유명한 라디오 방송 연설을 통해 미국인들의 마음을 사로 잡았다. 그게 그의 선천적 재능 덕분인줄 알았는데, 쉬벨부시는 치밀한 사전준비와 연습이 있었다는 점을 강조한다.

히틀러가 거울 앞에서 제스처들을 충분히 연습한 것과 마찬가지로, 루스벨트는 발음, 억양, 속도, 숨 돌림 길이, 단어 선택 등에서 다양한 변화를 실험하면서 자신의 노변정담들을 연습했다고 한다. 심지어 자신의 목소리에서 실제 연설에서는 거의 포착하기 어려운 경미한 쇳소리를 제거하기 위해 라디오 연설을 하기에 앞서 일부러 의치義齒를 했으며, 그런 이유로 그는 때때로 그런 준비를 하지 않은 채 하는 자신의 라이브 연설이 라디오로 방송되는 것을 거부할 정도였다는 것이다. 히틀러의 연설이라고 하면 대부분 고래고래 소리 지르는 선동을 연상하지만, 그건 오히려 예외였고 온화하면서도 낭랑한 바리톤으로 청취자들의 소름을 돋게 한 게 그의 주특기였다고 한다. 음악적으로 말하자면 베토벤의 '전원교향곡'과 같았다나.[53]

쉬벨부시는 그밖에 선전·홍보에의 과대 의존, "땅으로 돌아가자"는 지

52 크리스 하먼(Chris Harman), 『민중의 세계사』, 천경록 옮김, 책갈피, 1999/2004), 657쪽.

53 볼프강 쉬벨부시(Wolfgang Schivelbusch), 『뉴딜, 세 편의 드라마: 루스벨트의 뉴딜·무솔리니의 파시즘·히틀러의 나치즘』, 차문석 옮김, 지식의풍경, 2005/2009, 81-93쪽.

역 중심주의, 공공사업 등을 공통점으로 거론한다. 다 그럴 듯하다는 생각은 드는데, "과연 어떤 파시즘인가?"라는 질문으로 반론을 할 수 있을 것 같다. 파시즘 초기에 당대의 많은 지식인들이 매료되었던 이론으로서의 파시즘과, 우리가 오늘날 600만명에 이르는 유대인 학살과 이루 헤아릴 수 없이 많은 악행을 저지른 역사적 실체로서 받아들이는 파시즘 사이엔 엄청난 괴리가 있지 않겠느냐는 것이다. 쉬벨부시는 전자의 파시즘에 매달리고 있는데, 아무리 애를 써도 후자의 파시즘 이미지에 압도되기 마련이다.

파시즘의 요소로는 반합리주의, 반평등주의, 엘리트주의, 지도자 추종주의, 조합주의, 권위주의, 전체주의, 국수주의, 인종주의, 제국주의 등이 거론되는데, 이 가운데 몇 개가 포함되어야 파시즘이라고 부를 수 있단 말인가? 오히려 '파시즘'이라는 딱지를 정치적으로 이용하려 드는 게 문제가 아닐까? 뉴딜과 파시즘의 관계를 어떻게 평가하건, 뉴딜이 20세기 미국의 국가부흥의 결정적 계기였으며, 적어도 1970년대까지 미국 사회를 지배한 국가적 이념이었다는 사실은 달라지지 않을 것이다.

고전에 대한 집착과 속세적 현실주의

파시즘을 어떻게 정의하건, 리프먼이 주로 문제삼은 것은 루스벨트의 '독재적 경향(dictatorial tendencies)'이었다. 그러나 그런 '독재적 경향'은 대중의 지지를 바탕으로 한 것이었기에 리프먼의 비판 표적은 그런 대중을 향하기도 했다. 리프먼은 1939년 9월 30일자 칼럼에서 "중요한 사안의 결정을 신문 기고자들이나 라디오 방송인들, 로비스트, 또는 대중집회나 행진 및 시위의 조직자들에게 맡기는 것은 마치 음식을 프라이팬으

로부터 꺼내 불속으로 던지는 것과 같다"고 주장했다.[54]

리프먼의 이런 '보수화'에 짜증이 났던 걸까? 훗날 공개된 것이지만, 듀이는 1941년 2월 18일 소설가 제임스 파렐James T. Farrell(1904-1979)에게 보낸 개인적인 편지에서 리프먼을 맹비난했다. 권위의 중요성에 대한 확고한 의식을 가진 계몽된 정치 지도자가 필요하다는 리프먼의 주장에 대해, 듀이는 "이보다 더 날조된 무지의 지독한 사례를 찾기는 어려울 것이다(it would be hard to find a more egregious example of concocted ignorance)"고 했다. 또, 리프먼이 젊은 시절에 받아들였던 실용주의와 멀어지면서 고전古典에 탐닉하는 것에 대해, 듀이는 "유대인의 열등의식에서 비롯된 보상심리(Jewish inferiority compensatory reaction)의 사례"라고 폄하했다.[55] 리프먼의 보수화와 더불어 리프먼이 30년 연상으로 아버지 뻘인 자신의 반론을 무시하는 것에 화가 났는지도 모르겠다.

듀이의 짜증은 1930년대 말 미국 지식계를 뜨겁게 달구었던 '고전 논쟁'과도 관련이 있었다. 1929년 30세라는 젊은 나이에 시카고대 총장이 된 로버트 허친스Robert Hutchins(1899-1977)는 1930년대 말 학생들에게 인문교양 교육을 강조한 '시카고 계획'으로 큰 논란을 불러 일으켰다. 그는 생물학과 학생과 수학과 학생이 공통으로 나눌 이야기가 없는 현실을 개탄하면서 기본적 지성과 교양, 특히 고전의 중요성을 역설했다.

---

54 James David Barber, *The Pulse of Politics: Electing Presidents in the Media Age*, New Brunswick, NJ: Transaction Publishers, 1980/1992, p.139; 김대영, 「공론화를 위한 정치평론의 두 전략: 비판전략과 매개전략」, 『한국정치학회보』 제38권2호, 2004년 6월, 133쪽.

55 John Patrick Diggins, "From Pragmatism to Natural Law: Walter Lippmann's Quest for the Foundations of Legitimacy," *Political Theory*, 19:4(1991), p.534.

허친스는 『미국의 고등교육(The Higher Learning in America)』(1936)에서 '고전으로의 복귀'와 '지성의 계발'을 강조했다. 여기서 한 갈음 더 나아가 직업교육을 'vocationalism'이라고 부르면서 이것이 대학을 타락시킨다고 주장했다.[56]

허친스의 파격적인 행보에 대한 평가는 양 극단으로 엇갈렸다. 지지자들은 허친스가 시카고의 독특한 학문적 특성을 살렸을 뿐만 아니라 더 나아가 전 미국 차원에서 대학이 세속적 직업학교로 전락하는 것을 막아내는 데에 큰 기여를 했다고 옹호했다. 그러나 그를 위험한 이상주의자라고 비난하는 목소리도 높았다. 리프먼은 10년 연하인 허친스와 아주 가깝게 지내면서 그의 고전 읽기 프로젝트에 전폭적 지지를 보내고 있었다.[57]

이런 교육철학 논쟁에서 허친스의 반대편에 미국 실용주의 철학의 거물인 듀이가 있었다. 듀이는 자신의 실용주의를 도구주의(Instrumentalism)라고 불렀다. 듀이의 주장에 따르면 우리의 지식은 도구다. 도구라는 것이 그렇듯이 지식의 가치는 그 자체에 있는 것이 아니라 그것의 작용능력 즉 사용된 결과에서 나타나는 유효성에 있다는 것이다.[58] 이는 전통철학에서 지식을 관조적으로 보는 관점에 대한 정면 도전이었다. 이와 관

---

56 Lawrence W. Levine, *The Opening of the American Mind: Canons, Culture, and History*, Boston, MA: Beacon Press, 1996), pp.47-51.

57 Craufurd D. Goodwin, *Walter Lippmann: Public Economist*, Cambridge, MA: Harvard University Press, 2014, p.7; 정우량, 「팍스 아메리카를 꿈꾸는 민주적 제국주의자: 아메리카의 전사 네오콘의 정체」, 『월간중앙』, 2003년 11월, 326-335쪽; 〈Robert Maynard Hutchins〉, Wikipedia.

58 고종석, 『코드 훔치기: 한 저널리스트의 21세기 산책』, 마음산책, 2000, 315쪽.

련, 김동식은 다음과 같이 말한다.

"진정한 지식은 시간이나 장소, 문맥, 상황의 변화에 따라 변화하는 실천적 요소들을 배제한 영구불변한 이론적인 것(episteme)이라는 플라톤의 주장 이래로 앎은 늘 '보는 것'과 연관해 파악되었다. 이른바 '관람자 지식론'을 듀이는 비판하고자 한 것이다. 관람자 이론과는 아주 대조적으로 앎을 '보는 것'이 아니라 '먹는 것'으로 비유하는 듀이의 관점은 실천, 즉 실제 행위의 결과를 통한 검증을 강조한다. '실천주의'라고 이름붙여도 좋을 이러한 특징은 이미 찰스 피어스Charles Sanders Pierce(1839-1914)나 윌리엄 제임스William James(1842-1910)에게도 중요시된 프래그머티즘 전반의 특징이기도 하다."[59]

그런데 허친스는 그런 실용주의적 교육을 집요하게 비판하는데다,[60] 덩달아 리프먼까지 자신의 사상적 모태였던 실용주의에 등을 돌리고 허친스를 응원해대니, 듀이의 기분이 어떠했을지는 알 만한 일 아닌가. 리프먼의 고전에 대한 집착과 속세적 현실주의는 잘 어울리는 조합은 아니었지만, 리프먼은 1940년대 들어 냉전 시대가 열리면서 더욱 현실주의적 노선을 걷게 된다. 그런 노선에 대한 보상심리로 고전 예찬론을 편 건 아닌지 모르겠다.

---

59 김동식, 『프래그머티즘』, 아카넷, 2002), 177쪽.

60 허친스는 10여년 후에 출간한 『민주사회 교육의 갈등(The Conflict in Education in a Democratic Society)』(1953)에선 실용주의적 교육은 철학적으로 파산했다고 주장한다. Diane Ravitch, *The Troubled Crusade: American Education, 1945-1980*, New York: Basic Books, 1983, p.74.

6장

1940–1949

V

"'미국의 세기(American Century)'가 오고 있다"

· 1940-1949 ·

제2차 세계대전의 발발과 루스벨트의 3선 도전

1940년 미국 인류학자 마거릿 미드Margaret Mead(1901-1978)는 "전쟁은 발명품에 불과하다: 그것은 생물학적 필연이 아니다"는 제목의 논설을 발표했다. 그러나 '발명'과 '필연'의 경계가 분명한 것은 아니며, 둘 사이의 거리가 그리 먼 것도 아니라는 게 점점 더 분명해졌다.[1]

1939년 2월 갤럽 여론조사의 결과에 따르면, "당신은 프랭클린 루스벨트의 3선에 찬성합니까?"라는 질문에 대한 찬성은 31%에 지나지 않았다.(반대 69%) 그러나 1939년 9월 제2차 세계대전의 발발후 여론은 급속히 변하기 시작한다. 1940년 3월 조사에선 "루스벨트가 출마한다면 그에게 투표하겠습니까?"라는 질문에 47%가 찬성했다.(반대 53%)

유럽은 최악의 상황에 처해 있었다. 윈스턴 처칠Winston Churchill(

1 존 키건(John Keegan), 『전쟁과 우리가 사는 세상』, 정병선 옮김, 지호, 1998/2004, 64-65쪽.

1874-1965)이 새로운 영국 수상이 된 1940년 5월 10일 새벽 독일의 아돌프 히틀러Adolf Hitler(1889-1945)는 서유럽 침공을 개시했다. 침공 3일만에 독일군은 프랑스의 세당 전선을 돌파하자 네덜란드는 항복하고 벨기에는 포기상태에 들어갔다가 5월 27일 항복했다. 프랑스 북부의 덩케르크에 포위된 영국군과 프랑스군 50만명을 안전하게 영국으로 철수시킬 가능성도 희박했다.

영국에선 독일과의 화평교섭의 목소리가 높아졌다. 처칠은 독일과 화평교섭을 벌여야 될지도 모를 '최악의 상황'에 대비하기 위해 노골적인 히틀러 숭배자인 로이드 조지Lloyd George(1863-1945)를 자신의 내각에 입각시키려고 애를 쓰고 있었다. 외무장관 헬리팍스E. F. L. Wood, 1st Earl of Halifax(1881-1959)는 무솔리니의 중재를 통해 히틀러와 유리한 조건으로 화평교섭을 벌이자며, 구체적인 안을 내놓았다.

5일간의 치열한 논쟁 끝에 결단의 시간이 임박했다. 5월 28일 오후 5시 처칠이 결단을 내렸다. 화평교섭을 물리치고 끝까지 싸우기로 한 것이다. 6월 19일 프랑스마저 항복함으로써 처칠의 결단은 어리석은 듯 보였지만, 역사는 뜻하지 않은 방향으로 흘러갔다. 역사가 존 루카치John Lukacs는『세계의 운명을 바꾼 1940년 5월 런던의 5일(Five Days in London, May 1940)』(1999)에서, 만약 그때 영국이 독일과 화평교섭을 갖기로 했다면 히틀러는 2차대전을 승리로 마무리지었을 것이며 그렇게 되었다면 우리는 지금과는 다른 세상에서 살고 있을 것이라고 주장한다.[2]

---

2 존 루카치(John Lukacs),『세계의 운명을 바꾼 1940년 5월 런던의 5일』, 중심, 1999/2000.

처칠에겐 '믿는 구석'이 있었으니 그건 바로 미국이었다. 1940년 6월 처칠은 프랭클린 루스벨트 대통령에게 보낸 서한에서 "우리가 패한다면 대통령께서는 나치의 지배 하에 통일된 유럽과 맞서야 합니다. 그 유럽은 신세계보다 훨씬 인구가 많고 훨씬 강력하며 군비를 훨씬 더 잘 갖추고 있을 것입니다."라고 호소했다.[3]

미국 유권자들도 비슷한 생각을 했던 걸까? 에이브러햄 링컨Abraham Lincoln(1809~1865)이 남북전쟁중에 치러진 대선에서 시종일관 "강을 건너는 중에는 말을 갈아탈 수 없다(It is best not to swap horses while crossing the river)"고 주장한 걸 상기했던 걸까? 1940년 8월 파리가 히틀러 군대에 함락되자, 여론은 더욱 루스벨트쪽으로 기울기 시작했다. 이때에 루스벨트에게 표를 던지겠다는 유권자가 51%로 최초로 과반수에 이르렀다.[4]

1940년 대선과 '커뮤니케이션의 2단계 유통이론'

루스벨트가 3선 도전에 나선 1940년 대선에서 공화당 후보는 인디애나주 출신으로 과거 민주당원이었던 웬델 윌키Wendell Wilkie(1892-1944)였다. 윌키는 미국의 참전에 적극적으로 반대하는 입장을 밝혔다. 물론 이때까지는 루스벨트 역시 중립론을 역설했다. 루스벨트는 선거전이 막

---

3 피터 벤더(Peter Bender), 『제국의 부활: 비교역사학으로 보는 미국과 로마』, 김미선 옮김, 이끌리오, 2003/2006, 124쪽.

4 사루야 가나메, 『검증, 미국사 500년의 이야기』, 남혜림 옮김, 행담출판, 2004/2007, 222쪽.

바지에 이른 10월 30일 보스턴 연설에서 다음과 같이 공약했다.

"이 나라의 어머님과 아버님, 여러분의 자제는 외국의 전쟁에 파견되지 않으리라는 것을 나는 여러분에게 다시 한번 약속합니다. 이 약속은 이전에도 말한 적이 있고 이후에도 몇 번이든지 거듭 말할 것입니다. 여러분의 자제들은 오직 막강한 군대가 되기 위하여 훈련을 받을 것이고 막강한 군대가 존재한다면 전쟁의 위협은 이 나라의 해안에서 물러갈 것입니다. 우리가 군비를 준비하는 목적은 오로지 방어에만 그칠 것입니다."[5]

루스벨트도 반전反戰 무드의 힘을 잘 알고 있었다는 뜻이다. 고립주의는 미국의 오랜 전통이기는 하지만, 이처럼 강한 반전 무드엔 제1차 세계대전에 대한 강한 환멸이 자리잡고 있었다. 이와 관련, 역사가 칼 베커 Carl Becker(1873-1945)는 1차 세계대전에 대해 "미국이 민주주의를 위한 세계의 안전과 번영을 수호했다기보다는 오히려 독재자에게 안전한 세계를 만드는 데 기여했고, 경제적으로는 악성 부채로 고통을 가져왔다"고 말했다.[6]

루스벨트는 1940년 11월 5일 대선에서 공화당 후보 웬델 윌키를 '27 대 22'의 비율로 꺾고 세 번째로 대통령 연임에 성공했다. 민주당도 하원에서 267 대 162, 상원에서 66 대 28로 압승을 거두었다. 리프먼은 이 대선에서 처음엔 윌키를 지지하다가 윌키의 고립주의에 반대해 결국 루스벨

---

5 이보형, 『미국사 개설』, 일조각, 2005, 307쪽.

6 이주천, 「제8장 1930년대의 외교(1930~1939)」, 차상철 외, 『미국 외교사: 워싱턴 시대부터 루즈벨트 시대까지(1774~1939)』, 비봉출판사, 1999, 346-347쪽.

트를 지지했다.[7] 그에겐 루스벨트에 대한 반감보다는 고립주의에 대한 반감이 훨씬 더 중요했던 것이다.

1940년 대선은 미디어 효과 연구에서 중요한 이론을 낳게 한 사건이기도 했다. 폴 라자스펠드Paul Lazarsfeld(1901-1976) 등은 대선 기간 중 오하이오주 어리Erie에서 서베이와 인터뷰를 중심으로 연구를 진행한 끝에 이른바 '커뮤니케이션의 2단계 유통이론(the two-step flow of communication)'이라는 것을 제시하였다. 이는 "아이디어들은 종종 매스미디어로부터 여론지도자(opinion leaders)에게로 흐르고 다시 그들로부터 덜 능동적인 계층인 대중집단으로 흐른다"는 가설을 주요 내용으로 삼고 있다. 라자스펠드 등의 연구 결과는 1944년 『국민의 선택(The People's Choice)』이란 책으로 출간되었다.

오늘날에야 "아니 그게 무슨 대단한 발견이란 말인가?"라고 비웃을 만하지만, 당시엔 미처 깨닫지 못한 새로운 발견으로 여겨졌다. 이 이론이 선거를 넘어 더욱 일반적인 상황에까지 적용할 수 있다는 인식도 한참 후에야 생겨났다. 사람들은 2단계 유통 모델을 통해 매스 커뮤니케이션 채널과 대인 커뮤니케이션 채널 사이의 관련성에 관심을 집중하게 되었다.[8]

라자스펠드 등의 연구로 '여론지도자' 개념이 부각되면서 리프먼-듀이 논쟁이 다시 주목을 받았는데, 이 연구 결과를 리프먼의 논지에

---

7 James L. Baughman, *Henry R. Luce and the Rise of the American News Media*, Baltimore, MD: Johns Hopkins University Press, 1987, pp.123-125.

8 멜빈 드플레르(Melvin L. DeFleur), 『매스커뮤니케이션 이론』, 권상희 옮김, 성균관대학교출판부, 2010/2012, 337쪽; 에버렛 M. 로저스(Everett M. Rogers), 『개혁의 확산』, 김영석 · 강내원 · 박현구 옮김, 커뮤니케이션북스, 2003/2005, 324쪽.

대한 반박으로 보기도 했다. 미디어 영향력은 미디어가 의견을 '제조(manufacture)'할 만큼 강하지는 않다는 의미에서였다.[9]

"미국은 '민주주의의 병기창'이 되어야 한다"

루스벨트가 대선 승리를 만끽하고 있을 때에 처칠은 루스벨트에게 더 이상 현금으로 지불할 수 없는 상황이라며 무기와 탄약 부족을 또 한번 호소했다. 선거결과에 고무된 루스벨트는 점점 자신의 공약과는 다른 길로 나아가기 시작했다. 그는 1940년 12월 17일에 가진 기자회견에서 처칠의 호소에 부응하는, 이른바 '무기대여법(Lend-Lease Act)'의 구상을 발표했다. 미국의 방위에 절대 필요한 것으로 간주되는 곳이면 어느 나라든 원조할 수 있으며, 탱크, 전투기, 전함을 대여해주고 전쟁이 끝나면 현금이 아닌 현물로 돌려받자는 내용의 법안이었다. 쉽게 말하자면, 무기를 살 돈이 없는 영국에 무기를 무상으로 제공하자는 것이었다. 루스벨트는 그 취지를 다음과 같이 설명했다.

"가령, 이웃집에 불이 났다고 가정해봅시다. 이웃집 주인이 우리집 정원의 호스를 가져가 자기 집 수도에 연결하여 불을 끌 수 있는 상황이라면 그렇게 하도록 도와줄 수도 있겠지요. 자, 이제 나는 어떻게 할까요? 나는 이렇게는 말하지 않겠습니다. '이봐요, 15달러 주고 산 호스요. 쓰려거든 15달러 내고 가져가시오.' 그 상황에 거래가 될 말입니까? 나는

---

9 Sarah E. Igo, *The Averaged American: Surveys, Citizens, and the Making of a Mass Public*, Cambridge, MA: Harvard University Press, 2007, pp.108-109; Paul Starr, *The Creation of the Media: Political Origins of Modern Communications*, New York: Basic Books, 2004/2005, pp.397-398.

15달러 필요 없어요. 불을 끄고 호스를 돌려주기만 하면 그만이요."

이에 대해 케네스 데이비스Kenneth C. Davis는 이렇게 말한다. "이것이 바로 루스벨트의 명석함을 보여주는 대목이다. 그에게는 복잡한 것을 단순화시키는 능력이 있었다. 위험한 것도 무해한 것으로 보이게 하는 것이다. 루스벨트는 이 같은 소박한 비유를 들어 미국이 10여년 동안이나 회피해온 현실에 한발 가까이 다가설 준비를 하고 있었다. 이웃집은 불만 붙은 게 아니라 전소될 위기에 처해 있었다."[10]

이어 12월 29일 루스벨트는 '노변 담화(Fireside Chats)' 라디오 방송을 통해 미국이 '민주주의의 병기창(arsenal of democracy)'이 되어야 한다고 역설했다. 그는 1940년 말 징집령을 발동할 수 있는 군사력 증강법안에 이어 1941년 1월 6일 의회에 보낸 연두교서에서 '언론의 자유, 신앙의 자유, 결핍으로부터의 자유, 공포로부터의 자유' 등 네가지 자유를 역설하면서 미국의 이익을 위해 꼭 방위할 필요가 있다고 생각되는 국가들에게 무기를 원조해줄 것을 요청했다.[11]

루스벨트는 이렇게 멍석을 깐 다음 1941년 1월 하순 무기대여법안을 의회에 제출했다. 무기대여법안은 3월 8일 상원에선 60 대 31, 3월 11일 하원에선 317 대 71로 가결되었다. 이 법안에 반대한 로버트 태프트Robert A. Taft(1889-1953) 상원의원은 무기 대여를 '정원의 호스'가 아닌 '씹고 나면 버려야 하는 껌'에 비유했다. 『시카고 트리뷴』은 이 법안을 '독재자 법(Dictator Bill)'이라고 비난했으며, 일부 여성들은 백악관 앞에서

---

10 케네스 데이비스(Kenneth C. Davis), 『미국에 대해 알아야 할 모든 것, 미국사』, 이순호 옮김, 책과함께, 2003/2004, 416-417쪽.

11 한국미국사학회 엮음, 『사료로 읽는 미국사』, 궁리, 2006, 333-335쪽.

무기대여법 반대 시위를 벌이기도 했다. 비록 의회의 첫 승인은 70억 달러였지만, 전쟁이 종결될 때까지 미국은 무기대여 비용에 500억달러 이상을 지출하게 된다.[12]

"'미국의 세기(American Century)'가 오고 있다"

무기대여법안의 의회 통과엔 고립주의 비판 캠페인을 벌인 미국 언론계의 거물 헨리 루스Henry R. Luce(1898-1967)의 역할이 컸다. 그는 '미국의 세기(American Century)'라는 표제가 붙은 그 유명한 『라이프(Life)』지(1941년 2월 17일자) 사설을 통해 미국이 다가오는 세계대전의 결과를 결정하고 연합국의 승리 이후 세계를 자유와 질서로 선도할 의무와 기회를 가지고 있다고 주장했다. 또한 그는 미국을 "인류의 재능있는 공복, 선한 사마리아의 사람, 자유와 정의라는 이상 실현의 원동력"으로 규정하면서 "미국의 세기가 오고 있다"고 단언했다. 『라이프』지에 5,000통의 독자 편지가 답지할 정도로 이 글은 격렬한 찬반 논쟁을 불러 일으켰다. 루스는 『뉴욕타임스』에 광고를 내고, 나중엔 자신의 논설과 다른 사람들의 논평들을 모아 같은 제목의 책까지 내면서 '미국의 세기' 전도사 역할을 자임하고 나섰다.[13]

---

12 이주천, 「루즈벨트와 제2차 세계대전(1939-1945)」, 최영보 외, 『미국현대외교사: 루즈벨트 시대에서 클린턴 시대까지』, 비봉출판사, 1998, 31-112쪽; 케네스 데이비스(Kenneth C. Davis), 이순호 옮김, 『미국에 대해 알아야 할 모든 것, 미국사』, 이순호 옮김, 책과함께, 2003/2004), 417-418쪽; Verne E. Edwards, Jr., *Journalism in a Free Society*, Dubuque, Iowa: Wm. C. Brown, 1970.

13 하워드 민즈(Howard Means), 『머니 & 파워: 지난 천년을 지배한 비즈니스의 역사』, 황진우 옮김, 경영정신, 2001/2002, 270쪽; 에밀리 로젠버그(Emily S. Rosenberg),

'미국의 세기'라는 표현의 원조는 리프먼이 루스의 『라이프』에 1939년 6월 5일에 쓴 <미국의 운명(The American Destiny)>이라는 글이었다. "미국의 세기가 오고 있다"는 말은 사실상 리프먼이 한 말이었으며, 루스는 큰 반향을 불러 일으킨 이 글의 논조를 그대로 이어받아 1년 8개월 후에 각색해 제시한 것이었지만, 상황상 더 큰 주목을 받았다. 타이밍의 승리였다. 리프먼은 자신의 논지를 루스가 이어받은 것을 매우 흐뭇하게 생각했을 뿐만 아니라 이후에도 루스가 이 논지와 관련해 수시로 자신의 자문을 구하는 것에 열성적으로 응답해주었다.[14]

루스와 리프먼 모두 미국 헤게모니의 역사적 불가피성을 역설했다는 점에서 이 주장을 가리켜 '루스-리프먼 명제(Luce-Lippmann thesis)'로 부르기도 한다. 이 명제는 영국의 시대는 끝났으며, 이제 세계의 경찰 역할은 미국이 맡을 수밖에 없다는 것이 핵심이다. 선교사의 아들인 루스는 이 논지를 리프먼보다 더 강하게 밀어붙였으며 종교적 소명까지 부여했다.[15]

따지고보면 이런 예언의 원조는 미국 '건국의 아버지들(Founding Fathers)' 중 한 명인 새뮤얼 애덤스Samuel Adams(1722-1803)였다. 그는 이미 1775년 "풍요로움으로 인해 미국은 강력한 제국이 될 것이다"고 했

『미국의 팽창: 미국 자유주의 정책의 역사적인 전개』, 양홍석 옮김, 동과서, 1982/2003.

14 Robert E. Herzstein, *Henry R. Luce: A Political Portrait of the Man Who Created the American Century*, New York: Charles Scribner's Sons, 1994, pp.123-124, 180-181; Alan Brinkley, *The Publisher: Henry Luce and His American Century*, New York: Vintage Books, 2010/2011, pp.265-270, 311-312, 457-458.

15 James L. Baughman, *Henry R. Luce and the Rise of the American News Media*, Baltimore, MD: Johns Hopkins University Press, 1987, pp.132, 138, 197.

다. 그 풍요는 어디에서 오는가? 우선적으로 방대한 국토 사이즈였다. 무작정 넓기만 한 게 아니었다. 당장 사람이 농사를 지으면서 살 수 있을 정도로 '품질'이 좋은 수준의 국토 크기로만 따진다면, 미국은 세계 최고였다.

20세기 동안 프랑스 인구는 52%, 독일은 46%, 영국은 42% 증가한 반면, 미국의 인구는 270%나 증가한다. 국토 사이즈의 축복 때문에 가능한 일이었다. 국토 사이즈는 인간의 사고에까지 영향을 미쳤다. 노르웨이 출신의 어느 지도 제작자는 미국으로 이민을 온 이후 거리 감각에 변화가 생겼다며 다음과 같이 말했다.

"미국에 도착한 유럽인은 처음에는 관점뿐만 아니라 계획을 세우는 데 있어 제한적인 모습을 보여준다. 그러다 점차 자신의 스케일을 넓히게 된다. 이전에는 300 킬로미터 거리가 상당히 멀게 느껴졌지만 미국에서는 아주 가까운 거리처럼 여겨졌다. 미국의 공기를 마시자마자 이전에 있던 나라에서는 상상도 못할 규모로 틀을 세우고 설계를 시작하게 된다."[16]

"미국의 '지적 · 도덕적 지도력'을 확립하려는 국제적 사건"

사이즈에 대한 미국인들의 자긍심은 전 분야로 퍼져 나갔다. 인구도 많지만, 전 세계와 비교할 때엔 '비교적 작은 인구 사이즈에도 불구하고'라는 말이 따라 붙었다. 정치인 체스터 바울스Chester B.

16 데이비드 브룩스(David Brooks), 『보보스는 파라다이스에 산다』, 김소희 옮김, 리더스북, 2004/2008, 305-306쪽.

Bowles(1901-1986)는 "우리 미국 인구는 전 세계 인구의 7%에 지나지 않지만"이라고 전제한 뒤 1940년을 기준으로 미국이 각 분야에서 누리는 사이즈를 다음과 같이 과시했다.

"우리는 세계 자동차와 트럭의 70%, 세계 전화의 50%, 세계 라디오의 45%, 세계 철도의 35%를 갖고 있으며, 세계 석유의 59%, 세계 비단의 56%, 세계 커피의 53%, 세계 고무의 50%, 세계 설탕의 25%를 소비하고 있다."[17]

'미국의 세기'는 새로울 것은 없는 말이었다. 이미 1899년 바티칸 교황이 '미국주의'를 공공연히 비난한 이래로 그간 수많은 유럽인들이 '미국의 세기'를 역설해 왔다. 물론 비판적인 어조로 말이다. 즉, '미국의 세기'를 어떻게 볼 것이냐 하는 관점의 차이만 있었을 뿐이다.[18] 그럼에도 루스의 '미국의 세기'론은 미국사회에 큰 영향을 미칠 수 있는 막강한 언론권력자가 정색을 하고 긍정적 어조로 본격적으로 제기한 것이라는 점에서 주목할 만한 것이었다.

미국에도 전운이 감돌기 시작한 상황에서 왜 그는 그런 말을 했던 걸까? 한때 세계 최강대국이었던 나라에게 값비싼 무기를 공짜로 줄 수 있는 미국의 풍요에 감동을 받았기 때문일까? 전쟁이야말로 '미국의 세기'를 완성시킬 수 있는 기회라고 보았기 때문일까?

루스는 이미 미국이 사실상 제2차 세계대전에 참전했다고 보는 관점

---

17 Curtis D. MacDougall, *Understanding Public Opinion: A Guide for Newspapermen and Newspaper Readers*, New York: Macmillan, 1952.

18 피터 J. 테일러(Peter J. Taylor), 「헤게모니 순환으로서의 '미국의 세기'」, 백승욱 편저, 『'미국의 세기'는 끝났는가?: 세계 체계 분석으로 본 미국 헤게모니의 역사』, 그린비, 2005, 52-82쪽.

에서 미국의 전쟁 목표를 미국의 이상인 자유와 정의의 이념을 구현한 개방된 자본주의 세계시장경제를 창출하는 것으로 규정하는 동시에 그러한 비전을 전파하고자 했다.[19]

저널리스트 퀸시 하우Quincy Howe(1900-1977)는 "루스는 미국의 이해관계를 전 인류, 그리고 도덕 법칙의 이해관계와 완전히 동일시하는" 대담함(또는 뻔뻔함)을 보였다고 논평했다. 훗날 피터 J. 테일러Peter J. Taylor는 "50여년 전 발표된 루스의 이 글을 읽다보면, 우리는 미국에게 나머지 세계의 미래를 결정할 수 있는 능력이 있다고 본 그의 엄청난 확신에 놀라게 된다"며 다음과 같이 말했다.

"그의 확신은 전시에 흔히 볼 수 있는 국수주의적 허세가 아니었다. 오히려 루스의 말은 그람시의 『옥중수고』를 읽고 나서 그의 헤게모니 개념을 세계무대에 투영하려 한 것처럼 보이는 말이었다. 즉각적인 승전보다 훨씬 더 큰 문제에 관심을 보였다는 점에서 이 글은 루스의 헤게모니적 기질을 잘 드러낸 글이었다. 그람시의 말을 빌리자면, 이 글의 등장은 미국의 '지적·도덕적 지도력'을 확립하려는 국제적 사건이었던 셈이다."[20]

역이용당한 안토니오 그람시의 '헤게모니' 개념

'헤게모니hegemony'란 이탈리아 공산주의 운동가이자 사상가인 안토

---

19 권용립, 「미국 민족주의의 본질: 반사와 투영」, 『역사비평』 통권64호, 2003년 가을, 82-108쪽.

20 피터 J. 테일러(Peter J. Taylor), 「헤게모니 순환으로서의 '미국의 세기'」, 백승욱 편저, 『'미국의 세기'는 끝났는가?: 세계 체계 분석으로 본 미국 헤게모니의 역사』, 그린비, 2005, 52-82쪽.

니오 그람시Antonio Gramsci(1891-1937)가 "왜 프롤레타리아 혁명이 일어나지 않는가?"라는 의문을 갖고 제기한 개념이다. 헤게모니는 "특정한 역사적 시기에서 지배계급이 국가의 경제적·정치적 문화적인 방향에 대한 자신들의 권력을 유지하기 위해 피지배계급에 대한 직접적인 강압보다는 문화적 수단을 통해 사회적, 문화적인 지도력을 발휘하는 능력"을 의미한다.[21] 즉, 루스는 그람시의 헤게모니 개념을 역이용해 '미국의 세기'는 미국의 군사력과 경제력만이 아니라, 사회적문화적인 '소프트 파워'에 의해 지속되리라는 걸 예고한 셈이다.

훗날의 역사는 루스의 예언이 적어도 반은 옳았음을 입증한다. 미국이 "인류의 재능있는 공복, 선한 사마리아의 사람, 자유와 정의라는 이상 실현의 원동력"인지는 알 수 없으나, 미국이 모든 걸 지배하는 '미국의 세기'가 도래한 것은 분명했다. 다른 건 제쳐 놓더라도 1940년대 전반 미국의 강철 생산량은 미국을 제외한 세계 모든 나라의 생산량을 합한 것보다 많았으니, 이 어찌 '미국의 세기'가 아니랴.[22]

1940년대 후반에 가면 '미국의 세기'라는 게 점점 더 분명해진다. 예컨대, 미국은 1946년 연간 350만대의 자동차를 팔아 치우고, 1949년 최초로 500만대를 넘어서는 자동차 생산량을 기록한다.[23] 이 지구상의 어떤 나라가 감히 미국의 이런 풍요에 대적할 수 있단 말인가. 이 모든 게 유

---

21 박명진 편, 『비판커뮤니케이션과 문화이론: 기본 개념과 용어』, 나남, 1989, 343-344쪽.

22 피터 벤더(Peter Bender), 『제국의 부활: 비교역사학으로 보는 미국과 로마』, 김미선 옮김, 이끌리오, 2003/2006, 148쪽.

23 이구한, 『이야기 미국사: 태초의 아메리카로부터 21세기의 미국까지』, 청아출판사, 2006, 499쪽.

럽이나 다른 나라들과는 확연히 다른 미국식 제도의 성공에 힘입은 게 아니었던가. 이와 관련, 에밀리 로젠버그Emily S. Rosenberg는 다음과 같이 말한다.

"미국의 팽창은 군대의 무력과 정부의 주도에 의하지 않고, 민간 산업의 조직, 전문가의 재능, 박애주의자들의 선의를 발전 기반으로 하고 있다. 미국의 이상에 대한 루스의 비전 제시는 1893년 콜럼비아박람회의 그것들과 거의 차이를 보이지 않고 있다. 그러나 루스를 비롯한 여타의 합리주의자들은 19세기 자유주의와 미국의 특수한 사명이라는 독단적 신화에 빠져, 세계의 여러 국가에 대해 오도되고 왜곡된 강요를 함으로써 나타나게 된 문제점을 분명히 이해하지 못했다."[24]

어쩌면 그런 문제점을 이해하지 못했다기보다는, 미국의 국익을 위해 그런 문제점은 불가피하다고 보면서 '소프트 파워'로 그걸 상쇄하거나 누그러뜨리려는 생각을 했다고 보는 게 옳으리라. '미국의 세기'라는 구호 자체가 그런 '소프트 파워'의 한 표현이 아니겠는가.

무기대여법에서부터 시작된 '미국의 세기'라는 표현은 수많은 사람들에 의해 상시적으로 인용되면서 덕분에 루스의 명성까지 불멸의 왕관을 쓰게 된다. 지금 우리는 '미국의 세기'를 넘어서 '미국화 된 세기'의 한복판에 살고 있지만, 그것이 얼마나 지속가능할 지는 아무도 모른다.

---

24 에밀리 로젠버그(Emily S. Rosenberg), 『미국의 팽창: 미국 자유주의 정책의 역사적인 전개』, 양홍석 옮김, 동과서, 1982/2003.

일본의 진주만 기습 공격 사건

'미국의 세기'를 만들어주기 위한 신의 뜻이었을까? 1941년 12월 7일 일요일 아침 7시 55분, 일본은 하와이의 진주만에 정박하고 있던 미 제7 함대와 군사시설을 기습 공격했다. 태평양전쟁의 발발이다. 일본 해군의 항공모함 6척에서 발진한 비행기 350대는 기습공격으로 미군에 큰 타격을 입혔는데, 이때 일본 항공부대 총지휘관이 진주만 상공에서 "우리는 기습에 성공했다"고 전한 암호전문이 '도라 도라 도라'다. 미국은 전함 8척 중 4척이 침몰했고, 3척이 큰 손상을 입었다. 비행기 570대 중 475대가 완전 파괴되었다. 미 해군과 육군 사망자는 2,897명에 이르렀고, 시민 사망자도 68명이나 되었다.[25]

다음날인 12월 8일 미국 상하 양원이 합동으로 개회한 가운데 루스벨트는 연설을 통해 의회에 선전포고를 요청했다. 당일 상원은 만장일치(82 대 0), 하원은 1표의 기권(388 대 1)만으로 선전포고안을 통과시켰다. 미국은 이 날을 '치욕의 날'로 선포하고 일본에 대하여 선전포고를 했다. 진주만 기습 직전까진 미국 여론은 전쟁에 반대했지만, 이젠 사태가 역전되었다. "진주만을 기억하라!(Remember Pearl Harbor!)"라는 구호가 미국인을 단결시켰다.

영국의 처칠은 이제 "미국과 한 배를 탔다"며 기뻐했다. 그는 전시 내각의 동의를 가볍게 얻어 역시 일본에 선전포고를 했다. 히틀러도 환호했다. 그는 "우리는 질래야 질 수가 없다. 3천년 동안 한 번도 정복당하지 않은 나라를 동맹국으로 얻었다."고 말했다. 일본이 참전하면 미국은 태

---

25 권오신, 『미국의 제국주의: 필리핀인들의 시련과 저항』, 문학과지성사, 2000, 256쪽; 이덕주, 『식민지 조선은 어떻게 해방되었는가』, 에디터, 2003, 268쪽.

평양에 발이 묶이게 되고 극동에 식민지를 둔 영국도 심각한 타격을 받으리라는 계산 때문이었다.[26]

일본의 진주만 기습 3일 후인 1941년 12월 11일 일본의 유럽 동맹국인 독일과 이탈리아도 미국과의 전쟁을 선포하고 나섰다. 앞서 말한 계산과 더불어 일본과 맺은 3국동맹 제3조에 의거하여 내린 결정이었다곤 하지만, 소련 침공이 교착 상태에 빠져 고민하던 히틀러도 절망감에 몸부림치다가 그야말로 '미친' 결정을 내린 셈이었다.[27] 미 의회도 같은 날 대독일 선전포고를 했는데, 상하원에서 각각 88 대 0, 393 대 1로 통과되었다. 대이탈리아 선전포고도 상하원에서 각각 압도적 표차로 통과되었다.

태평양전쟁의 발발은 아시아전선과 유럽전선을 하나로 통합시켰으며, 이듬해인 1942년 1월 1일에는 미국 · 영국 · 소련 · 중국 · 캐나다 등 26개국의 '연합국 선언'이 발표되면서 이른바 반反파시즘 연합전선이 형성되었다.[28] 이와 관련, 영국 역사가 에릭 홉스봄Eric Hobsbawm(1917-2012)은 이렇게 말했다.

"파시즘은 공공연하게, 다양한 종류의 자유주의자들, 사회주의자들, 공산주의자들, 모든 종류의 민주주의체제, 소비에트체제를 똑같이 파괴해야 할 적으로 다루었던 것이다. 오래된 영국 격언의 표현을 빌리자면, '따로따로 교수형 당하지 않으려면 모두가 단결해야 했다(They had all

---

26 이언 커쇼(Ian Kershaw), 『히틀러 II: 몰락 1936~1945』, 이희재 옮김, 교양인, 1998/2010, 545쪽.

27 Walter Laqueur, *Fascism: Past Present Future*, New York: Oxford University Press, 1997, p.71.

28 고정휴, "『실록 대한민국림시정부』 제3부 (3)美·中의 승인을 위한 戰時외교", 〈조선일보〉, 2005년 4월 20일자.

to hang together if they did not want to hang separately).'"[29]

치욕은 이성을 멀게 하는가? 일제의 하와이 진주만 폭격에 분노한 미국의 한 하원의원은 "나는 현재 미국, 알래스카, 하와이에 살고 있는 모든 일본인들을 붙잡아서 강제수용소에 처넣는 데 동의합니다. 그들을 박멸합시다"라고 외쳤다. 그의 외침은 다수의 정서였다. 1942년 2월 루스벨트는 군대에 서부해안(태평양 연안)에 살고 있던 남녀노소를 불문한 일본계 미국인들을 체포할 수 있는 권한을 주었다. 12만명의 일본계 이민자들 가운데 4분의 3은 미국에서 태어난 미국 시민들이었는데도 말이다.

일본계 이민자들은 태평양전쟁의 전세가 미국 쪽으로 한참 기울어진 1944년 12월 17일까지 감옥과도 같은 강제수용소에서 2년반 동안 갇혀 지내야 했다. 미국 정부는 나치 독일이 만든 유대인 강제수용소와 같은 표현인 'concentration camp'라고 불리길 꺼려 단순한 주거이전이라는 의미가 강한 'relocation camp'라고 불렀지만, '강제수용소'인 건 분명했다.[30] 놀라운 건 이런 일에 리프먼을 비롯해 드루 피어슨Drew Pearson(1897-1969) 등 저명 칼럼니스트들이 동조하는 주장을 했다는 점이다.[31]

---

29 에릭 홉스봄(Eric Hobsbawm), 『극단의 시대: 20세기 역사(상)』, 이용우 옮김, 까치, 1994/1997, 210쪽.

30 하워드 진(Howard Zinn) & 레베카 스테포프(Rebecca Stefoff), 『살아있는 미국역사』, 김영진 옮김, 추수밭, 2007/2008), 206쪽; 사루야 가나메, 『검증, 미국사 500년의 이야기』, 남혜림 옮김, 행담출판, 2004/2007, 225-226쪽.

31 James L. Baughman, *The Republic of Mass Culture: Journalism, Filmmaking, and Broadcasting in America Since 1941*, 3rd ed., Baltimore, MD: Johns Hopkins University Press, 2006, p.6.

루스벨트의 사망과 제2차 세계대전의 종전

전쟁은 사람을 미치게 만드는 건가? 리프먼이 일본계 미국인을 차별하는 인종차별주의에 빠져든 반면, 루스벨트는 전쟁의 긴장을 해소하기 위한 일탈에 빠져들다 목숨을 잃고 말았으니 말이다. 1945년 4월 12일 루스벨트는 조지아주 웜스프링스에 있는 자신의 별장에서 오랜 세월 동안 비밀리에 연인 관계를 유지해온 루시 러더포드Lucy Mercer Rutherfurd(1891-1948)와 함께 있다가 뇌일혈로 쓰러져 사망했다. 루스벨트는 엘리노어가 워싱턴을 떠날 때면 곧잘 애인 러더포드를 백악관으로 불러 들이곤 했는데, 최후의 순간도 불륜의 현장에서 맞이한 것이다.[32]

부통령이 된지 불과 82일만에 해리 트루먼Harry Truman(1884~1972)이 제33대 대통령에 취임하였다. 언론은 대부분 루스벨트의 큰 자리를 트루먼이 어떻게 채울 수 있을까 우려했다. 트루먼의 대통령 승계를 알리는 기자회견장에서 어느 기자는 "도대체 트루먼이 누구지?"라고 투덜댄 일화만 보더라도 당시 미국인들의 불안이 어떠했을지는 짐작하기 어렵지 않다.[33]

하긴 누구인들 루스벨트가 12년간의 집권으로 남긴 거대한 유산의 그늘에 가리지 않을 수 있었으랴. 훗날 우경화에 앞장선 공화당의 로날드 레이건 대통령조차도 자꾸 자신을 루스벨트와 동일시할 정도로 루스벨

32 로널드 케슬러(Ronald Kessler), 『벌거벗은 대통령 각하』, 임홍빈 옮김,문학사상사, 1995/1997, 24쪽.

33 김봉중, 『카우보이들의 외교사: 먼로주의에서 부시 독트린까지 미국의 외교전략』, 푸른역사, 2006, 248쪽.

트는 미국사에서 우뚝 선 인물이었다.[34]

게다가 트루먼은 당초 민주당내 부통령 지명과정에서 최적의 인물로 선택된 것이 아니라 좌파 헨리 월리스Henry A. Wallace(1888-1965)와 보수파 제임스 번스James F. Byrnes(1882-1972)의 각축 중에 중도파로 있다가 어부지리로 부통령 자리를 얻었기 때문이다. 뿐만 아니라 트루먼은 대학에도 가지 못했고 카리스마도 없었다. 비음이 섞인 단조로운 목소리도 전임 대통령의 풍부한 바리톤 목소리에 훨씬 못 미쳤다. 루스벨트의 뛰어난 재치나 매력적인 재담꾼의 기질도 없었다. 농부로서의 자질만 풍성했다. 그의 어머니는 자기 아들보다 밭고랑을 더 반듯하게 갈 수 있는 사람은 없다고 자랑하곤 했다.[35]

루스벨트가 불륜의 현장에서 사망한지 18일 후인 1945년 4월 30일 히틀러는 베를린의 지하벙커에서 정부情婦 에바 브라운Eva Braun(1912-1945)과 함께 자살하였다. 히틀러 군대의 폴란드 침공으로 제2차 세계대전이 시작된지 5년 8개월만이었다. 다음날인 5월 1일, 히틀러가 '전장에서 죽었음'을 알리는 공식 보고를 마지막으로 수행한 괴벨스는 자기 아내와 여섯 자식들에게 청산가리 독약을 각각 나누어줘 전 가족이 몰사했다.

5월 7일 독일 대표는 연합군 본부가 있는 프랑스 도시 랭스Reims에서 공식적으로 무조건 항복 문서에 서명하였다. 이로써 유럽에서의 제2차

---

34 William E. Leuchtenburg, *Franklin D. Roosevelt and the New Deal, 1932-1940*, New York: Harper & Row, 1963.

35 케이티 마튼(Kati Marton), 『숨은 권력자, 퍼스트 레이디』, 이창식 옮김, 이마고, 2001/2002; 나윤도, "미국의 대통령 문화(21회 연재)", <서울신문>, 1997년 11월 22일~1998년 5월 7일자.

세계대전은 공식적으로 종결되었다. 아직 끝나지 않은 태평양전쟁까지 합하면, 이 시기의 전쟁으로 인해 희생된 인명만 해도 3천5백만명에서 5천만명에 이른다. 유대인 사망자 600만명, 소련에서만 민간인 사망자가 2천2백만명, 미국은 전사자 30만명, 부상자 70만명을 기록했다.[36]

1945년 8월 6일 오전 8시15분. 미국은 일본 히로시마시 중심부 580m 상공에서 원자폭탄을 투하했다. 그리고 8일에는 나가사키에 원자폭탄을 투하하였다. 히로시마의 총인구 24만5천명중 원폭이 투하된 날에만 10만명이 죽었다. 나가사키에 원폭이 투하된 날엔 7만4천8백명이 사망했다. 각각 일명 '리틀보이'와 '팻맨'으로 불리는 2개의 원자폭탄으로 인해 1945년 말까지 21만명이 숨지고, 지금도 26만명의 피폭자가 후유증으로 고생하고 있다.[37]

리프먼이 유행시킨 '냉전(The Cold War)'의 개막

트루먼이 이미 루스벨트가 임명해놓은 각료들을 장악하긴 어려운 일이었다. 특히 국무장관 제임스 번스James F. Byrnes(1882-1972)와는 사사건건 부딪혔고, 상무장관이자 전 부통령인 헨리 월리스Henry A. Wallace(1888-1965)와의 관계도 껄끄러웠다. 월리스가 1946년 9월 트루먼의 대소 강경책을 공개적으로 비판하고 나서자 트루먼은 그를 즉각 해임

---

36 케네스 데이비스(Kenneth C. Davis), 『미국에 대해 알아야 할 모든 것, 미국사』, 이순호 옮김, 책과함께, 2003/2004, 432쪽.

37 폴 존슨(Paul Johnson), 『세계현대사 II』, 이희구 외 옮김, 한마음사, 1991/1993, 285-286쪽; 다카하시 데쓰야, "8월의 원폭 투하와 오늘의 일본", <한겨레>, 2007년 8월 13일자.

해 버렸는데, 그가 행정부를 완전히 장악해 자기 색깔의 행정부를 갖게 되는 건 1948년 재선 승리 이후였다.[38]

그러나 그 어떤 문제에도 불구하고 트루먼에겐 투철한 현실주의 감각과 배짱이 있었다. 큰 정치적 부담을 안고 민주당 실세였던 월리스의 목을 자른 것이 잘 말해준다. 그 나름의 역사의식도 있었다. 처음 대통령이 된 후 몇 달 동안 트루먼은 역사상 어떤 대통령보다 더 어렵고 중요한 결정들을 많이 내려야 했다. 그는 화도 잘 내고 욕도 잘 하고 고집도 셌다. 그러나 그 고집이 비교적 옳은 방향일 경우 그건 '소신'이 되었다.[39]

트루먼의 등장은 루스벨트가 신봉했던 국제주의의 종식을 전제로 한 미국 외교정책의 전면적 변화를 예고하는 것이었다. 무엇보다도 트루먼은 인종주의적 편견이 매우 강한 인물이었다. 그가 젊은 시절에 쓴 편지들엔 여러 소수민족계 사람들을 비하한 인종주의적 표현이 흘러 넘쳤다. 그는 반소反蘇 감정도 매우 강해 이미 상원의원 시절에 소련인들을 "히틀러나 알 카포네처럼 신뢰 못할 인간들"로 묘사했으며, "독일인들과 소련사람들이 피가 다 빠질 때까지 싸웠으면 좋겠다"는 독설을 서슴지 않았던 인물이었다.

트루먼은 국제주의적인 협상과 타협을 비도덕적인 것으로 간주하였으며 자유세계의 방위를 위해선 소련이라고 하는 '세계적인 깡패'에 대해 십자군적인 자세를 가져야 한다는 신념의 소유자였다. 트루먼의 대소 강

---

38 김봉중, 『카우보이들의 외교사: 먼로주의에서 부시 독트린까지 미국의 외교전략』, 푸른역사, 2006, 250-251쪽.

39 데이비드 매컬러(David McCullough), 「해리 S. 트루먼: 평범속에서 비범 창출-도전의 지도력」, 로버트 A. 윌슨(Robert A. Wilson) 외, 『국민을 살리는 대통령 죽이는 대통령』, 형선호 옮김, 중앙M&B, 1997, 49-78쪽.

경정책은 약 2년 후에 구체적으로 선을 보이게 되지만, 트루먼의 대통령 취임을 계기로 미국의 외교정책은 소련의 팽창주의를 봉쇄하는 쪽으로 서서히 전환하게 되었다.[40]

리프먼은 1943년 『미국 외교정책(U.S. Foreign Policy: Shield of the Republic)』, 1944년 『미국의 전쟁 목표(U.S. War Aims)』, 1947년 『냉전(The Cold War)』 등의 저서를 출간하는 등 1940년대엔 그 어느때보다 더 국제관계에 깊은 관심을 기울였다. '냉전冷戰'은 리프먼이 처음 만들어낸 말은 아니지만, 『냉전』이란 저서와 더불어 그의 유명세로 인해 그가 만든 말로 널리 알려졌다.

냉전은 총알과 폭탄이 난무하진 않지만, 언제든 그런 상황으로 치달을 수 있는 적대적 긴장감과 군비확장 등으로 대립하는 '차가운 전쟁'을 말한다. 영국 작가 조지 오웰George Orwell(1903-1950)이 1945년 10월 19일 영국의 『트리뷴(Tribune)』지에 쓴 <당신과 원자폭탄(You and the Atomic Bomb)>이라는 제목의 글에서 '냉전'이란 말을 처음 사용했다. 그는 핵전쟁이라고 하는 위협의 그늘에서 살아가는 현실을 거론하면서, 이는 "평화 아닌 평화(peace that is no peace)"로 "영원한 냉전(a permanent 'cold war')"이라고 말했다.

금융인이자 프랭클린 루스벨트의 보좌관으로 루스벨트 시절에 뉴딜 정책과 전시경제정책 수립에 참여했던 버나드 바루크Bernard Baruch(

---

40 마이클 헌트(Michael H. Hunt), 『이데올로기와 미국외교』, 권용립·이현휘 옮김, 산지니, 1987/2007, 324-325쪽; 이우진, 「미국의 한국 점령정책」, 이우진·김성주 공편, 『현대한국정치론』, 사회비평사, 1996), 68쪽; 이우진, 「미국의 대한반도 정책(1945-1948」, 한국정신문화연구원 현대사연구소 편, 『한국현대사의 재인식 1: 해방정국과 미소군정』, 오름, 1998, 28쪽.

1870-1965)도 최초 사용자들중 한 명으로 꼽힌다. 그는 1947년 4월 16일 사우스캐롤라이나의 의회에서 연설을 하면서 '냉전'이란 말을 사용했다. 리프먼은 이 단어를 대중화시켰는데, 그래서 오늘날에도 cold war를 리프먼이 만든 단어로 소개한 자료들이 적지 않다.[41]

마셜플랜과 리프먼의 적극적 지지

1947년 6월 5일 5성 장군 출신인 국무장관 조시 C. 마셜George C. Marshall(1880-1959)은 하버드대학 졸업식 연설에서 이른바 '마셜 플랜(Marshall Plan)'으로 알려진 유럽부흥계획을 역설하였다. 마셜은 전쟁으로 파괴된 유럽의 참상을 거론하면서 "미국은 세계 경제가 정상화되도록 무슨 일이든 해야 한다. 그렇지 않으면 정치적 안정도, 항구적 평화도 없다. 우리의 정책은 특정 국가가 아니라 기근, 가난, 절망, 혼돈을 막기 위한 것이다."고 말했다.

마셜 플랜은 인도주의적 목적만은 아니었다. 마셜은 이미 1개월여 전인 4월 28일 "서방은 이제 소련에 대한 정책에서 더 이상 돌이킬 수 없는 시점을 건넜다"고 선언했었다. 마셜 플랜은 4년간 유럽의 선별된 국가들에 120억 달러 이상의 돈을 퍼붓는 경제적 원조로 소련의 팽창주의를 저지하겠다는 것이었다. '마셜 플랜' 직후 미국의 대소對蘇 봉쇄정책이 가

---

41 Max Cryer, Common Phrases(New York: Skyhorse, 2010), p.60; H. W. Fowler, A Dictionary of Modern English Usage, 2nd ed.(New York: Oxford University Press, 1983), p.94; <Cold War>, [Wikipedia]; 빌 브라이슨(Bill Bryson), 『빌 브라이슨 발칙한 영어산책: 엉뚱하고 발랄한 미국의 거의 모든 역사』, 정경옥 옮김, 살림, 1994/2009, 526쪽.

시화되기 시작했다.[42]

리프먼은 마셜의 하버드대 연설을 칭찬하면서 마셜플랜을 적극 지지하고 나섰다. 그는 전쟁중 유럽을 지원했던 무기대여법(Lend-Lease program)에 상응하는 전폭적 지원이 필요하다고 역설하면서, 이후 마셜플랜에 깊숙히 관여한 것을 비롯하여, 냉전 시기의 미국 대외정책에 막강한 영향력을 행사하였다.[43]

마셜플랜에서 소련은 배제되었지만, 처음부터 그렇게 결정된 건 아니었다. 미국은 물론 영국과 프랑스는 내심 소련이 스스로 빠지기를 원했겠지만, 그래도 명색이 '전쟁 동맹국'인 소련을 배제할 수 있는 명분은 없었다. 6월 27일 마셜플랜 문제를 논의하기 위해 영국, 프랑스, 소련 외무장관이 프랑스에서 만났는데, 소련 외무장관 뱌체슬라프 몰로토프Vyacheslav Mikhailovich Molotov(1890-1986)는 중도에 소련은 참가하지 않겠다고 선언하고 퇴장해버렸다. 스탈린의 지시 때문에 그랬다는 설도 있지만, 영국와 프랑스의 계획된 작전의 결과였다는 설도 있다. 훗날 소련 주재 미국 대사 W. 에버렐 해리만W. Averell Harriman(1891-1986)은 "영국과 프랑스가 실로 교묘하게 소련을 마셜플랜에서 배제시켰다"고 주장했다.

42 케네스 데이비스(Kenneth C. Davis), 『미국에 대해 알아야 할 모든 것, 미국사』, 이순호 옮김, 책과함께, 2003/2004, 449-451쪽; 이삼성, 『세계와 미국: 20세기의 반성과 21세기의 전망』, 한길사, 2001, 125-134쪽.

43 Leon V. Sigal, *Reporters and Officials: The Organization and Politics of Newsmaking,* Lexington, MA: D. C. Heath and Company, 1973, p.78; Alvin Stephen Felzenberg, *The Leaders We Deserved(And A Few We Didn't): Rethinking the Presidential Rating Game,* New York: Basic Books, 2008, p.348; Craufurd D. Goodwin, *Walter Lippmann: Public Economist,* Cambridge, MA: Harvard University Press, 2014, p.322.

그 진실이 무엇이건 소련과 동유럽이 빠지는 덕분에 영국과 프랑스는 미국 원조의 가장 큰 수혜를 누렸다. 3년간 미국의 원조액은 120억 6천만 달러였는데, 이는 90년대 중반 기준으로 환산하면 600억 달러에 이르는 거액이었다. 원조 총액 기준 상위 5대국은 ①영국 26억7천5백만달러, ②프랑스 20억6천만달러, ③서독 11억7천4백만달러, ④이탈리아 10억3천4백만달러, ⑤네덜란드 8억900만달러 등으로, 이 5개국이 전체의 80%에 육박했다. 마셜 플랜에 따른 미국의 원조자금은 전적으로 미국 상품을 사는 데 쓰여야 한다는 조건이 붙었으므로, 미국으로선 결코 '밑지는 장사'는 아니었다.[44]

마셜 플랜은 당시 트루먼보다 훨씬 인기가 좋은 마셜의 이미지를 이용함으로써 양당의 적극적인 지지와 범국민적 지지를 받아내자는 뜻에서 트루먼 대신 마셜이 발표한 것이다. 마셜은 이 공로로 1953년 노벨평화상을 수상한다.[45]

2000년 12월 미국에서 역사학 및 정치학교수 450명을 대상으로 "지난 50년간 미국 행정부가 이룩한 가장 큰 업적은 무엇일까"라는 설문조사를 한 결과 마셜플랜이 1944년 이후 워싱턴 정부의 가장 대표적인 업적으로 꼽혔다. 그 다음 업적으로는 참정권 확대가 꼽혔으며 이외에도 질병 감소와 공공 편의시설 확대, 작업장에서의 인종차별 감소 등이 미 연방정부의 대표적 업적으로 거론됐다. 조사를 담당한 관계자는 마셜플랜이 업

---

44 요미우리 신문사 엮음, 『20세기의 드라마 II』, 이종주 옮김, 새로운 사람들, 1992/1996, 306-309쪽; 이삼성, 『세계와 미국: 20세기의 반성과 21세기의 전망』, 한길사, 2001, 130쪽.

45 하워드 가드너(Howard Gardner), 『20세기를 움직인 11인의 휴먼 파워』, 이종인 옮김, 살림, 1995/1997, 208쪽.

적 1위로 꼽힌 것에 대해 예상하지 못한 것이라며 놀라움을 나타냈으나 조사에 응한 역사정치학자중 80%는 마셜플랜이 매우 중요한 것이라고 말했으며 또 82%는 마셜플랜이 매우 성공적이었다고 답했다.[46]

조지 케넌의 'X 논문'과 CIA의 창설

마셜 플랜이 발표된 지 1개월 후인 1947년 7월, 마셜 플랜의 실무기획자였던 조지 케넌George F. Kennan(1904-2005)은 외교 전문 잡지『포린 어페어스(Foreign Affairs)』에 'X'라는 가명으로 기고한 〈소련 행동의 연원(The Sources of Soviet Conduct)〉이라는 제목의 논문에서 소련의 팽창주의 세력화는 불가피하며, 따라서 '기민하고 주의깊게 대응세력을 동원해' 소련을 봉쇄할 필요가 있다고 주장했다.

"미국은 당분간 소련과 긴밀한 관계를 기대할 수 없다. 미국은 소련을 파트너가 아닌 경쟁자로 보아야 한다. 소련은 평화와 안정을 존중하지 않을 것이다. 또 사회주의와 자본주의가 영구히 행복하게 공존할 수 있다고 결코 믿지 않는다. 소련은 모든 경쟁국가를 혼란에 빠뜨리고 그 영향력을 약화시키기 위해 신중하고 집요하게 노력할 것이다. 다행히, 러시아는 아직 서방에 비해 약한 위치에 있다.…소련사회는 자신의 모든 잠재력을 약화시킬 결점들을 갖고 있다. 그러므로 미국은 소련이 평화롭고 안정된 세계의 이익을 침해할 기미를 보이는 모든 지역에서 자신감을 갖고 불굴의 군사력으로 소련에 대결하는 확고부동한 봉쇄정책을 추진

46 김영번, "美정부 지난 50년 최대업적, 유럽 복구 '마셜플랜'", 〈문화일보〉, 2000년 12월 22일, 9면.

할 수 있다."[47]

케넌의 논문은 1989년 소련 진영이 붕괴할 때까지 서방 외교의 기조가 돼 온 '봉쇄'라는 하나의 독트린의 이론적 기초로서의 위상을 재확인했다. 트루먼 독트린과 마셜 플랜은 바로 그런 봉쇄 정책의 선구가 된 것이다. 제럴드 콤스Jerald A. Combs는 케넌의 봉쇄이론이 미국 대외정책집단의 강력한 지지를 받은 이유는 대소련 강경정책과 평화시 해외에 대한 미국의 개입정책을 철학적으로 정당화했기 때문이라며 다음과 같이 말한다.

"케넌이 'X 논문'의 필자라는 사실은 금방 밝혀졌다. 그의 논문은 유럽에 대한 미국의 갑작스런 재개입에 대한 철학적 기초로 간주되었다.… 러시아와의 화해를 지지하던 자유주의자들과 급진주의자들은 추방되었다. 점점 더 강화되는 러시아에 대한 강경노선을 비판한 헨리 월리스도 밀려났다. 월리스가 1948년 제3당 후보로서 전개했던 대통령 선거운동도 패배했다."[48]

총알과 폭탄이 난무하진 않지만, 언제든 그런 상황으로 치달을 수 있는 '차가운 전쟁' 즉 '냉전(cold war)' 시대가 열린 셈이다. 냉전시대의 개막에 맞춰 1947년 7월 26일 중앙정보국(CIA: Central Intelligence Agency)이 창설된 것은 결코 우연이 아니다. CIA는 제2차 세계대전 중인 1942년에 설치된 전략업무국(OSS: Office of Strategic Service)의 후신으로, 트루먼은 소련의 국가전복활동 위협에 대응하여 CIA 창설을 승인하였다.

월리스 노선의 지지자였던 리프먼은 마셜플랜을 지지할 때 접한 케넌

---

47 이삼성, 『세계와 미국: 20세기의 반성과 21세기의 전망』, 한길사, 2001, 219쪽.

48 이삼성, 『세계와 미국: 20세기의 반성과 21세기의 전망』, 한길사, 2001, 221쪽.

을 긍정적으로 평가했지만, 그의 'X 논문'엔 동의하지 않았다. 늘 이데올로기보다는 지리와 역사가 중요하다고 생각해온 리프먼으로선 케넌이 러시아의 역사를 무시하고 마르크스주의 이데올로기만을 보는 오류를 저질렀다고 판단했다. 늘 서구의 침략에 시달려온 러시아에겐 불안감과 공포가 있으며, 이것이 동유럽을 지배하고자 하는 주요 동인이며 스탈린은 그런 역사적 전통에 따라 행동하는 것임에도 케넌은 모든 걸 마르크스주의 이데올로기로 환원시켜 버렸다는 것이다. 리프먼은 이런 생각을 1947년 9월 2일부터 공개적인 글로 밝히기 시작했고, 이는 워싱턴에서의 열띤 논쟁의 이슈가 되었다. 리프먼이 이런 일련의 주장을 묶어 책으로 낸 것이 바로 『냉전(The Cold War)』(1947)이다.[49]

허친스위원회의 '자유롭고 책임지는 언론'

늘 '자유'만을 외쳐온 미국언론을 회의적인 시선으로 바라보는 움직임이 1940년대 후반부터 미국 내에 싹트고 있었다. 적어도 1947년부터 '언론의 사회적 책임'이라는 개념이 점차 거론되기 시작한 것이다. 물론 그 당시 이 개념은 미국밖에는 잘 알려지지 않았지만, 후일 제3세계가 미국의 정보제국주의를 비난하는 데 이론적 기초를 제공하게 될 것이었다.

이 개념에 대한 논의의 기원은 프랭클린 루스벨트 대통령과 미국언론의 매우 불편한 관계에서 비롯되었다. 앞서 살펴본 바와 같이, 루스벨트는 언론이 정치보도에서 불공정하고 편파적인 보도를 일삼고 있으며, 다

49 Ronald Steel, *Walter Lippmann and the American Century*, Boston, Mass.: Little, Brown, 1980, pp. 443-446.

른 보도에서도 공익을 생각하는 것이 아니라 이윤극대화만을 추구하며, 시시껄렁한 가십과 센세이셔널한 보도에만 집착하고 있다고 비난하였었다. 루스벨트의 비난은 사회 각층으로부터 커다란 공감을 얻고 있었다. 만약 이대로 가다간 어떤 법적 조치가 취해질지도 모른다고 걱정하던 언론계는 자구책을 강구하기 시작했다.

당시 미국언론계의 대부 격인 『타임』지의 사주 헨리 루스Henry Luce는 미국 내 저명한 학자들로 구성된 '언론자유에 관한 위원회(The Commission on Freedom of the Press 1947)'를 1943년에 출범시켰다. 정부의 규제를 방지하기 위해 선수를 친 루스의 조치는 미국언론의 절대적 지지를 받았다.[50]

위원장은 당시 시카고대학 총장이던 로버트 허친스Robert Hutchins가 맡아 이 위원회는 흔히 허친스위원회로 불려졌다. 앞서 보았듯이, 허친스는 당시 학생들에게 인문교양 교육을 강조한 '시카고 계획'으로 유명한 인물이었다. 그는 대학은 머리를 쓰는 곳이지 몸을 쓰는 곳이 아니라는 이유로 미식축구팀을 해체했으며, 거물급 학자들을 끌어오는 데 노력을 아끼지 않았다. 그가 영입한 인물들 중엔 훗날 네오콘(Neo-Conservative: 신보수주의자)의 이론적 대부가 되는 레오 스트라우스Leo Strauss(1899-1973)도 포함돼 있었다.[51]

---

50 J. Herbert Altschull, *Agents of Power: The Role of the News Media in Human Affairs*, New York: Longman, 1984; Jean Folkerts & Dwight L. Teeter, Jr., *Voices of a Nation: A History of Mass Media in the United States*, 3rd ed., Boston, Mass.: Allyn and Bacon, 1998; Graham J. White, *FDR and the Press*, Chicago: University of Chicago Press, 1979.

51 정우량, 「팍스 아메리카를 꿈꾸는 민주적 제국주의자: 아메리카의 전사 네오콘의 정체」, 『월간중앙』, 2003년 11월, 326-335쪽.

허친스 위원회는 위원장인 로버트 허친스 외에도 철학자 라인홀드 니버Reinhold Niebuhr(1892~1971)를 포함하여 모두 13인의 쟁쟁한 지식인들로 구성되었다. 3년간에 걸친 허친스위원회의 연구결과는 1947년 3월 27일『자유롭고 책임지는 언론』이라는 책으로 출간되었다.

그러나 이 보고서의 내용은 미국언론의 기대와는 정반대로 나타나고 말았다. 허친스보고서는 미국언론이 이윤극대화를 위해 도는 무책임한 타성에 젖어 공중의 이익을 외면한 채 형편없는 보도를 하고 있다고 신랄히 비판하였기 때문이다. 허친스 보고서는 "민주주의의 보존과 아마도 문명의 보존까지 자유롭고 책임지는 언론에 의존하게 될른지도 모른다. 우리가 진보와 평화를 누리고자 한다면 우리는 반드시 그러한 언론을 가져야만 한다"고 강한 권고를 하였다.[52]

허친스 보고서는 허친스위원회의 일원인 윌리엄 호킹William Ernest Hocking의 저서『언론의 자유: 원칙의 요강(Freedom of the Press: A Framework of Principle)』(1947)과 더불어 오늘날 모든 언론학 교과서에 나오는 언론의 사회규범이론 가운데 '사회책임이론'의 이론적 토대가 되었다. 이 이론은 다음과 같은 원칙들로 구성된다.

"미디어는 일정한 사회적 책임을 준수해야 한다. 이러한 책임은 주로 정보성·진실성·정확성·객관성·균형성을 유지하는 높은 수준의 직업적 기준에 맞아야 한다. 이와 같은 책임을 받아들이고 적용함에 있어서 미디어는 법과 기존 제도의 틀 안에서 자율적 규제를 해야 한다. 미디어는

---

52 The Commission on Freedom of the Press, *A Free and Responsible Press—A General Report on Mass Communication: Newspapers, Radio, Motion Pictures, Magazines, and Books*, Chicago: University of Chicago Press, 1947; Gerald Gross, ed., *The Responsibility of the Press*, New York: Clarion Book, 1966).

범죄·폭력·질서교란 및 소수민족에 대한 침해를 유발할 수 있는 것들에 대해서는 어떤 것이든 피해야 한다. 미디어는 대체로 다원적이어야 하며 사회의 다양성을 반영하고 다양한 관점을 제시하고 이에 대한 반론도 제시해야 한다. 사회와 공중은 맨 먼저 언급한 원칙에 따라 높은 수준의 미디어 활동을 기대할 수 있으며 공익을 위해 미디어에 간섭할 수 있다. 언론인들은 그들의 고용주뿐만 아니라 사회에 대해서도 책임이 있다."[53]

니버는 허친스위원회의 위원으로서 사회책임이론의 구성에 큰 기여를 하였다. 그는 "사회적 책임"의 원칙을 적극적으로 내세우며, "매스미디어의 뉴스와 오락 생산에 생산자로 하여금 도덕적 책임을 지게 한다"는 점에서 사회책임주의는 옳다고 주장했다. 그러나 인간의 지혜를 의심하는 그답게, 니버는 "미디어를 단속하기 위해" 소비자 대중으로 하여금 압력을 행사하게 하는 것은 엄청나게 어렵다는 점을 인정했다. 니버는 민주주의를 거부하지는 않았지만, 그것을 끊임없이 성찰의 대상으로 삼을 것을 요구했다. 그는 "민주주의는 해결 불가능한 문제에 대해 가장 근접한 해결책을 찾는 방식이다."며 "정의를 위한 인간의 능력이 민주주의를 가능하게 만든다. 그러나 불의를 향하는 인간의 성향은 민주주의를 없어서는 안될 것으로 만든다."고 말했다.[54]

미국언론은 허친스 보고서에 대해 분노를 터뜨렸다. 신문들은 이 보고서의 내용을 아예 보도조차 하지 않은 채 철저히 외면하였다. '허친스'라는 말은 모든 신문사에서 '저주의 단어'가 되고 말았다.

---

53 최정호·강현두·오택섭, 『매스미디어와 사회』, 나남, 1990, 182쪽.

54 허버트 알철(J. Herbert Altschull), 『현대언론사상사: 밀턴에서 맥루한까지』, 양승목 옮김, 나남, 1990/1993, 561-563쪽.

1948년 대선과 리프먼의 트루먼 노선 비판

1936년 대선의 진정한 승자가 조지 갤럽이었다면, 1948년 대선의 진정한 패자 역시 갤럽이었다. 1936년의 성공 이후 갤럽은 영화 주제, 줄거리의 결정에도 가담하는 등 다방면의 활동을 하였다. 1946년 아카데미 작품상을 비롯해 아카데미 10개 부문을 수상하며 대히트한 윌리엄 와일러William Wyler(1902-1981) 감독의 영화 <우리 생애 최고의 해(The Best Years of Our Lives)>는 갤럽이 32개 후보 가운데 여론조사를 통해 고른 제목이었다. 이런 성공은 마케팅으로까지 나아갔다. 갤럽은 『타임』 1948년 5월 3일자 표지 인물에 등장해 '누구나 아는 이름(household name)'이 되면서 '여론'과 동일시되었다[55]

그러나 그런 유명세가 오히려 갤럽의 발목을 잡을 줄 누가 알았으랴. 1948년 11월 2일에 치러진 대선은 미국 여론조사 역사상 최악의 날(the most disastrous day in polling history)을 낳은 선거였다. 갤럽을 포함한 주요 여론조사업체들의 예측이 모두 빗나갔기 때문이다.

당시 물가상승과 노동자들의 파업으로 인한 사회불안이 높아져 이미 1946년의 중간선거에서 공화당이 압승, 여소야대 정국이 초래됐다. 1948년 마셜 플랜이 본격적으로 시작되면서 미국내 반대세력이 늘어갔으며 또한 민주당내 분열이 심화돼 여론조사업체와 언론 대부분은 대통령선거에서 공화당의 토마스 듀이Thomas E. Dewey(1902-1971) 후보가 현직 대통령인 해리 트루먼Harry Truman(1884~1972) 후보를 5-15% 격차

55 한겨레신문 문화부 편, 『20세기 사람들 (상)』, 한겨레신문사, 1995, 272-276쪽; Sarah E. Igo, *The Averaged American: Surveys, Citizens, and the Making of a Mass Public*, Cambridge, MA: Harvard University Press, 2007, p.159.

로 누르고 당선할 것이라고 예측했다.

그러나 트루먼은 그런 예측에 굴하지 않고 그 유명한 3만 마일 전국 유세를 통해 유권자에 직접 호소하고 나섰다. 6백만 이상의 사람들에게 3백번 이상의 연설을 했다. 그는 아내와 딸을 동반하고 다니면서 대중의 마음을 파고 들었다. 그는 선거 유세에서 이런 논평으로 청중들을 웃기곤 했다. "제너럴 모터스, 제너럴 일렉트릭, 제너럴 푸드, 그리고 제너럴 맥아더. 제가 아는 모든 제너럴이 다 공화당 명단에 들어가 있습니다. 그런데 제너럴 웰페어(general welfare: 공공복지)가 빠졌군요."[56]

『시카고 트리뷴』지가 그 유명한 오보 '듀이, 트루먼을 물리치다'라는 제목의 기사를 내보낼 정도로 막판까지 듀이의 우세가 확연해 보였지만, 결과는 트루먼의 승리로 나타났다. 일반 투표에서 트루먼 49.9% 듀이 45.1%, 선거인단 투표에서 303 대 189의 결과였다. 그야말로 극적인 승리였다. 트루먼은 공화당계 신문인 『시카고 트리뷴』지를 군중들 앞에서 신나게 흔들어보이면서 승리를 자축했다. 트루먼의 승리를 예측하지 못한 갤럽도 여론조사업체들을 대표해 조롱거리가 되었다.

자신의 조사를 확신했던 갤럽은 선거 결과에 대해 "무슨 일이 일어난 건지 모르겠다"고 실토했다. 그는 그런 당혹감으로 인해 뇌물이나 투표용지 조작 등이 있었을지 모른다는 의혹까지 제기했으나 곧바로 철회하고 실수를 인정했다. 갤럽은 실수를 저지른 이유가 최종 여론조사가 선거일 3주 전에 이루어졌기 때문인 것으로 보았다. 유권자 7명중 1명꼴로

---

56 윌리엄 라이딩스 2세(William J. Ridings, Jr.) & 스튜어트 매기버(Stuart B. McIver), 『위대한 대통령 끔찍한 대통령』, 김형곤 옮김, 한·언, 1997/2000), 323-324쪽; 밥 돌(Bob Dole), 『대통령의 위트: 조지 워싱턴에서 부시까지』, 김병찬 옮김, 아테네, 2001/2007, 147쪽.

선거 마지막 2주 동안 결심했는데, 이들의 4분의 3이 트루먼을 지지한 것으로 밝혀진 것이다.[57] 그는 대선 직후 가진 한 연설에서 자신의 새로운 각오를 다음과 같이 밝혔다.

"저는 트루먼 대통령에 대해 대단한 존경심을 품고 있습니다. 왜냐하면 그는 자신이 믿는 것을 위해 싸웠기 때문이죠. 저도 마찬가지의 일을 하려고 합니다. 이 나라에 여론조사의 중요성이 있는 한, 그리고 누군가가 더 나은 방법을 발견할 때까지, 저는 사람들이 그들의 복지에 있어 아주 중요한 이슈들에 대해 어떤 견해를 갖고 있는지 알리는 일을 하며 계속 전진해나갈 것입니다."[58]

갤럽의 각오가 결연하긴 했지만, 여론조사에 대한 근본적인 문제제기마저 막을 수는 없었다. 1948년 사회학자 허버트 블루머Herbert Blumer(1900-1987)는 여론은 상호작용(interactions)과 커뮤니케이션의 산물인데, 이를 '개인의견의 총합(aggregations of individual opinions)'으로 수량화하는 건 잘못됐다고 비판했다. 1949년 린제이 로저스Lindsay Rogers는 에드먼드 버크Edmund Burke(1729-1797)의 말을 인용하면서 선거로 뽑힌 사람의 양심과 현명한 판단을 믿어야지 대중적 열정의 순간들에 노예가 되어선 안된다고 비판했다.[59]

---

57 David W. Moore, *The Opinion Makers: An Insider Exposes the Truth Behind the Polls,* Boston, MA: Beacon Press, 2008, pp.50-51; James David Barber, *The Pulse of Politics: Electing Presidents in the Media Age,* New Brunswick, NJ: Transaction Publishers, 1980/1992, pp.62-63.

58 전성원, 『누가 우리의 일상을 지배하는가』, 인물과사상사, 2012, 194-195쪽.

59 Robert S. Erikson & Kent L. Tedin, *American Public Opinion: Its Origins, Content, and Impact*, 5th ed., Boston, MA: Allyn and Bacon, 1995, pp.4-5.

극적인 승리로 자신감에 가득찬 트루먼은 대소 강경책을 더욱 강하게 밀어 붙이기 시작했는데, 이에 따라 리프먼도 트루먼으로부터 멀어지기 시작했다. 리프먼은 1946년 9월 트루먼의 대소 강경책을 공개적으로 비판하고 나섰다가 즉각 해임된 상무장관이자 전 부통령인 헨리 윌리스Henry A. Wallace의 지지자였다. 유럽에서의 소련의 영향력을 인정해야 한다는 것이 리프먼과 윌리스의 생각이었다. 리프먼이 나중에 한국전쟁에 반대하는 것도 그런 생각의 연장선상에서 나온 것이었는데,[60] 리프먼은 2차 세계대전 이후 마치 젊은 시절의 리버럴리즘으로 복귀한 것처럼 보였다.

---

60 John Simkin, "Walter Lippmann," *Spartacus Educational*, August 2014; http://spartacus-educational.com/USAlippmann.htm.

7장

1950-1960

V

"'감정의 그레샴 법칙'이 민주주의를 타락시킨다"

· 1950-1960 ·

조지프 매카시 상원의원의 '매카시즘'

1950년 1월 7일 재선의 전망이 매우 어두웠던 위스컨신주 상원의원 조지프 매카시Joseph R. McCarthy(1908-1957)는 자신의 정치적 조언자들로부터 귀가 번쩍 뜨일 말을 듣게 되었는데, 그건 바로 '반공反共'이었다. 1949년 중국의 공산화, 소련의 원폭 실험과 유럽·동아시아에서의 영향력 증대, 그리고 당시 미국을 휩쓸고 있던 외국인 혐오증 등은 반공의 정치적 상품으로서의 가치를 크게 돋보이게 만들었다.[1]

당시의 시대상을 말해주는 좋은 증거가 바로 베스트셀러 작가인 미키 스필레인Mickey Spillane(1918-2006)의 맹활약이다. 그는 미국의 국민 정서에 깊게 침투해 있었던 편집증을 이용해 1947년 『내가 심판한다(I, the Jury)』와 같은 소설을 썼다. 소설 속 주인공인 사설 탐정 마이크 해머Mike

1 David McLellen, "McCarthy, Joseph Raymond," *Americana Encyclopedia*, p.557.

Hammer는 미국의 냉전에 대한 강박 관념이 너무 크기 때문에 이제 미국은 평범한 깡패들이나 부패한 정치가들을 추적하는 대신 공산주의자들의 내란 기도를 막는 데 전념해야 한다고 확신하는 인물이다. 이 책은 수백만 부나 나가는 초대형 베스트셀러가 되었다. 스필레인의 초창기 6권의 책은 평균 250만 내지 300만 부가 팔렸는데, 1956년 미국 출판업계에서 선정한 '60년간의 베스트셀러'에서 가장 많이 팔린 10대 소설 중 7권이 스필레인의 것이었다.[2]

스필레인의 성공은 공산주의에 대한 공포가 매카시 혼자서 만들어낸 건 아니라는 걸 말해준다. 이미 그의 등장 이전부터 공산주의에 대한 공포는 스필레인의 소설뿐만 아니라 신문의 머리기사를 장식하곤 했다. 그럼에도 그 공포를 드라마틱할 정도로 실감나게 키우는 데엔 매카시만큼 발군의 실력을 보인 사람은 없었다.

매카시의 변신은 빨랐다. 반공이 좋은 정치적 상품이라는 말을 들은 지 한달 후인 1950년 2월 9일 그는 웨스트 버지니아주 휠링Wheeling에서 '링컨의 날'을 기념하는 주말 모임의 일환으로 열린 행사에서 연설을 하면서 역사에 길이 남을 매카시즘의 포문을 열기 시작했다. 그는 자신의 손에 국무성에 근무하는 공무원들 가운데에 당원증까지 가진 공산당원 205명의 리스트가 있다고 주장하였다. 그러나 그건 거짓말에 가까운 것이었다. 그 명단은 FBI의 안보관련 체크 리스트로 의례적인 단순 조사 대상자까지 포함한 것인데다, 그 명단에 있는 대부분의 사람들은 이미

---

2 제임스 홀(James W. Hall), 『베스트셀러는 어떻게 만들어지는가』, 임소연 옮김, 위너스북, 2012/2013, 149쪽; 데이비드 핼버스탬(David Halberstam), 『데이비드 핼버스탬의 1950년대(하)』, 김지원 옮김, 세종연구원, 1993/1996, 228-229쪽.

오래전에 국무성을 그만 두었으니 말이다.[3]

일반 대중이 그걸 알 수는 없는지라 매카시는 하루 아침에 전국적인 인물로 부상했다. 미국의 상원의원이 미국의 국무성에 침투한 공산주의자의 명단을 그것도 205명이나 갖고 있다는 데, 언론이 가만 있을 리 없었다. 매카시는 언론의 화려한 조명을 받았다. 매카시의 휠링 연설이 있은지 한달 후인 3월 초순 『워싱턴포스트』의 시사만평가 허버트 블록Herbert Block(1909-2001)은 최초로 '매카시즘(McCarthyism)'이란 말을 만들어냈다. 그는 매카시즘을 "선동, 근거없는 비방, 인신공격(demagoguery, baseless defamation, and mudslinging)"으로 정의했다.

매카시에게 날개를 달아준 한국전쟁

매카시는 처음에는 '매카시즘'이라는 단어를 불쾌하게 여겼지만, 나중에 이 단어를 껴안으면서 '소매를 걷어 붙인 미국주의(Americanism with its sleeves rolled)'로 재정의 했고, 매카시즘은 '공산주의와의 투쟁'이라며 "우리에겐 더 많은 매카시즘이 필요하다"고 주장했다. 나중엔 『매카시즘: 미국을 위한 투쟁(McCarthyism: The Fight For America)』(1952)이란 제목의 책까지 출간했다.[4]

매카시의 뒤엔 FBI 국장 존 에드거 후버John Edgar Hoover(1895-1972)가 있었다. 후버는 1924년부터 1972년 숨을 거둘 때까지 48년 동안

---

3 David McLellen, "McCarthy, Joseph Raymond," *Americana Encyclopedia*, p.557.

4 James Cross Giblin, *The Rise and Fall of Senator Joe McCarthy*, New York: Houghton Mifflin, 2009, p.99; 〈Joseph McCarthy〉, [Wikipedia].

FBI(Federal Bureau of Investigation) 국장으로 장기집권하면서 8명의 대통령들을 "뒤에서 갖고 논다"고 해도 좋을 정도로 막강한 권력을 행사한 전설적 인물이다. 후버를 내쫓으려고 굳게 결심한 대통령들도 자신의 모든 약점을 비밀 파일로 쥐고 있는 후버의 보복이 두려워 감히 그를 건드리지 못했다.

매카시는 전국적인 유명 인사가 되기 전부터 후버가 자신의 휘하에 두면서 관리해 온 인물이었다. 자신의 주장에 대한 입증 자료를 요구받자 매카시는 후버에게 도움을 청했다. 후버는 13년 연하인 매카시를 나무랐다. 그 방식이 너무 서투르다는 이유에서였다. 그는 매카시에게 날조된 주장은 두루뭉실하게 해야한다고 충고하면서, 자신의 부하들에게 매카시를 도울 수 있는 자료를 찾아보라고 지시했다.[5]

후버의 도움을 얼마나 받았는지는 알 수 없으나 매카시는 약 두 달 후인 1950년 3월 30일 상원에서 국무성의 극동담당 부서와 대외 선전방송인 '미국의 소리(VOA: Voice of America)'는 자유세계보다는 공산주의에 더 충성하는 사람들에 의해 거의 전적으로 지배되고 있다고 주장하였다. 또 1950년 5월 그는 애틀랜틱 시티Atlantic City에서 행한 한 연설에서 어린 시절 집의 닭장에서 스컹크를 쫓아내곤 했던 불유쾌한 경험을 이야기하면서, "지금 워싱턴엔 더 위험하고 냄새가 독한 스컹크들이 득실거리고 있다"고 주장하였다.[6]

---

5 앤터니 서머스(Anthony Summers), 『조작된 신화: 존 에드거 후버 I』, 정형근 옮김, 고려원, 1993/1995, 269-270쪽.

6 Barnet Baskerville, "Joe McCarthy, Brief-Case Demagogue," *Today's Speech*, 2(September 1954), p.14.

1950년 6월 25일 한국전쟁은 매카시에게 날개를 달아 주었다. 그 전쟁은 공산주의에 대해 공포감을 갖고 있던 많은 사람들로 하여금 매카시를 구세주처럼 여기게 만들었다. 매카시는 신바람이 났다. 1950년 8월 그는 위스컨신주 밀워키Milwaukee에서 행한 한 연설에서 미국의 젊은이들이 한국에서 죽어가고 있으며, 이는 정부 고위관리들이 서구 문명보다는 공산주의에 더욱 충성을 하고 있기 때문이라고 주장했다.[7]

'알몬드-리프먼 컨센서스'의 형성

매카시에 대한 리프먼의 비판은 나중에 나오지만, 당시 리프먼은 한국전쟁에 대해선 나름의 정리된 생각을 갖고 있지 않은 상태였다. 북한의 침략 직후 사석에서 누군가 그의 의견을 물었을 때 리프먼은 '분단국가의 변칙성(anomalies)'과 '이승만 독재의 과잉'에 대해 개탄하는 수준에 머물렀다. 질문자가 "중요한 건 침략이 아니냐"고 되묻자, 리프먼은 아무런 답을 하지 못했다. 방송 매체를 거의 이용하지 않고 주요 정보원으로 신문만 이용하는 리프먼은 사태 파악을 제대로 하지 못하고 있었다. 그는 자신의 워싱턴 인맥을 활용해 정보를 얻은 후에야 칼럼 집필에 들어갔다.

리프먼은 남한에 물자를 보내고 유엔 안전보장이사회에 "북한군의 즉각적인 전투 행위 중지와 38도선 이북으로의 철수"를 요청하는 제안을 해 가결시키는 등 트루먼의 초기 개입 조치엔 지지를 보냈지만, 미국이

7 Barnet Baskerville, "Joe McCarthy, Brief-Case Demagogue," *Today's Speech*, 2(September 1954), p.14.

더 이상 개입하는 것엔 반대했다. 그는 9월 28일 인천상륙작전의 성공 이후 확전에 대해선 '미국 역사상 벌어진 가장 큰 실수 중의 하나'라는 평가를 내렸다. 그는 한국전쟁을 철저히 '힘의 균형'이라는 관점에서 보고 있었던 것이다.[8]

한국전쟁을 어떤 관점에서 보느냐 하는 건 일관된 이론의 틀로 보기는 어려운 것이었지만, 한국전쟁이 터진 이 해에 외교정책과 여론의 관계에 관계를 이론화한 명제가 제시되었다. 정치학자 가브리엘 알몬드Gabriel A. Almond(1911-2002)가 『미국 국민과 외교 정책(The American People and Foreign Policy)』(1950)이라는 책을 출간한 것이다. 여론과 외교정책의 관계를 다룬 이 책은 여론의 불안정성과 비일관성을 강조했다는 점에서 리프먼의 논지와 상통했다. 이 책의 출간 이후 국제정치학에선 이른바 '알몬드-리프먼 컨센서스(Almond-Lippmann Consensus)'라는 공감대가 형성돼 미국의 베트남 참전시까지 주된 지적 패러다임으로 군림하게 된다. 이미 110여년전 알렉시스 드 토크빌Alexis de Tocqueville(1805-1859)도 비슷한 주장을 했었기에 Tocqueville-Lippmann thesis로 불려지기도 한다.[9] 이 컨센서스의 명제는 다음 세가지로 요약할 수 있다.

첫째, 여론은 그 속성이 불안정하고 비합리적이기 때문에 외교정책을 형성하고 유지시키는 잣대로 삼기에는 의문시된다. 둘째, 외교정책에 대

---

8 Ronald Steel, *Walter Lippmann and the American Century*, Boston, Mass.: Little, Brown, 1980, pp.470-488.

9 Arthur M. Schlesinger, Jr., *The Imperial Presidency*, New York: A Mariner Book, 1973/2004, pp.280, 319.

한 개인의 태도는 그 인식론적 구조가 명확하지 않고 논리적 일관성이 없기 때문에, 일반 대중의 외교정책 신념은 '무의견(non-attitudes)'으로 보는 것이 옳다. 셋째, 따라서 외교정책 수행에서 여론이 미치는 영향은 극히 제한적일 수밖에 없으며, 일반 대중들의 외교정책에 대한 무지에서 오는 정책상의 시행착오는 그리 문제시되지 않는다.[10]

알몬드에 따르면, 대중은 공적인 현상에 대해서는 즉흥적인 분위기(mood)에 따라 움직이며, 이러한 즉흥성은 대중의 일상에서 벌어지는 경기순환(business sycle)과 밀접한 상관관계가 있다. 예컨대, 경기침체는 대중의 자신감을 상실시켜 대외분쟁에 대한 개입 의지를 약화시키고, 결국 대중이 국제적 사건들에 대해 무관심해지는 결과를 낳는다는 것이다.[11]

'알몬드-리프먼 컨센서스'는 외교적 현실주의자들(realists)의 금과옥조가 되었다. 『보통사람: 미국의 여론이 외교정책에 미치는 영향(The Man in the Street: The Impact of American Public Opinion on Foreign Policy)』(1948)의 저자인 역사학자 토머스 베일리Thomas A. Bailey(1902-1983), 정치학자 한스 모겐소Hans J. Morgenthau(1904-1980), 외교관 조지 케넌George F. Kennan(1904-2005) 등이 이 계열의 이론가들이었다.

---

10 남궁곤, 「외교정책과 여론: 'Almond - Lippmann Consensus' 와 그 비판적 검토」, 한국과 국제정치(KWP) 15권1호, 1999년, 42쪽; Ole R. Holsti, "Public Opinion and Foreign Policy: Challenges to the Almond-Lippmann Consensus Mershon Series: Research Programs and Debates," *International Studies Quarterly*, 36(1992), pp.441-442; 〈Almond-Lippmann Consensus〉, [Wikipedia]; 〈Gabriel Almond〉, [Wikipedia].

11 남궁곤, 「외교정책과 여론: 'Almond - Lippmann Consensus' 와 그 비판적 검토」, 『한국과 국제정치(KWP)』 15권1호, 1999년, 42-43쪽.

리프먼이 중립을 지킨 1952년 대선

1951년 4월 11일 해리 트루먼Harry S. Truman(1884-1972) 대통령이 호전적인 확전을 주장하는 유엔군 총사령관 더글러스 맥아더Douglas MacArthur(1880-1964)를 해임하자, 매카시는 그의 해임은 공산주의자들에겐 승리라고 주장했다. 그는 맥아더를 '가장 위대한 미국인'으로 치켜세우면서, 트루먼에겐 이런 욕설을 퍼부었다. "그 개새끼는 탄핵되어야 한다(The son of a bitch should be impeached!)"[12]

당시 트루먼은 그 누구 못지 않은 반공주의자였지만 매카시의 비난 앞에선 속수무책이었다. 매카시는 민주당 정권인 트루먼 행정부와 그 전의 루스벨트 행정부의 집권 기간을 가리켜 '20년간의 반역(twenty years of treason)'이라는 독설을 퍼부어 댔다. 공화당은 내심 미소를 짓고 있었다. 공화당도 매카시의 주장이 터무니없다는 걸 잘 알고 있었지만, 나날이 인기가 치솟는 매카시와 매카시즘이 1952년의 대통령 선거에서 큰 정치적 상품이 될 것이라는 계산을 하고 있었다. 공화당 대통령 후보 드와이트 아이젠하워Dwight D. Eisenhower(1890-1969)도 내심 매카시를 히틀러에 비유하면서 경멸했지만, 대선에서 그의 지지를 요청하고야 말았다.[13]

매카시는 1952년 대선에서 맹활약했다. 그는 10월 27일 선거 유세 연설에서 민주당 대통령 후보인 애들레이 스티븐슨Adlai Stevenson(1900-1965),

---

12 James Cross Giblin, *The Rise and Fall of Senator Joe McCarthy*, New York: Houghton Mifflin, 2009, p.124.

13 David McLellen, "McCarthy, Joseph Raymond," *Americana Encyclopedia*, p.557. 윌리엄 라이딩스 2세(William J. Ridings, Jr.) & 스튜어트 매기버(Stuart B. McIver), 『위대한 대통령 끔찍한 대통령』, 김형곤 옮김, 한·언, 1997/2000, 334쪽.

역사학자 아서 슐레신저Arthur Schlesinger, Jr. (1917-2007), 시인 아키발드 맥레쉬Archibald MacLeish(1892-1982) 등 6명의 저명 인사를 공산당 동조자요 지지자라고 비난했다.

리프먼은 스티븐슨을 '새로운 세대의 대변인'으로 칭찬하는 등 공개적으로 호의적인 평가를 내리는 동시에 스티븐슨의 지성과 인간 됨됨이를 존경했지만, 그를 공개적으로 지지하진 않았다. 대통령직에 적합한 인물인가 하는 회의 때문이었다. 그는 이 대선에선 특정 후보를 지지 않고 중립적인 위치에서 관망하는 자세를 취했다.

아이젠하워는 일반투표에서 55%를 얻고 선거인단수에서 442대 89라는 압도적 차이로 승리해 1933년 이후 최초의 공화당 대통령이 되었다. 더우기 공화당에 상하양원의 압승까지 안겨주어 루스벨트와 트루먼으로 으로 이어지는 민주당 집권 20년의 종지부와 함께 새로운 공화당 시대의 개막을 가져왔다.

매카시는 상원의원 재선에 성공하였을 뿐만 아니라 대통령 선거와 함께 치러진 의원 선거에서도 공화당 후보자를 위해 16개 주를 돌며 지지 연설을 했는데, 『뉴욕타임스』는 그가 최소한 8명의 의원을 당선시켰다고 보았으며, 다른 언론은 매카시의 정치력을 이보다 높게 평가했다.[14] 매카시는 이런 공로를 인정받아 상원의 정부감사위원회(Committee on Government Operations) 및 그 산하의 조사소위원회(Permanent Subcommittee on Investigations)의 위원장이 되어 막강한 권력을 행사하

---

14 Barnet Baskerville, "Joe McCarthy, Brief-Case Demagogue," *Today's Speech*, 2(September 1954), p. 14; Ronald Steel, *Walter Lippmann and the American Century*, Boston, Mass.: Little, Brown, 1980, pp. 508-509; 로버트 그리피스(Robert Griffith), 『마녀사냥: 매카시/매카시즘』, 하재룡 옮김, 백산서당, 1987/1997, 205쪽.

게 되었다.[15]

조지프 매카시의 든든한 '빽'은 여론

권력이 커지면서 매카시의 '광대 짓'은 더욱 기승을 부렸다. 그런데 놀랍게도 매카시가 미친 짓을 하면 할수록 그의 정치적 영향력은 더욱 커졌다. 그는 그야말로 좌충우돌左衝右突을 일삼았다. 그의 화살은 어느덧 자신이 지지했던 아이젠하워에게로 향하고 있었다. 그는 아이젠하워가 임명한 고위 관리 여러 명을 공격하였으며, 아이젠하워 행정부 여기 저기에 역모의 혐의가 있다고 주장하였다. 그는 아이젠하워 정권 1년이 지나자 '21년간의 반역'이라고 주장하였다.

전 국무장관이며 육군원수에다 노벨평화상 수상자이기도 한 조지 마셜George C. Marshall(1880-1959)도 매카시의 사정권을 벗어나진 못했다. 매카시는 그가 '오명의 음모(a conspiracy of infamy)'에 가담했다고 공격했다. 아이젠하워가 대통령이 되기 전부터 시작된 이런 공격에 대해 아이젠하워는 시종일관 침묵을 지켰다. 1952년 대선 유세중 이런 일도 있었다. 『워싱턴포스트』 사주인 캐서린 그레이엄Katharine Graham(1917-2001)은 다음과 같이 회고했다.

"내가 아이젠하워(아이크)를 반대하게 된 것은 마셜 장군이 관련된 사건 때문이었다. 아이크는 매카시가 마셜 장군을 무자비하게 공격하자 10월초 위스콘신주 순회 유세 중에 마셜 장군을 옹호하는 연설을 하기로

---

15 Edwin R. Bayley, *Joe McCarthy and the Press*, New York: Pantheon Books, 1981, p.180.

결정했다. 그러나 위스콘신주 공화당 지도부는 아이크가 그런 발언을 하지 않도록 그의 선거참모들에게 압력을 넣었다. 아이크는 참모들의 조언을 받아들여 연설문에서 그 부분을 삭제했으나 그때는 너무 늦어 모든 일이 낱낱이 공개되고 말았다."[16]

아이젠하워의 모든 국무위원들이 매카시에겐 벌벌 떨었다. 아이젠하워의 국무장관 존 포스터 덜레스John Foster Dulles(1888-1959)도 매카시에겐 무력하기 짝이 없었다. 그는 매카시의 공격을 받은 관리를 불러 "나는 당신이 아무 잘못이 없다는 걸 잘 안다"고 말하면서도 그의 사표를 받아내고야 말았다.[17]

심지어 육군장관 로버트 스티븐스Robert Stevens(1899-1983)는 매카시와 잘 지내려고 자신의 보좌관인 존 아담스John G. Adams(1912-2003)에게 매카시에 대한 로비 업무를 전담시키는 일도 마다 하지 않았다. 스티븐스는 아담스에게 자신과 매카시의 관계가 우호적이 되게끔 일하라고 주문했으며, 매카시의 모든 청탁을 다 들어 주었다. 후일 아담스는 자신의 자서전에서 스티븐스가 매카시에게 아첨을 일삼았다고 폭로하였다.[18]

매카시의 든든한 '빽'은 여론이었다. 1954년 1월 갤럽 조사에 따르면,

---

16 캐서린 그레이엄(Katharine Graham), 『캐서린 그레이엄 자서전: 워싱턴 포스트와 나의 80년』, 뉴스위크 한국판 뉴스팀 옮김, 중앙일보, 1997, 239-240쪽.

17 Robert Sherrill, "The Trajectory of a Bumbler," *New York Times Book Review*, June 5, 1983, p.31.

18 John G. Adams, *Without Precedent: The Story of the Death of McCarthyism*, New York: 1983; Robert Sherrill, "The Trajectory of a Bumbler," *New York Times Book Review*, June 5, 1983, p.31.

매카시의 지지도는 51%(반대 29%)였다. 이런 지지를 의식한 아이젠하워도 사적인 자리에선 매카시를 '부랑아(guttersnipe)'라고 비판하였지만, 공적으론 매카시에 의해 놀아나기 일쑤였다.[19] 그 꼴을 보다 못해 민주당 대통령후보였던 애들레이 스티븐슨은 1954년 3월 6일 전국에 중계된 텔레비전 연설에서 아이젠하워가 매카시즘에 굴복했으며, 공화당은 정치적 성공의 공식으로 매카시즘을 채택했다고 비판했다.[20]

그 비판은 결코 당파적 이해관계에서 나온 것만은 아니었다. 공화당 내부에서도 매카시가 해도 너무 한다는 비판의 소리가 거세게 터져 나오고 있었다. 1954년 3월 9일 버몬트주 공화당 상원의원 랄프 플랜더스 Ralph E. Flanders(1880-1970)는 상원에서 매카시가 매카시즘이라고 하는 '1인 정당'을 만드려 하고 있다고 비판하였다.[21]

텔레비전과 매카시의 몰락

그런 비판으로부터 자극을 받아서였겠지만, 아이젠하워의 매카시에 대한 인내심도 서서히 그 바닥을 드러내고 있었다. 아이젠하워는 무엇보다도 매카시가 자신의 고향이라 할 육군을 건드리는 데에 몹시 분개했다. 매카시는 오래전부터 육군이 공산당 동조자들을 보호한다는 공세를

---

19 Robert Sherrill, "The Trajectory of a Bumbler," *New York Times Book Review*, June 5, 1983, p.31.

20 Michael D. Murray, "Persuasive Dimensions of See It Now's 'Report on Senator Joseph R. McCarthy'," *Today's Speech*, 23(Fall 1975).

21 Michael D. Murray, "Persuasive Dimensions of See It Now's 'Report on Senator Joseph R. McCarthy'," *Today's Speech*, 23(Fall 1975).

취해 왔는데, 이는 돌이켜 보건대 스스로 자신의 무덤을 파는 무모한 행동이었다.

플랜더스가 상원에서 매카시를 비난하는 발언을 한 날 저녁에 방송된 CBS-TV의 다큐멘터리 <지금 봅시다(See It Now)>의 '상원의원 조지프 매카시에 관한 보고(Report on Senator Joseph R. McCarthy)'가 매카시의 몰락에 미친 영향도 무시할 수 없는 것이었다. 이 다큐멘터리는 미국의 전설적인 방송인 에드워드 머로우Edward R. Murrow(1908-1965)와 프로듀서 프레드 프렌들리Fred Friendly(1915-1998)가 만든 작품으로 미국 방송사에 한 획을 긋는 대사건이 되었다.

이 다큐멘터리는 매카시의 기만과 광기를 유감없이 폭로하는 데에 성공하였다. 방영후 2주간 CBS-TV에 답지한 편지만도 2만2천통에 이르렀는데, 대부분이 그 다큐멘터리에 긍정적인 반응을 보였으며 부정적인 반응을 보인 편지는 2천5백통에 지나지 않았다. 그 다큐멘터리에 관해 CBS-TV에 보내 온 편지, 전보, 전화는 모두 10만여건에 이르는 것으로 추산되었으며, 대부분은 머로우를 지지하는 것이었다.[22]

매카시의 부상은 텔레비전의 대중화 시기와 딱 맞아 떨어졌다. 매카시의 휠링 연설이 있었던 1950년 2월 당시 미국내엔 텔레비전 방송국은 98개, 텔레비전 수신기는 3백70만대에 불과했다.(라디오 방송국은 2천29개였고, 라디오 수신기는 8천3백만대로 94%의 보급률을 기록하였다.) 그러나 1950년 말 텔레비전 방송국은 1백6개, 수신기는 1천만대로 늘어

22 Daniel J. Leab, "See It Now: A Legend Reassessed," John E. O'Connor, ed., *American History/American Television: Interpreting the Video Past*, New York: Frederick Ungar, 1983, pp.19-20.

났으며, 1954년 말에 이르러 텔레비전 방송국은 4백13개, 수신기는 3천5백만대로 급증하였다.[23]

짧은 기간내에 그 정도로 급증한 텔레비전은 처음엔 매카시를 유명하게 만드는 데에 크게 기여하였지만, 나중엔 매카시를 결정적으로 몰락하게 만든 이유가 되었다. 머로우의 방송이 나가고 난지 40여일 후인 4월 22일부터 시작된 그 유명한 '육군-매카시 청문회(Army-McCarthy hearings)'는 매카시의 몰락을 재촉한 결정타가 되고 말았다.

전 국민적 관심의 대상이 된 청문회에서 매카시는 '고약한 매너'로 크게 점수를 잃고 말았다. 평소 텔레비전 뉴스에 자신이 보도되는 수준에서 텔레비전을 이용할 때엔 아무런 문제가 없었지만, 말싸움이 벌어지는 청문회의 경우 매카시는 아무래도 텔레비전에 어울리지 않는 '뜨거운 인물'이었다. 갤럽 여론조사 결과에 따르면, 청문회 전 매카시에 대한 지지도는 50%, 반대는 29%였으나, 청문회가 끝난 다음 실시된 여론조사에서는 반대가 50%를 넘어 섰다.[24] 결국 매카시는 1954년 12월 상원이 67 대 22로 매카시에 대한 '비난(condemn)' 결의를 단행한 이후 몰락하고 만다.

무분별한 객관주의 보도의 함정

매카시의 득세는 한 선동적인 정치인이 언론의 불편부당성과 중립성

---

23 Edwin R. Bayley, *Joe McCarthy and the Press*, New York: Pantheon Books, 1981, p.176.

24 Craig R. Smith, "Zeal as a Function of Danger," *Today's Speech*, 16(February 1968), p.31.

의 원칙을 어떻게 악용할 수 있는가 하는 걸 잘 보여준 사건이기도 했다. 또 언론인의 객관적 보도에 대한 신념에 근본적인 의문을 제기한 사건이기도 했다. 이와 관련, 역사가 대니엘 J. 부어스틴Daniel J. Boorstin(1914-2004)은 다음과 같이 말한다.

"매카시는 뉴스에 굶주린 기자들에게 악마와 같은 매력을 끌고 거의 최면술과 같은 위력을 발휘하였다. 기자들은 매카시가 기삿거리를 만들어 주는 데 대해 약간 꺼림칙하게 생각하면서도 감사하게 느꼈다. 그들은 매카시가 그처럼 빈약한 자료로부터 그처럼 많은 뉴스를 만들 수 있는 데 대해 놀랄 뿐이었다. 많은 기자들이 그를 미워하였다. 그렇지만 모든 기자가 그를 도왔다. 기자들은 어느 기자가 '무분별한 객관주의(indiscriminate objectivity)'라고 부른 것의 희생자들이었다. 바꾸어 말하면, 매카시와 기자들은 동일한 합작품으로 같이 이득을 보았던 것이다."[25]

언론학자 허버트 알철J. Herbert Altschull은 "매카시 상원의원이 등장하여 매카시즘이란 신조어가 만들어진 무렵에는 미국 언론인들의 자화상에 하나의 놀라운 획일성이 나타나고 있었다."며 다음과 같이 말한다.

"언론의 미덕은 객관성이라는 개념 속에 있고 또 사실을 찾아내서 공중에게 보도하는 데 있다는 생각이 널리 받아들여졌다. 언론인 자신은 보도되는 기사와 관계가 없었다. 뉴스가치가 있는 사람에 의해 만들어진 성명이나 선언을 공표하는 것으로 충분했다. 논란되는 문제의 '양 측면'을 똑같이 취급해서 제시하는 한, 그러한 성명이나 선언의 진실 여부가

---

25 다니엘 J. 부어스틴(Daniel J. Boorstin), 『미국사의 숨은 이야기』, 이보형 외 옮김, 범양사출판부, 1989/1991, 381쪽.

기자에게는 단순한 관심 이상의 문제가 되지 못했다. 독자는 그 진실 여부를 스스로 판단해야 하는 것으로 간주되었다."[26]

매카시가 공격 대상으로 삼은 혐의자들의 부인도 함께 보도하긴 했지만 그것은 종종 다음 판에 보도되었거니와 매카시의 비난을 해소시키지 못했다. 신문 사설은 심심치 않게 매카시를 비난했지만 사설을 읽는 독자는 독자 10명 중 1명 꼴이었다.[27]

매카시의 득세는 바로 그런 '스트레이트 보도(straight reporting)'의 한계를 노출시킨 사건이기도 있다. 뉴스 가치가 있는 인물이 뉴스 가치가 있는 발언을 했을 때에 언론은 그 어떠한 해석과 평가를 내리지도 않고 그저 신속하게 보도하기만 그만이라는 발상이 매카시의 득세를 가능케 한 것이었다. '스트레이트 보도'는 특히 통신사기자들에겐 저널리즘적인 원칙이기 이전에 속보 경쟁에서 유리한 고지를 점령하기 위한 전술이었다는 점도 간과할 수 없다.[28]

매카시에게서 '전체주의의 씨앗'을 본 리프먼

언론계도 그런 문제점을 전혀 느끼지 않았던 건 아니다. 이미 1952년 『뉴욕타임즈』지의 발행인 아더 헤이즈 슐즈버거Arthur Hays

---

26 허버트 알철(J. Herbert Altschull), 『현대언론사상사: 밀턴에서 맥루한까지』, 양승목 옮김, 나남, 1990/1993, 577-578쪽.

27 허버트 알철(J. Herbert Altschull), 『현대언론사상사: 밀턴에서 맥루한까지』, 양승목 옮김, 나남, 1990/1993, 579쪽.

28 Edwin R. Bayley, *Joe McCarthy and the Press*, New York: Pantheon Books, 1981, p.75.

Sulzberger(1891-1968)는 뉴욕에서 열린 저널리즘교육협회 총회 연설에서 '보다 나은 보도(better reporting)'와 '더욱 많은 해석(more interpretation)'을 강조했다. 그러나 그는 저널리즘의 대원칙으로서의 객관주의를 포기할 수는 없다고 밝혔다. 그런가 하면 『워싱턴 포스트』지의 편집자 허버트 엘리슨Herbert Ellison은 중요한 기사의 경우 '스트레이트 보도'와 '해석 보도'를 동시에 할 수 있게끔 기자를 한 명 더 딸려 보내자는 제안을 했지만, 장사를 하는 신문들이 그런 추가의 비용을 부담할 리는 만무했다.[29]

1946년에서 1959년까지 『밀워키 저널』의 기자로 일한 바 있는 에드윈 베일리Edwin R. Bayley(1918-2002)는 버클리대학 저널리즘 대학원장으로 재직하던 1981년 『매카시와 언론(Joe McCarthy and the Press)』이라는 저서를 출간했다. 그는 이 책을 위해 129개 신문의 내용을 분석하였고, 수십명의 취재 기자를 인터뷰하였다. 베일리는 매카시즘이 언론에 있어서 지속적이고 근본적인 변화를 가져 왔다고 결론을 내렸다. 매카시 덕분에 1954년경엔 미국 언론계에 해석적 보도와 뉴스 분석이 완전히 정착되었다는 것이다.

사실 『밀워키저널』같은 신문은 이미 1950년부터 매카시에 대해 보도할 때엔 매카시의 발언 다음에 괄호를 넣어 분석하거나 해석하는 말을 집어넣는 방식을 취하였다. 예컨대, 매카시의 어떤 발언에 대해 국무성은 이에 대해 부인했다는 식의 추가 정보을 삽입하거나, 매카시의 주장 중 틀린 부분을 바로 잡는 식이었다. 1952년 9월 4일의 선거 유세 연설 보도시엔 52인치 기사 가운데 13인치가 그런 정보였다. 때론 통신도 그

---

29 Edwin R. Bayley, *Joe McCarthy and the Press,* New York: Pantheon Books, 1981, pp.76-77.

런 방식을 도입했다.[30]

그러나 언론의 그런 보도 방식은 널리 확산되지 않았으며, 또 널리 확산되었다 해도 이미 때가 너무 늦은 것이었다. '해석보도'라고 하는 건 근본적으로 미국 상업언론의 체질엔 맞지 않는 것이었다. 사실 커티스 맥도걸Curtis MacDougall(1903-1985)의 명저인 『해석적 보도(Interpretive Reporting)』의 초판이 출간된 건 1938년이었지만, 미국 언론은 그런 보도 방식을 외면하다가 매카시로 인해 망신을 당하게 되니까 뒤늦게 수선을 떤 것에 지나지 않았다.[31] 미국 문명을 날카롭게 비판했던 드와이트 맥도날드Dwight Macdonald(1906-1982)가 오래전에 고질적인 미국병으로 지적했던 '사실 물신주의(fact-fetishism)' 때문이었는지도 모른다.

리프먼은 매카시를 혐오하고 반대했지만 이런 문제에 대해서까지 고민했던 것 같진 않다. 리프먼은 매카시에게서 '전체주의의 씨앗(seeds of totalitarianism)'을 본 그는 매카시를 '야심만만하고 무자비한 선동가(ambitious and ruthless demagogue)'라고 비난했다. 그는 매카시의 '매카시즘(McCarthyism)' 공세에 대한 아이젠하워의 무기력한 대응을 강력 비판했다. 리프먼의 자유주의가 '뉴딜'을 비판하던 때와는 반대 방향으로 작동한 셈이다.[32]

리프먼은 대통령으로서의 아이젠하워의 명성이 자신의 경험에 비추

---

30 Edwin R. Bayley, *Joe McCarthy and the Press,* New York: Pantheon Books, 1981), p.79.

31 James Aronson, "Interpretive Reporting," *Nation,* May 1, 1982, p.532.

32 Ronald Steel, *Walter Lippmann and the American Century,* Boston, MA.: Little, Brown, 1980, p.484; James Cross Giblin, *The Rise and Fall of Senator Joe McCarthy,* New York: Houghton Mifflin, 2009, pp.198-199.

어 보건대 가장 허위적으로 부풀려진 명성중의 하나라고 혹평하였다. 그는 아이젠하워가 적어도 개인적으로는 호감이 가는 인물이라는 세평에 대해서도 이의를 제기하였다. 리프먼은 아이젠하워가 대인관계에서 의리가 없으며 특히 과거 그의 직속상관이었던 더글러스 맥아더Douglas MacArthur(1880-1964) 장군에게 취한 태도가 그 대표적 예라고 지적하였다.[33]

"'감정의 그레샴 법칙'이 민주주의를 타락시킨다"

매카시의 든든한 '빽'이 여론이었다는 사실은 리프먼의 민주주의에 대한 회의를 더욱 강하게 만들었다. 리프먼은 1955년에 출간한 『공공철학(Essays in the Public Philosophy)』에서 무식한 공중이 책임감 있고 정보능력을 갖춘 관리들의 판단을 압도하고 있기 때문에 서구국가들의 정부는 위기에 처해 있다고 주장하였다. "대중의 의견이 정부를 지배하는 곳에선 권력의 참된 기능에 병리적 이탈"이 일어난다는 것이었다. '알몬드-리프먼 컨센서스'를 재확인하는 주장이었다.

리프먼은 이 책에서 대중의 참여는 다다익선多多益善이라는 생각을 반박하면서 중요한 시기, 중요한 문제에 전문 지식도 책임도 없는 공중이 결정케 하는 것은 파괴적인 결과를 낳을 수 있다고 경고했다. 그는 『자유와 뉴스(Liberty and the News)』(1920)에서 지적했던 '감정의 그레샴 법칙(Gresham's law of the emotions)'을 재차 역설하면서 그것이 리더십과 민

33 Ronald Steel, *Walter Lippmann and the American Century*, Boston, MA.: Little, Brown, 1980, pp. 502-503.

주주의를 타락시킨다고 주장했다. 이런 이야기다.

의견은 실제로 벌어지는 일과 격차가 있는데, '의견의 움직임(movement of opinion)은 '사건의 움직임(movement of events)'에 비해 느리다. 게다가 대중의견(mass opinion)엔 '관성(inertia)'이란 게 있는데, 권력은 이걸 염두에 두고 '적 만들기'를 시도한다. 적을 만들고 그 적을 잔혹하고 두려운 존재로 묘사할 때 여론은 따라오기 때문이다. 선거시장에서도 이성과 합리적 판단을 앞세우는 후보보다는 무조건 유권자의 대리인, 대변자, 심부름꾼 노릇을 하겠다는 후보가 훨씬 유리하다. 이런 그레샴의 법칙은 표현의 자유와 언론자유에도 작동하는 바, 이성적인 주장을 덜 이성적인 주장에 압도되고, 의지와 열정이 지배력을 행사하는 가운데 리더십은 타락의 길로 접어든다.

리프먼은 그런 사례들을 제시하면서 "국민은 행사할 수 없는 권력을 갖고 있고 국민이 선출한 정부는 통치에 필요한 권력을 잃어 버렸다"고 개탄했다. 리프먼은 그런 문제에 대한 해결책으로 강력한 행정부로의 복귀와 '자연법(natural law)'에 따른 주권 제한을 제시했다. 강력한 행정부는 의회를 특별한 이익집단들의 장악으로부터 해방시키고 '자연법'에 대한 존중은 '시민성(civility)'을 회복시킬 수 있다는 것이다. 그러나 리프먼은 '자연법'에 대해 구체적으로 거론하지 않았으며 이것은 비평가들의 표적이 되었다.[34]

---

34 Walter Lippmann, *The Public Philosophy*, New Brunswick, NJ: Transaction Publishers, 1955/1989, pp. 20-25, 48-49, 54-57, 129-130; Barry B. Hughes, *The Domestic Context of American Foreign Polic*, San Francisco, CA: W. H. Freeman and Company, 1978, p. 6; Ronald Steel, *Walter Lippmann and the American Century*, Boston, MA.: Little, Brown, 1980, p. 492; Ole R. Holsti, "Public Opinion and Foreign Policy: Challenges to the Almond-Lippmann Consensus Mershon Series:

리프먼이 몸 담았던 『뉴 리퍼블릭』은 『공공철학』이 '민주주의에 대한 편견'이라고 꼬집었으며, 시인 아키발드 맥레쉬Archibald MacLeish(1892-1982)는 '자유의 사상으로부터의 후퇴'라고 혹평했다. 『공공철학』에 대한 호평도 없지는 않았는데, 특히 프랑스의 정치인 샤를르 드 골Charles de Gaulle(1890-1970)은 『공공철학』에 감격해 리프먼에게 감사의 편지를 보냈다. 드골은 그 편지에서 민주주의가 '의회주의(parliamentarianism)'와 혼동되고 있으며 문제를 해결할 자격도 확신도 없는 직업적 정치인들이 국민 주권을 횡령하고 있다고 불평하면서 리프먼의 책은 그런 문제를 적시했다고 예찬하였다.[35]

리프먼도 드골에 대해서는 매우 호의적이었다. 많은 사람들이 드골의 1958년 재집권을 '파시즘'의 대두로 우려했지만, 리프먼은 드골에게서 천박한 독재자의 모습을 찾아 볼 수는 없으며 오히려 뛰어난 역사적 식견과 상상력을 발견할 수 있다고 주장했다. 리프먼은 드골이 단지 위대한 인물일 뿐만 아니라 천재라고 평했다. 드골은 사건들의 표면 밑에 숨어 있는 것들을 볼 수 있고 사건의 전통적이고 스테레오타입화된 외양을 통해 중요한 현실을 꿰뚫어 볼 수 있는 천부적 재질을 타고났다는 것이다.[36]

Research Programs and Debates," *International Studies Quarterly*, 36(1992), pp.442-443; John Patrick Diggins, "From Pragmatism to Natural Law: Walter Lippmann's Quest for the Foundations of Legitimacy," *Political Theory*, 19:4(1991), p.532; William E. Leuchtenburg, *The Perils of Prosperity 1914-1932*, Chicago, IL: University of Chicago Press, 1958, p.44.

35 Ronald Steel, *Walter Lippmann and the American Century*, Boston, MA.: Little, Brown, 1980, pp.494-495.

36 Ronald Steel, *Walter Lippmann and the American Century*, Boston, MA.: Little,

'공공철학(Public Philosophy)'이란 무엇인가?

리프먼의 『공공철학』은 오늘날 제법 유행의 바람을 타고 있는 미국 공공철학의 원형이 되었다. 한국에서 폭발적인 인기를 누린 마이클 샌델의 『정의란 무엇인가』도 바로 이 공공철학 계열의 작품이다. 공공철학은 국내에서도 2012년 12월 서울시가 한국NGO학회와 함께 '공공철학과 서울시'라는 제목을 내건 세미나를 개최했을 정도로 꽤 주목받고 있는 개념이다. 리프먼의 공공철학은 공공의 질서를 실현하는 실천학인데, 그가 공공철학을 제창한 이유는 그의 자유에 대한 해석을 통해 엿볼 수 있다.

리프먼은 "본래 자유란 이성적인 인간에 의해서 합의되는 보편적 질서가 있다는 기본전제 하에서 성립되었다. 근본과 궁극에 대한 공적인 합의의 범위 안에서 반대와 논쟁을 허락하는 것은 안전할 뿐만 아니라 오히려 그것을 장려하는 것이 바람직하다고도 말할 수 있다. 그러나 공공철학(최초와 최종의 것에 대한 합의)이 그 자취를 감춤에 따라서 공공심(public mind) 가운데에서는 큰 진공상태가 생겨 충족되지 않을 채로 입을 크게 벌리고 있다."며 다음과 같이 말했다.

"만일 공공철학의 논의가 자유민주주의 국가에서 묵살되어 논의되지 않는다면 과연 우리는공공철학이 존재한다고 간주할 수 있을까. 선량한 시민(good citizen)이 부정도 무시도 할 수 없는 적극적인 원리와 지침이 과연 존재할 수 있을까. 나는 그것이 존재한다는 확신을 가지고 이 책을 쓰고 있다. ……사실 시빌리티(civility) 공공철학은 존재하는 것이다. 그것은 발견되거나 발명되어야 할 필요는 없다. 그것은 이미 잘 알려져 있

Brown, 1980, pp.502-503.

다. 그러나 그것은 부활되어 새롭게 될 필요가 있다."[37]

마이클 샌델Michael J. Sandel은 『민주주의의 불만: 무엇이 민주주의를 뒤흔들고 있는가』(1996)에서 "공공철학이란 우리의 실천 속에 함축되어 있는 정치이론, 다시 말해 우리의 공적 생활에 영향을 미치는 시민권(citizenship)과 자유에 대한 가정들을 가리킨다. 현대 미국 정치가 자치와 공동체에 대해 설득력 있는 발언을 하지 못한 채 무능함을 드러내고 있는 것은 현재 우리 삶의 기준으로 작용하고 있는 공공철학과 관련이 있다."며 다음과 같이 말한다.

"공공철학은 언제나 우리의 목전에 있기 때문에 포착하기가 쉽지 않다. 우리는 대개 알아차리지 못하고 있지만, 공공철학은 우리의 정치담론과 정치활동의 배경을 이루고 있다. 일반적인 시대에 공공철학은 그 영향 아래 살아가는 사람들의 주목을 거의 받지 않는다. 하지만 불안의 시대는 명료성을 강요한다. 그러한 시대는 근본 원칙들을 수면 위로 떠오르게 하고 비판적 성찰의 기회를 제공한다."[38]

프랑스 지식인 자크 엘륄의 프로파갠다론

『공공철학』에서 재차 제시된 리프먼의 민주주의에 대한 회의는 자유주의자들을 불편하게 만들거나 분노하게 만들었지만, 세월이 흐를수록 그

---

37 월터 리프만, 『공공사회의 철학』, 이극찬 옮김, 을유문화사, 1958, 152-153쪽; 성현창, 「미국의 공공철학」, 철학논총 제71권, 2013년 1월, 190-191쪽 재인용.

38 마이클 샌델(Michael J. Sandel), 『민주주의의 불만: 무엇이 민주주의를 뒤흔들고 있는가』, 안규남 옮김,동녘, 1996/2012, 16쪽.

런 회의를 표명하는 지식인들이 늘게 된다. 프랑스에선 철학자, 사회학자, 법학자, 신학자, 기독교 무정부주의자 등 다양한 정체성을 갖고 있는 지식인인 자크 엘륄Jacques Ellul(1912-1994)이 그런 흐름에 가담하였다.

엘륄은 1957년에 발표한 〈정보와 프로파갠다(Information and Propaganda)〉라는 제목의 글에서 리프먼의 『여론』(1922)과, 연방 정부의 정보서비스를 조사한 뒤에 정보와 프로파갠다를 구별할 수 없다고 결론내린 1949년 미의회 보고서를 인용해 프로파갠다는 현대인의 삶에 편재해 있으며, 현대인의 일상적 '삶의 조건'이 되었다고 주장했다.[39]

이후 영미계의 학자들이 엘륄에 대해 쏟은 주요한 관심은 그의 '프로파갠다'에 대한 정의의 독특함이었다. 엘륄은 프로파갠다를 누군가를 속이거나 설득하기 위한 의도적 노력이 아니라 대중사회의 사회학적 현상으로 이해했다. 당시 사람들은 프로파갠다라고 하면 음모와 거짓을 연상했지만 엘륄은 정보와 프로파갠다의 합일화 현상을 지적했다. 교육수준이 높아진 현대인이 사실과의 관련을 요구함에 따라 순전히 감정적인 프로파갠다는 설득에 있어서 명백한 한계가 있으며, 프로파갠다는 적어도 사실에 관한 한 이제 더이상 거짓말을 하지 않는다는 것이다.

엘륄의 주장에 따르면, 프로파갠다에서 중요한 고려사항은 정보가 객관적 상황을 정확하게 묘사하느냐의 여부가 아니라 정보가 진실인 것처럼 들리느냐 하는 것이다. 설사 어떤 정보가 정부의 장점을 밝히는 것일지라도 그 사실이 그럴 듯 하게 들리지 않는다면 정부는 그 정보를 억누르는 것이 필요할 때가 있다.[40]

---

39 Jacques Ellul, "Information and Propaganda," *Diogenes*, 18(1957), p.62.

40 Christopher Lasch, *Culture of Narcissism: American Life in an Age of Diminishing*

엘륄은 프로파갠다를 '왜곡된 설득'으로 본 것이 아니라 '테크닉'의 수단이 정보의 흐름에 군림하는 것으로 이해한 것이다. 즉, 선진 산업사회에서 모든 개인의 삶에 침투하고 있는 일반적 조건을 곧 프로파갠다라고 본 것이다. 따라서 프로파갠다의 주체에 대한 분노는 존재할 수 없으며, 모든 건 산업사회의 조건에 귀착되고 만다.

실제로 대중은 미디어가 기억과 진실을 흐리게 하는 혼란 과정이라 할 이른바 '미디어화(mediatization)'의 와중에서 살고 있으며, 대중의 세상에 대한 인식에 있어서 미디어 의존도가 더욱 높아짐에 따라 미디어가 곧 현실을 대체하는 현상은 부인할 수 없는 현실이 되었다. 그런 상황에서 프로파갠다의 정의는 전면 재수정되어야 마땅하다는 게 엘륄의 주장이었다.[41]

엘륄에 따르면, 인간은 자신이 '영(cypher)'에 가까운 존재라는 것을 인정하고 싶지 않아한다. 사람들은 자기확인과 긍정을 하고 싶어한다. 프로파갠다는 그런 사람들에게 집단적 피동성과 왜소한 무력감을 극복하는데 도움을 준다. 프로파갠다는 그들이 자유로운 개인이라는 환상을 심어주고 그리고 나서 그들을 집단으로 흡수한다. 프로파갠다화된 집단에의 참여는 개인에게 자긍심을 심어준다. 물론 그건 '참여의 환상'일 뿐이다.[42]

현대인에게 생각은 점점 현실과 별 관계도 없는 허식적인 일이 되어

Expectations, New York: Warner Books, 1979, p. 143.

41 Jacques Ellul, trans. Konrad Kellen and Jean Lerner, *Propaganda: The Formation of Men's Attitudes,* New York: Vintage Books, 1962/1973, p. 27.

42 Jacques Ellul, trans. Konrad Kellen and Jean Lerner, *Propaganda: The Formation of Men's Attitudes,* New York: Vintage Books, 1962/1973, p. 148.

간다. 생각은 지극히 내적인 게임의 성격을 가질 뿐이다. 사람은 행동을 하기 위해 생각을 할 필요가 없다. 그의 행동은 그가 사용하고 있는 테크닉 그리고 사회적 조건에 의해 결정될 뿐이다. 사람들은 자신의 행동의 의미조차 깨닫지 못하고 행동하게 된다. 이것이 바로 프로파갠다가 만들어내는 인간상이라는 게 엘륄의 주장이다.[43] 엘륄과 리프먼은 많은 면에서 다르지만, 민주주의의 한계 또는 허구성을 지적했다는 점에선 비슷한 문제의식을 보였다고 말할 수 있겠다.

텔레비전은 "물건을 팔아먹기 위한 매춘부"

리프먼은 1958년 퓰리처상을 수상하는 등(1962년에도 퓰리처상 수상), 그의 저널리즘 활동은 여전히 미국사회에 큰 영향력을 행사하고 있었다. 하지만 그간 세상은 달라져 저널리즘보다는 텔레비전 엔터테인먼트가 더 큰 영향력을 행사하는 시대로 진입하고 있었다.

1955년 텔레비전수상기는 3천만 대를 돌파하여 64.5%의 보급률을, 58년엔 4천만 대를 돌파하여 83.2%의 보급률을 기록하게 되었. 그러한 보급률 급증과 더불어 나타난 현상은 텔레비전의 철저한 상업성 추구였다. 1950년대 후반 미국텔레비전을 휩쓸었던 유행 중의 하나는 퀴즈쇼였다.

1955~56년 시즌에서 최고의 인기프로그램은 CBS의 〈The $64000 Question〉이었다. 1불에서 시작하여 매번 도전할 때마다 2배씩 상금이 높아지는 라디오 퀴즈프로그램 〈The $64 Question〉를 모방한 텔

---

43 Jacques Ellul, trans. Konrad Kellen and Jean Lerner, *Propaganda: The Formation of Men's Attitudes*, New York: Vintage Books, 1962/1973, p. 149.

레비전판 〈The $64000 Question〉은 상금의 고액과 더불어 흥분과 긴장을 더하게 하는 연출상의 기교로 온 미국사회를 떠들썩하게 만들었다. 어느 출연자가 $32000까지 도달하면 신문들은 일제히 "아무개는 $64000에 도전할 것인가?"라고 보도하였으며 $64000 고지에서 이기면 그 우승자는 심지어 뉴욕타임스지 1면에까지 대서특필되었다. 〈The $64000 Question〉의 성공은 수많은 유사 퀴즈프로그램을 양산시켰다. 1957년 2월 NBC의 퀴즈프로그램 〈Twenty - One〉에서 우승한 대학강사 찰스 반 도렌(Charles Van Doren)은 타임지 표지인물로까지 등장하였다.[44]

하지만 1958년부터 이른바 "퀴즈쇼 스캔들"이 서서히 밝혀지기 시작했다. 시간이 흐르면서 당시 온 미국을 떠들썩하게 만들 정도로 선풍적인 인기를 누리던 거의 모든 텔레비전 퀴즈쇼들이 조작된 사기극이었다는 사실이 드러난 것이다. 1959년 11월 2일 "미국지성의 상징"으로 예찬받던 반 도렌이 미 의회 조사위원회에서 자신이 1956년 이래로 프로듀서의 지시에 따라 미리 정답을 알면서도 상황에 따라 때로 고민하는 표정을 지으면서 답을 말하는 등 온갖 종류의 기만을 수없이 일삼아왔다고 고백함에 따라 그 절정에 달하였다. 이제는 어엿한 콜럼비아대학 교수이자 텔레비전프로그램의 사회자로서 저명인사의 대우를 받던 도렌의 그와 같은 충격적인 고백은 곧 뒤이어 터진 라디오 디스크자키들의 뇌물수수(payola) 스캔들 폭로와 함께 미국사회를 온통 벌집 쑤신 듯이 들끓게 만들었다.[45]

---

44 Harry Castleman & Walter J. Podrazik, *Watching TV: Four Decades of American Television,* New York: McGraw-Hill, 1982, pp. 99~100.

45 Harry Castleman & Walter J. Podrazik, *Watching TV: Four Decades of American*

리프먼은 이 텔레비전 퀴즈쇼 스캔들에 분개해 그간 쌓아두었던 텔레비전에 대한 불편한 심기를 폭발시켰다. 이번엔 이른바 '문화적 민주주의(cultural democracy)'에 대한 비판이었다. 리프먼은 "텔레비전이 범하고 있는 사기행위는 너무도 극심해 텔레비전 산업의 근본을 문제삼지 않을 수 없다. 그 사기행위는 너무도 크고 너무도 광범위하고 너무도 잘 조직돼 있어 몇몇 뛰어난 사람들을 그 늑대소굴에 집어 넣는다고 해도 치유되거나 사면될 수는 없을 것이다"고 독설을 퍼부었다.

텔레비전을 "물건을 팔아먹기 위한 매춘부"로 정의한 리프먼은 시청자의 인기가 아니라 무엇이 좋은가 하는 기준에 의해 텔레비전 네트워크들이 운영될 수 있는 방법들을 고안해내야 한다고 역설하였다. 리프먼은 한 방안으로 상업 텔레비전 네트워크들의 이익을 모아 비상업 텔레비전 네트워크을 새로 만드는 데에 써야 한다고 제안하였다. 뉴딜 시절의 TVA 형식으로 독립적인 정부 방송 시스템을 국영과 공영의 중간 형태로 만들자는 것이었다.[46]

리프먼의 텔레비전 출연과 'TV 대토론'

사태의 심각성을 깨달은 네트워크 방송사들은 자발적으로 대부분의 퀴즈프로그램들을 폐지하면서 비등하는 여론의 눈치를 보기에 급급했다.

Television, New York: McGraw-Hill, 1982, p. 134.

46 Ronald Steel, *Walter Lippmann and the American Century*, Boston, MA.: Little, Brown, 1980, pp.516-517; Frank K. Kelly, "Who Owns the Air?," Gerald Gross, ed., *The Responsibility of the Press*, New York: Clarion Book, 1966, p.272.

그런 가운데서도 반 도렌이 출연했던 퀴즈프로그램 <Twenty-One>의 프로듀서 프리드만Albert Freedman은 "텔레비전프로그램은 오락적 가치에 의해서만 판단되어야 한다"고 항변하였다. 정도의 차이일 뿐 모든 프로그램들이 현실을 재현하는 과정에서 어느 정도의 조작을 시도하며, 오락프로그램인 퀴즈쇼가 가능한 한 시청자들의 사랑을 많이 받는 스타를 만들어내기 위해 그 조작의 정도를 다소 폭넓게 잡은 것이 무슨 문제가 되느냐는 게 프리드만의 주장이었다. 그는 "우리의 유일한 잘못은 너무 성공했다는 데에 있다"고 주장하였다.[47]

그러나 프리드만의 주장이 텔레비전이라는 "환상매체"에 몰입하던 시청자들이 그 환상의 실상을 깨달으며 느낀 분노와 비애를 잠재울 수는 없었다. 심지어 돈벌이에만 혈안이 된 네트웍들을 국유화시켜야한다는 주장까지 대두되었다. 위기의식을 느낀 네트웍들은 퀴즈쇼를 폐지하는 것만으로는 모자란다는 판단 하에 당시로선 이익이 전혀 남지 않던 보도프로그램을 갑자기 2배로 증가시키겠다고 서둘러 발표하였다.

새로운 자세로 제작되기 시작한 네트웍들의 보도프로그램 가운데 가장 특기할만한 건 리프먼이 CBS프로그램에 출연한 "사건"이었다. 리프먼은 퀴즈쇼 스캔들 이전부터 새로운 대중매체로 부상하던 텔레비전의 속물적 위력을 몹시 경멸하는 전형적인 지식인이었다. 당시 방송인들은 지식인들이 미국의 모든 사회문제에 대해 텔레비전을 희생양으로 삼고 있다는 불만을 강하게 제기할 정도로 텔레비전은 지식인들의 경멸의 대

---

47 Harry Castleman & Walter J. Podrazik, *Watching TV: Four Decades of American Television*, New York: McGraw-Hill, 1982, p. 135.

상이 되고 있었다.[48]

당시 CBS-TV에서 <CBS 리포트(CBS Reports)>라는 프로그램을 제작하던 프로듀서 프레드 프렌들리Fred Friendly(1915-1998)는 리프먼의 텔레비전에 대한 혹평에 충격을 받아 그를 텔레비전에 출연시키겠다는 마음을 먹었다. 그는 "당신과 같은 사람의 출연이 곧 상업 텔레비전을 개선시키는 방법이 아니겠느냐"고 리프먼을 설득했다. 리프먼은 프랜들리의 집요하고도 간곡한 설득에 굴복하여 결국 1960년 7월 7일 텔레비전에 출연하게 되었다. 인터뷰 프로그램 형식으로 모두 6번에 걸친 리프먼의 텔레비전 출연은 방송비평가들로부터 "텔레비전이 성숙기에 접어들었다."는 등 매우 호의적인 평가를 받았으며, 텔레비전의 새로운 위력에 맛을 들인 리프먼도 그후 텔레비전에 여러 번 출연하게 되었다.[49]

리프먼은 그렇게 해서 가진 한 인터뷰에서 지도자의 조건을 묻는 질문에 그 특유의 지도자관을 피력하였다. 그는 지도자에게 가장 중요한 건 최근의 신문 헤드라인들을 뛰어넘어 영구적인 것들을 꿰뚫어 볼 수 있고 일상사의 소란 속에서 무엇이 중요한 가를 판별해낼 수 있는 능력이라고 말했다. 그는 그러한 능력을 갖춘 지도자로 드골, 윈스턴 처칠Winston Churchill(1874-1965), 그리고 시어도어 루스벨트Theodore Roosevelt(1858-1919)를 꼽았다.[50]

---

48 James L. Baughman. "The National Purpose And The Newest Medium : Liberal Critics of Television, 1985~1960", *Mid-America*, 64(1983), pp. 41~55. 참고.

49 Fred Friendly, *Due to Circumstances Beyond Our Control...*, New York: Vintage Books, 1967, pp.116-118; Ronald Steel, *Walter Lippmann and the American Century*, New York : Vintage Books, 1980, p. 517

50 Ronald Steel, *Walter Lippmann and the American Century*, Boston, MA. : Little,

1960년 9월 26일 대통령 후보 존 F. 케네디John Kennedy와 리처드 닉슨 사이에 벌어진 그 유명한 "텔레비전 대토론"도 바로 정부의 방송규제를 막으려는 시도의 일환으로 CBS가 주동이 되어 이루어진 것이었다. 네트웍들은 기꺼이 방송시간을 무료로 "헌납"해가면서 "텔레비전 대토론"을 주선함으로써 텔레비전도 보도매체로서 공익에 크게 기여할 수 있다는 것을 입증코자 했다. 실제로 1억 이상의 시청취자들을 끌어 모은 4회에 걸친 "대토론"은 네트웍들이 의도했던 효과를 낳았으며 게다가 영상이미지가 강한 케네디를 대통령으로 당선시키는 데에 큰 기여를 하였다. 연방정부가 주도하는 네트워크의 창설을 주장할 정도로 상업 텔레비전 네트워크에 극도의 반감을 갖고 있던 리프먼은 이 토론을 '대담한 혁신(a bold innovation)'으로 평가했다.[51]

물론 그 혁신의 수혜자는 케네디였다. 사실 아이젠하워 행정부에서 부통령을 지낸 거물 정치인인 닉슨에 비해 정치 경력도 떨어지는데다 카톨릭이었던 케네디가 여러모로 불리한 선거였지만 케네디에겐 텔리제닉(telegenic: 외모가 텔레비전에 잘 맞는)하다는 강점이 있었다. 마셜 매클루언Marshall McLuhan(1911-1980)은 바로 이 토론 때문에 닉슨이 선거에서 패배했다고 주장하였으며, 케네디도 선거후 가진 첫 기자회견에서 텔레비전 토론이 없었더라면 자신이 이길 수 없었을 것이라고 말했다. 실제로 텔레비전이 아닌 라디오로 토론을 들은 청취자들 가운데에는 닉슨이

Brown, 1980, p.518.

51 James L. Baughman, *The Republic of Mass Culture: Journalism, Filmmaking, and Broadcasting in America Since 1941*, 3rd ed., Baltimore, MD: Johns Hopkins University Press, 2006, pp.94-95.

토론에서 이겼다고 생각한 사람들이 더 많았다.[52]

리프먼과 존 F. 케네디의 관계

1960년 대선에서 케네디는 리프먼의 지지를 받으려고 무진 애를 썼다. 그러나 리프먼은 케네디에 대해 매우 회의적이었다. 리프먼은 무엇보다도 케네디가 매카시즘의 광풍 당시 매카시에 대해 보인 태도를 문제 삼았다. 사실 매카시와 매카시즘 평가에 있어서 가장 흥미로운 건 같은 아일랜드계로 카톨릭 신자였던 매카시와 케네디가家의 관계다. 즉, 매카시가 케네디가와 밀월관계를 누렸으며, 그 연계 고리가 바로 카톨릭이었다는 점이 흥미롭다는 것이다.

당시 전체 유권자의 20%를 차지한 카톨릭 인구는 반공의 보루로 간주되고 있었다. 존 F. 케네디의 아버지인 조지프 케네디Joseph P. Kennedy(1888-1969)는 열성적 반공주의자로서 정치자금을 지원하는 등 매카시를 적극 지지하였다. 매카시는 케네디의 집에도 놀러가 그의 딸들인 패트리샤Patricia, 유니스Eunice와 데이트를 하기도 했다.(내내 독신이었던 매카시는 1953년 9월 29일 자신의 보좌관이며 오랜 여자친구였던 진 커Jean Kerr와 결혼했는데, 워싱턴엔 그가 동성애자라는 소문이 무성했다.)[53]

---

52 Samuel L. Becker, "Presidential Power: The Influence of Broadcasting," *Quarterly Journal of Speech*, 47(February 1961), pp.10-18; Peter E. Kane, "Evaluating the "Great Debates"," *Western Speech*, 30(Spring 1966), pp.89-96; Joe McGinniss, *The Selling of the President 1968,* New York: Pocket Books, 1969).

53 특히 자신의 보좌관인 로이 콘과의 동성애 소문이 크게 났었는데, 콘은 나중에 변호

조지프 케네디가 매카시와 친하게 지낸 건 자신의 아들들을 대통령으로 만들기 위한 계획의 일환이었다는 설이 있다. 1928년 대선에서 카톨릭 신자로 민주당 후보였던 뉴욕주지사 알 스미스Al Smith(1873-1944)의 실패를 통해 강한 반反카톨릭 정서를 확인했던 조지프 케네디는 자신의 아들들이 나중에 대선에 도전하는 데 도움이 될 수 있게끔 매카시가 길을 좀 닦아주길 기대했다는 것이다.

아버지의 그런 뜻에 부응한 탓인지 1953년에 상원에 진출한 존 F. 케네디John F. Kennedy(1917-1963)는 단 한번도 매카시를 비판한 적이 없었으며, 그의 동생 로버트 케네디Robert F. Kennedy(1925-1968)는 한동안 매카시의 의회 활동을 거드는 조수로 일하기도 했다. 존 F. 케네디는 매카시 비난 결의 때에도 매카시 자신을 포함해 기권을 한 3명 중의 한명이었다.[54]

존 F. 케네디는 사실 이때까지만 해도 매우 보수적인 인물이었다. 매카시 이외에도 당시 케네디가 친하게 지낸 정치인들은 모두 골수 보수파들이었고 그 중엔 인종차별주의자까지 있었다. 케네디는 매카시즘에 대해 내내 방관 자세를 취했다. 매카시를 비판하자니 반공·카톨릭 지지기반을 잃고, 매카시를 지지하자니 자유주의 지지 기반을 잃는 딜레마 상

사로 성공해 도널드 트럼프(Donald Trump, 1946-)를 고객으로 두기도 했고 유명 여성 앵커인 바바라 월터스(Barbara Walters, 1929-)와 데이트를 하기도 했지만 평생 독신으로 지내다가 1986년 AIDS로 사망했다.

54 James Cross Giblin, *The Rise and Fall of Senator Joe McCarthy*, New York: Houghton Mifflin, 2009, pp.147, 176, 268; David M. Oshinsky, *A Conspiracy So Immense: The World of Joe McCarthy*, New York: Oxford University Press, 2005), pp.310-311; 〈Joseph McCarthy〉, [Wikipedia]; Ronald Steel, *Walter Lippmann and the American Century*, Boston, MA.: Little, Brown, 1980), p.521.

황에서 침묵의 길을 택한 것이다. 오죽하면 엘리노어 루스벨트Eleanor Roosevelt(1884-1962)가 케네디가 비겁하다고 꾸짖었겠는가. 어쩌면 케네디는 매카시와는 정반대로 나중에 시대의 흐름이 진보라는 걸 감지하고 진보로 돌아섰거나 진보적 제스추어를 취한 건지도 모르겠다.[55]

어찌됐건 케네디와 매카시의 그런 수상한 관계를 마땅치 않게 여긴 리프먼은 케네디에 대해 회의적이었지만, 케네디의 끈질긴 구애 공세에 넘어가 대선 막판엔 케네디를 노골적으로 지지하는 동시에 '타고난 지도자'로 극찬을 하는 칼럼들을 쓰게 되었으며, 이는 다른 저널리스트들에게도 큰 영향을 미쳐 케네디의 당선에 일조하게 된다.

케네디는 11월 8일 선거에서 일반 투표 49.9%의 지지율을 얻어, 49.6%의 지지를 받은 닉슨을 근소한 차이로 누르고 제35대 대통령에 당선되었다. 선거인단 투표 결과는 케네디 303표(22주), 닉슨 219표(26주)였다. 케네디는 12월 6일 불시에 리프먼에게 전화를 걸어 급히 상의할 일이 있다며 그날 오후 리프먼의 집을 방문해 국무장관 후보에 대해 의논하는 등 리프먼의 호감을 계속 붙들어 두기 위한 노력을 게을리 하지 않았다.

케네디는 리프먼이 프랑스에서 존경을 받는데다 프랑스 대통령 드골과도 매우 친밀한 관계에서 리프먼을 프랑스 대사로 임명하는 방안을 고려했지만, 정치적 이해득실을 따져 그렇게 하진 않았다. 리프먼이 미국

---

55 William H. Chafe, *The Unfinished Journey: America Since World War II*, New York: Oxford University Press, 1986; Laurence Leamer, *The Kennedy Man 1901-1963: The Laws of the Father*, New York: William Morrow, 2001; 프레드 그린슈타인(Fred I. Greenstein), 『위대한 대통령은 무엇이 다른가』, 김기휘 옮김, 위즈덤하우스, 2000/2000), 78쪽.

에서 칼럼니스트로 활동하면서 지원을 해주는 게 케네디 행정부에겐 훨씬 더 낫다는 판단을 내린 것이다.[56]

리프먼은 그렇게 권력과의 유착의 경계를 넘나들긴 했지만, 일방적으로 권력을 지지하고 옹호만 하는 '어용 저널리스트'는 아니었다. 만약 리프먼이 그런 식으로 해왔다면 그의 명성과 영향력은 오래 전에 끝났을 것이다. 그는 권력의 잘못된 노선이나 정책에 대해선 단호히 비판하면서 긴장 관계를 유지했다. 리프먼은 이제 71세의 고령이었지만, 여전히 대통령은 물론 미국인들의 가장 큰 주목을 받는 저널리스트로서의 활약을 계속 하게 된다.

---

56 Ronald Steel, *Walter Lippmann and the American Century*, Boston, MA.: Little, Brown, 1980, pp.521-525.

8장

1961–1974

“언론인의 가장 큰 타락은 권력자들과의 친분이다”

· 1961-1974 ·

왜 소련 지도자 흐루시초프는 리프먼을 만나고 싶어했나?

“국가가 당신을 위해 무엇을 해줄 것인가를 묻지 말고 당신이 국가를 위해 무엇을 할 수 있는가를 물어야 합니다(Ask not what your country can do for you. Ask what you can do for your country).”

제35대 대통령 존 F. 케네디John F. Kennedy(1917~1963)는 1961년 1월 20일 대통령 취임 연설에서 지금까지도 자주 인용되는 위 명언을 남겼다. 그는 “희망의 횃불이 새로운 세대의 미국인에게 넘어가고 있다”며 다음과 같이 말했다.

“우리 함께 천체를 탐험하고, 사막을 정복하고, 질병을 퇴치하며, 심해저를 개발하고, 예술과 상업을 장려합시다. 이 모든 일을 처음 1백일 안에 다 이루지는 못할 것입니다. 처음 1천일 동안에도 이루지 못할 것입니다. 그러나 우리가 처음으로 시작해 볼 수는 있습니다. 우리 함께 시작합시다.”

생동감과 더불어 감성이 흘러 넘치는 취임 연설의 특성은 이후 전개될 케네디 행정부의 성격을 예고하는 것이기도 했다. 케네디는 그때까지의 미국 대통령으로선 최초로 20세기에 태어난 사람이었다. 케네디도 젊었지만, 그의 실세 참모들은 더욱 젊었다. '청춘 정권'이라고나 할까? 거의 대부분 하버드 중심의 아이비리그 일색으로 '최상의 영재(the best and the brightest)' 군단이었다. 재능과 열정은 흘러 넘쳤지만, 경력과 신중은 모자랐다.[1]

프랭클린 루스벨트의 '뉴 딜(New Deal)'을 흉내낸 비전으로 '뉴 프런티어(New Frontier)'를 표방한 케네디는 취임 100일째에 접어들고 있던 1961년 3월 평화봉사단(Peace Corps) 창설계획을 발표했다. 미국 젊은이들의 패기와 정열어린 봉사활동으로 개발도상국들을 지원하겠다는 프로그램이었다. 평화봉사단은 공산주의에 대한 새로운 세대의 응답으로, 케네디의 '마셜 플랜'인 셈이었다. 물론 '상징 정치'의 일환이긴 했지만 말이다.[2]

언론도 개척해야 할 '뉴 프런티어'로 간주한 케네디는 '대통령-언론 관

---

1 Donald L. Wolfarth, "John F. Kennedy in the Tradition of Inaugural Speeches," *Quarterly Journal of Speech*, 47(1961), pp.124-132; Anthony Hartley, "John Kennedy's Foreign Policy," *Foreign Policy*, 4(Fall 1971), pp.77-87; Arthur A. Ekirch, Jr., "Eisenhower and Kennedy: The Rhetoric and the Reality," *Midwest Quarterly*, 17(Spring 1976), pp.279-290; William H. Chafe, *The Unfinished Journey: America Since World War I*, New York: Oxford University Press, 1986; 윌리엄 라이딩스 2세(William J. Ridings, Jr.) & 스튜어트 매기버(Stuart B. McIver), 『위대한 대통령 끔찍한 대통령』, 김형곤 옮김, 한·언, 1997/2000, 340-341쪽.

2 케네스 데이비스(Kenneth C. Davis), 『미국에 대해 알아야 할 모든 것, 미국사』, 이순호 옮김, 책과함께, 2003/2004, 494-495쪽; 존 케네스 갤브레이스(John Kenneth Galbraith), 『경제사 여행』, 조규하 옮김, 고려원, 1994/1994, 237-238쪽.

계의 혁명'이라는 말을 들을 정도로 언론과 적극 교류하는 언론정책을 구사했다. 비록 선거 때엔 사설을 통해 케네디 지지를 표명한 신문은 전체의 16%에 지나지 않았지만, 케네디는 언론에 대한 지극한 관심과 인간적 매력으로 언론을 자기 편으로 끌어들이기 위해 애를 썼다. 케네디는 특히 영향력 있는 기자와 칼럼니스트들을 '관리'하는 데에 큰 공을 들였다.[3]

미국내의 그런 사정을 꿰뚫어보고 있던 소련 지도자 니키타 흐루시초프Nikita Sergeyevich Khrushchev(1894-1971)는 1961년 3월 케네디에 관한 정보를 얻고 싶은 마음에 친親케네디 칼럼니스트의 대표격인 리프먼을 초청했다. 이 초청에 응한 리프먼이 모스크바로 가기 전 로마에 들렀을 때 국내 정치의 갑작스런 위기상황이 발생했으니 만남을 며칠간만 연기할 수 없겠느냐는 연락을 받았다. 리프먼은 단호하게 거절했고, 결국 흐루시초프는 원래 약속한 날에 리프먼을 만나야 했다.

리프먼이 쓴 흐루시초프 인터뷰 기사는 여러 편으로 나뉘어 450여개 신문에 게재되었는데, 이 기사들을 세계적으로 큰 반향을 불러 일으켰다. 리프먼이 이 기사들을 확장해 출간한 『러시아를 어떻게 볼 것인가(The Coming Tests with Russia)』라는 책은 1962년 리프먼에게 두 번째의 퓰리처상 수상이라는 영예를 안겨주었다.[4]

---

3 Earl R. Hutchison, "Kennedy and the Press: the First Six Months," *Journalism Quarterly*, 38(1961), pp.453-459; Worth Bingham & Ward S. Just, "The President and the Press," Donald Bruce Johnson & Jack L. Walker eds., *The Dynamics of the American Presidency*, New York: John Wiley & Sons, 1964, pp.284-290; Montague Kern et al., *The Kennedy Crises: The Press, the Presidency, and Foreign Policy*, Chapel Hill: University of North Carolina Press, 1983.

4 Leon V. Sigal, *Reporters and Officials: The Organization and Politics of Newsmaking*,

케네디 참모진의 '집단사고'가 만든 피그만 재앙

뭔가 가시적인 업적을 빨리 이루고 싶은 마음에 조급했던 케네디는 아이젠하워 행정부 시절부터 CIA에 의해 계획되었던, 쿠바의 카스트로 정권을 전복시키기 위한 일련의 작전 시행을 승인했다. 물론 미국에서 96㎞밖에 떨어지지 않은 쿠바에 사회주의 혁명 정권이 들어선 것을 내버려 둘 수는 없다는 이유에서였다.

1961년 4월 17일 훈련도 제대로 받지 못하고 장비도 허술한 쿠바인 1천4백여명이 쿠바 피그스만 해안에 상륙했다. 이들은 미국에 망명 중인 반反카스트로 세력으로 카스트로 정권을 전복하기 위해 미 해군·공군·CIA의 지원을 받아 나선 것이었지만, 상륙 이틀만에 쿠바군에 의해 진압당하고 말았다. 쿠바군의 인명 손실이 더 많긴 했지만, 침공대원 114명이 죽고, 1,189명은 생포돼 포로로 억류되었다.(이들은 1년 반 뒤에 쿠바측에 5천3백만 달러 상당의 식량과 의료품을 주는 조건으로 풀려났다.) 두 척의 미국 보급선이 쿠바 전투기에 의해 격침되었으며 4명의 미군 조종사가 사망했다. 어이 없는 대실패, 아니 재앙이었다.

피그만 침공이 대실패로 돌아간 직후, 케네디는 "내가 어떻게 그렇게 바보같을 수가 있었지?"라고 탄식했다지만, 바보짓을 한 건 그 혼자만이 아니었다. 케네디 행정부에 고문으로 참여했던 역사학자 아서 슐레진저 Arthur Schlesinger, Jr.(1917-2007)는 훗날 이렇게 말했다. "내가 할 수 있는 유일한 변명은 당시의 토론 분위기 때문에 소극적인 질문 몇 가지를

Lexington, MA: D. C. Heath and Company, 1973, p.78; Richard Wightman Fox, "Detachment, Democracy & Dissent," *Commonweal*, November 17, 1980, p.633; Ronald Steel, *Walter Lippmann and the American Century*, Boston, Mass.: Little, Brown, 1980, pp.526-528.

제기하는 것 이상으로 그 터무니없는 계획에 대한 반대 의견을 개진하지 못했다는 것이다."[5]

슐레진저의 그런 소극적인 질문마저 가로막고 나서는 이가 있었으니, 그는 바로 케네디 대통령의 동생이자 법무부 장관인 로버트 케네디Robert Kennedy(1925-1968)였다. 로버트 케네디는 슐레진저를 따로 불러 이렇게 말했다고 한다. "당신 생각이 맞을 수도 있고 틀릴 수도 있지만, 대통령은 이미 결심을 했습니다. 그러니 더 이상 왈가왈부하지 마세요. 지금은 대통령을 돕기 위해 모든 사람들이 각자 할 수 있는 최선을 다해야 할 때입니다."[6]

예일 대학의 심리학자인 어빙 재니스Irving Janis(1918-1990)는 훗날(1972년) 출간한 『집단사고의 희생자들(Victims of Groupthink)』에서 이 사건을 '집단사고(groupthink)'의 대표적 사례로 제시했다.[7] 재니스는 '집단 사고'를 "응집력이 강한 집단의 성원들이 어떤 현실적인 판단을 내릴 때 만장일치를 이루려고 하는 사고의 경향"이라고 정의했다. 쉽게 말하자면, 낙관론에 집단적으로 눈이 멀어버리는 현상이다. "정책 결정, 집단 내부의 구성원들 사이에 호감과 단결심이 크면 클수록, 독립적인 비판적 사고가 집단사고에 의해 대체될 위험성도 그만큼 커지게 된다. 그리고

---

5 Gene Healy, *The Cult of the Presidency: America's Dangerous Devotion to Executive Power*, Washington, D.C.: Cato Institute, 2008, p.256; 샘 소머스(Sam Sommers), 『무엇이 우리의 선택을 좌우하는가』, 임현경 옮김, 청림출판, 2011/2013, 150쪽.

6 Irving L. Janis, *Groupthink: Psychological Studies of Policy Decisions and Fiascoes*, 2nd ed., Boston, Mass.: Houghton Mifflin Co., 1982, p.40.

7 이 책은 1982년 개정판을 낼 때에 『집단사고: 정책결정과 대실패에 관한 심리학적 연구(Groupthink: Psychological Studies of Policy Decisions and Fiascoes)』라는 제목으로 바뀌었다.

이러한 집단사고는 집단 외부를 향한 비합리적이고 비인간적인 행동을 취하게 만든다."[8]

왜 쿠바의 카스트로 정부는 리프먼에게 감사 편지를 보냈나?

케네디는 피그스만 침공 사건이 실패로 돌아간 다음날 TV방송에 출연해 자신의 실수를 인정하고 책임을 지겠다고 했다. 유럽 여행에서 돌아오자마자 이 사과방송을 지켜본 리프먼은 케네디행정부에 대해 일말의 동정심도 없었다. 그는 칼럼을 통해 케네디행정부에 대해 맹렬한 비판을 퍼부었다. 하지만 그의 주요 타겟은 케네디보다는 CIA 국장 알렌 덜레스Allen Dulles(1893-1969) 등 케네디의 주요 참모들이었다. 그는 덜레스 등이 자신의 친구임에도 비판하지 않을 수 없는 저널리스트의 '고통스러운 업무(painful business)'에 대해 토로하면서 그들의 사임을 요구했다. 케네디는 몇개월후 그들의 사표를 받았다.

리프먼의 비판은 쿠바 혁명에 대한 그의 중립적 시각에서 비롯된 것이기도 했다. 그는 1959년 1월 1일 쿠바혁명이 일어났을 때 그것을 적대적으로 보지 않았으며, 구시대의 제국주의는 종말을 고할 때가 되었다는 내용의 칼럼들을 쓰기도 했다. 당시 미 의회와 월스트리트의 공격을 받고 있던 카스트로 정부는 리프먼에게 감사의 편지를 보낼 정도였다.[9]

---

8 김우룡 엮음, 『커뮤니케이션 기본이론』, 나남, 1992, 102-103쪽; Pamela J. Shoemaker, 『게이트키핑』, 최재완·하봉준 역, 남도, 1993, 68-69쪽. 강준만, 「왜 최고의 엘리트 집단이 최악의 어리석은 결정을 할까?: 집단사고 이론」, 『감정 독재: 세상을 꿰뚫는 50가지 이론』, 인물과사상사, 2013, 274-277쪽 참고.

9 Ronald Steel, *Walter Lippmann and the American Century*, Boston, Mass. : Little,

그런데 케네디의 사과 방송이 나간 뒤 케네디의 지지율이 수일 만에 72%에서 83%로 뛰는 이상한 일이 벌어졌다. 케네디를 포함하여 모든 이들이 이 결과에 깜짝 놀랐다. 이걸 어떻게 설명할 것인가? 이 해에 『여론과 미국 민주주의(Public Opinion and American Democracy)』(1961)를 출간한 정치학자 V. O. 키V. O. Key(1908-1963)는 "여론에 대해 정확히 말한다는 건 성령聖靈을 이해하는 것과 다르지 않은 일이다."고 했는데,[10] 아닌게 아니라 정말 알 수 없는 게 여론이었다.

여론조사 전문가인 조지 갤럽은 이런 설명을 내놓았다. "사람들은 목표가 무엇이며 무엇을 하려고 애썼는가에 의해 어떤 사람을 평가하려는 경향이 있다. 꼭 그 사람이 무엇을 성취하고 어떻게 성공했는가에 의해 평가하는 건 아니다."[11] 그런 설명을 내놓긴 했지만, 갤럽의 원대한 꿈과는 달리 여론조사는 갤럽의 뜻대로 이루어지진 않고 있었다. 갤럽은 원래 여론에 순응하는 정부를 만들겠다는 이상아래 그의 사업을 시작했으나 여론조사에 대한 호감도가 떨어지면서 1952년부터 무응답(nonresponse) 비율이 올라가기 시작했다. 게다가 기술발전으로 전화의 자동응답 장치(answering machine), 발신자 확인 시스템(caller identification system)이 광범위하게 사용되면서 여론조사는 더욱 힘들어

Brown, 1980, pp. 529-530.

10 Donald R. Kinder, "Diversity and Complexity in American Public Opinion," Ada W. Finifter ed., *Political Science: The State of the Discipline*, Washington, D.C.: The American Political Science Association, 1983, p. 389.

11 Daniel Yankelovich, *Coming to Public Judgment: Making Democracy Work in a Complex World*, Syracuse, NY: Syracuse University Press, 1991), p. 30; Murray Edelman, 『The Symbolic Uses of Politics』(Urbana: University of Illinois Press, 1964), p. 78.

졌다.[12]

도무지 종잡을 수 없는 게 여론인지라, 대통령은 물론 대통령 후보들은 공식 여론조사와는 별도로 내부용 여론조사(private polls)를 했는데, 케네디 시대에 이르러 이런 내부 여론조사가 급증하기 시작했다. 케네디는 예선에서 50번, 본선에서 27번, 집권후 16번을 했고, 린든 존슨Lyndon B. Johnson(1908-1973)은 1964 대선 전 39번, 1965년 30번, 1966년 49번, 1967년 3번, 1968년 9번을 했으며, 리처드 닉슨Richard M. Nixon(1913-1994)은 1969년 7번, 1970년 29번, 1971년 44번, 1972년 153번을 했다.[13]

'의사환경'과 '의사사건'의 홍수 사태

피그스만 침공 사건의 대실패에도 불구하고 케네디의 지지율이 올랐다는 것은 여론이 상징조작에 매우 취약하다는 것을 의미하는 것이기도 했다. 리프먼은 이미 40년 전인 『여론』(1922)에서 사람들은 권력과 의사결정과는 거리가 멀고 일련의 이미지와 픽션들로 구성된 '의사환경(pseudo-environment)' 속에서 살고 있다고 했는데, 그 의사환경은 권력을 비롯한 이해관계자들이 얼마든지 조작해내거나 아니면 적어도 영향

---

12 Susan Herbst, *Numbered Voices: How Opinion Polling Has Shaped American Politics*, Chicago: The University of Chicago Press, 1993, p.124.

13 Lawrence R. Jacobs & Melinda S. Jackson, "Presidential Leadership and the Threat to Popular Sovereignty," Michael A. Genovese & Matthew J. Streb, eds., *Polls and Politics: The Dilemmas of Democracy*, New York: State University of New York Press, 2004, p.32.

을 미칠 수 있는 대상이었던 것이다.

피그스만 침공 사건이 일어난 바로 그 해에 리프먼의 '의사환경' 개념을 발전시켜 '의사사건(pseudo-event)'이란 개념을 제시한 책을 출간한 사람이 있었으니, 그가 바로 대니얼 부어스틴이다. '의사사건'이란 개념을 제시한 부어스틴의 1961년 저서 『이미지』는 1964년 페이퍼백으로 재출간되면서 부제를 「아메리칸 드림에 무슨 일이 일어났는가」에서 「미국에서의 의사사건에 관한 지침」으로 바뀌었다.

부어스틴은 인쇄술에서 칼러 텔레비전에 이르기까지 모든 커뮤니케이션 테크놀로지의 발전을 '그래픽 혁명'이라고 부르면서, 그래픽 혁명은 모든 경험을 상품으로 만든다고 말한다.[14] '의사사건'은 그런 상품화 과정의 일부인 셈이다.

부어스틴은 리프먼이 『여론』이란 책을 쓴 1920년대는 전자미디어가 힘을 발휘하기 전이라는 점을 상기시키면서 오늘날엔 리프먼이 상상할 수 없을 정도로 '의사사건'들이 난무하고 있다고 말한다. 그의 견해에 따르면 특히 텔레비전은 전적으로 '의사사건'에 의존하는 '의사사건'의 미디어이다.[15] 그렇다면 '의사사건'이란 도대체 무엇인가? 부어스틴은 한가지 재미있는 PR사례를 소개한다.

한 호텔 경영자가 어느 PR 전문가를 찾아갔다. 호텔이 오래돼 장사가 잘 안되는데 어떻게 하면 좋겠느냐는 상담을 하기 위해서였다. PR전문

14 Daniel J. Boorstin, *The Image: A Guide to Pseudo-Events in America*, New York: Atheneum, 1961/1985, p. 179.

15 Daniel J. Boorstin, *The Image: A Guide to Pseudo-Events in America*, New York: Atheneum, 1961/1985, p.38. 이 책의 번역서로는 다니엘 부어스틴(Daniel J. Boorstin), 『이미지와 환상』, 정태철 옮김, 사계절, 1961/2004이 있다.

가는 호텔 개관 30주년 행사를 거창하게 벌리라고 조언을 해준다. 그 조언에 따라 각 계의 지역 유지들을 참여시킨 축하위원회가 구성된다. 축하 행사장엔 기자들이 초청되고 여기저기서 카메라 플래쉬가 번쩍인다. 유명인사들이 참가한다는 이유 하나만으로 그 축하 행사는 뉴스가 되고 새삼스럽게 그 호텔이 지역사회에 기여한 공로가 예찬된다.[16]

부어스틴에 따르면 바로 그런 축하 행사가 '의사사건'이다. 그건 매스미디어에 의해 보도되기 위해 꾸며진 '사건'이지만 그렇다고 완전히 '가짜'는 아니다. 아마도 '의사'(擬似:실제와 비슷함)라는 표현이 적합할 것이다. 그리이스어에서 비롯된 접두어 pseudo도 그런 의미에 가깝다. 부어스틴은 그런 예를 제시한 뒤 '의사사건'의 특성으로 다음과 같은 4가지를 들었다.

(1) 의사사건은 우연한 것이 아니라 계획적인 것이다. 기차 사고나 지진은 의사사건이 아니지만 인터뷰는 의사사건이다. (2) 의사사건은 보도되거나 재생산되기 위한 즉각적인 목적을 위해 계획된 것이다. 그러므로 의사사건의 발생은 미디어에 의해 보도되거나 재생산되기에 편리하게끔 계획된다. 그 성공은 얼마나 크게 그리고 널리 보도되었는가에 따라 측정된다. (3) 의사사건이 실제 현실과 맺는 관계는 애매하다. 바로 그런 애매함때문에 의사사건은 사람들의 관심을 끌게 된다. (4) 의사사건은 '자기충족적 예언'이 이루어지게끔 하는 의도를 갖고 있다. 앞서 예로 든 호텔 개관 30주년 행사는 그 호텔이 아주 좋은 호텔이라는 것을 선전하기 위해 계획된 것인데, 그 의사사건은 그러한 의도를 실현시키는 효과

---

16 Daniel J. Boorstin, *The Image: A Guide to Pseudo-Events in America*, New York: Atheneum, 1961/1985, pp.9-10.

를 갖는다.[17]

오늘날 언론은 '의사사건'에 절대적으로 의존한다. 언론에 보도되기 위한 PR 활동이 극심해질수록 언론의 '의사사건'에 대한 의존도는 더욱 커진다. 특히 선거 캠페인은 절대적으로 의사사건에 의존하며, 선거 캠페인 보도는 그걸 반영할 수 밖에 없다.[18] 모든 사회운동도 '의사사건'에 의존하지 않고선 언론에 보도될 수 없다. 특히 여권운동의 성장은 '의사사건'의 연출에 크게 의존하였다. 무엇보다도 의사사건은 '예측성'의 장점이 있어서 더욱 뉴스가 될 가능성이 높다. 또한 의사사건은 복잡한 것을 단순하고 재미있는 이미지로 보여주기 때문에 대중에게 어필한다.[19] 바로 이런 이유 때문에 미디어를 의식한 모든 이벤트는 언론인들에게 딜레마 상황을 야기하고 있다.

언론인들은 자신이 홍수처럼 쏟아지는 '의사사건'에 지배되고 있다는 걸 뻔히 알면서도 마감시간의 압박 등과 같이 자신이 처해 있는 여러 제약 조건 때문에 '의사사건'을 선호하는 경향이 있다. 문제는 '의사사건'의 연출이 물적 조건이 유리하고 어느 정도 PR의 노하워가 축적돼 있는 취재원들에게 더욱 용이하다는 데에 있다. 언론이 늘 이용당하는 것 만은 아니다. 인터뷰는 언론이 스스로 개발해낸 대표적인 '의사사건'이다. 누구를 인터뷰해서 뉴스를 만들어낼 것인가? 그건 전적으로 언론이 결정한

---

17 Daniel J. Boorstin, *The Image: A Guide to Pseudo-Events in America*, New York: Atheneum, 1961/1985, pp. 11-12.

18 Dan Nimmo, *The Political Persuaders: The Techniques of Modern Election Campaigns*, Englewood Cliffs, N.J.: Prentice-Hall, 1970, pp. 26-27.

19 W. Lance Bennett, *Public Opinions in American Politics*, New York: Harcourt Brace Jovanovich, 1980, p. 239.

다. 인터뷰는 언론의 상업성 추구에 도움이 될 뿐만 아니라 언론의 권위를 높이는 데에도 큰 기여를 했다.

리프먼의 이적, 『헤럴드 트리뷴』에서 『워싱턴 포스트』로

부어스틴은 유명인사를 '인간 의사사건'으로 간주했다. 그는 오늘날 영웅은 유명인사에 의해 압도되고 있음을 개탄했다. 유명인사는 인간의 위대함에 대한 우리의 부풀려진 기대를 만족시키기 위한 목적으로 만들어진 것에 지나지 않는다는 것이다. 그는 전기적 기사를 많이 싣는 「새터데이 이브닝 포스트」지와 「콜리어즈」지를 1901-1914년 중 5개의 표본연도를 뽑아 전기적 기사에 관한 분석을 했더니 전체의 74%가 정치인, 기업인, 전문직업인 등 이었으나, 1922년 이후엔 반 이상이 연예인이나 운동선수와 같은 유명인사였다는 조사 결과를 인용하면서, 유명인사가 영웅을 대체했다고 주장한다.[20]

부어스틴의 주장에 따르면, 영웅은 자신을 스스로 만들지만 유명인사는 미디어에 의해 창조된다. 영웅은 큰 인물이지만 유명인사는 큰 이름일 뿐이다. 유명인사 가운데에서도 스타야말로 터무니없는 '의사사건'인데, 미국인들의 성공에 대한 집착과 실패에 대한 불관용이 스타를 더욱 예찬하게 만들고 있다는 것이다. 그는 스타 현상이 도처에 널려 있다고 말한다. 이른바 '베스트셀러리즘'은 출판계의 스타 시스템인 셈이다. 그는 '베스트셀러'가 1897년 「북맨」이라는 월간지가 최초로 '가장 잘 팔리는 책

---

20 Daniel J. Boorstin, *The Image: A Guide to Pseudo-Events in America*, New York: Atheneum, 1961/1985, p. 59.

들'을 소개한 이후부터 시작되었다고 말한다. 원래 영어에서 seller는 '책을 파는 사람'만을 의미했으나, 1900년경에 이르러선 '많이 팔리는 책'까지 의미하게 되었다는 것이다.[21]

부어스틴의 생각에 따르면, 베스트셀러는 단지 잘 팔리기 때문에 잘 팔리는 책에 지나지 않는다. 유명인도 단지 유명하기 때문에 유명한 사람에 지나지 않는다. 그런 의미에서 유명인이나 베스트셀러는 순전히 '동어반복'(tautology)인 셈이다.[22]

리프먼은 유명하긴 했지만, 그런 동어반복형의 유명 인사는 아니었다. 1962년 윌리엄 리버스William Rivers가 25년전 레오 로스텐Leo Rosten의 조사를 반복해 워싱턴특파원들을 대상으로 "누가 가장 '공정하고 신뢰할 만한가?"라는 질문을 던졌다. 250명의 응답자 중 90%가 언론사로는 『뉴욕타임스』를 지목했고, 칼럼니스트 중엔 거의 유일하게 리프먼이 꼽혔다.[23]

하지만 자본주의 사회에선 '공정과 신뢰'에 대한 평판도 금전화할 수 있는 것이었다. 리프먼은 1963년 초 『헤럴드 트리뷴』에서 필 그레이엄Phil Graham(1915-1963)의 『워싱턴 포스트』로 자리를 옮겼는데, 이때 그가 받기로 한 대우는 그걸 잘 보여 주었다.

리프먼은 『워싱턴 포스트』를 위해 1년에 8개월만 일하고, 1주일에 2개

---

21 Daniel J. Boorstin, *The Image: A Guide to Pseudo-Events in America*, New York: Atheneum, 1961/1985, pp. 61, 163-164.

22 Daniel J. Boorstin, *The Image: A Guide to Pseudo-Events in America*, New York: Atheneum, 1961/1985, p. 74.

23 Leon V. Sigal, *Reporters and Officials: The Organization and Politics of Newsmaking*, Lexington, MA: D. C. Heath and Company, 1973, p.40.

의 칼럼만 쓰고, 또 『워싱턴 포스트』의 자매 주간지인 『뉴스위크』를 위해 1년에 16개의 칼럼을 쓰는 것으로 7만불의 연봉과 칼럼 신디케이션 수입의 90%를 받게 되었다. 연봉 3만5천불에 칼럼 신디케이션 수입의 50%를 받던 『헤럴드 트리뷴』에서의 대우에 비하면 가히 파격적인 계약 조건이었다.

게다가 『워싱턴 포스트』는 리프먼에게 아파트, 비서 2명, 연구 조수 1명, AP 텔렉스 서비스, 리무진 서비스, 여행경비 일체 등을 제공 또는 부담하기로 했다. 리프먼이 개인 사정으로 인하여 칼럼을 아예 쓰지 않게 되더라도 10년간 5만불의 연봉에 개인 경비로 매년 2만불을 받게 되었다. 또 사망시 리프먼의 아내에게는 10년간 매년 2만5천불을 지급하기로 했다.

어떻게 해서든 리프먼을 활용하여 경쟁지들을 따라잡고야 말겠다는 그레이엄의 집념은 후일 결코 빗나가지 않았다는 것이 입증되었으며 리프먼은 그러한 상황을 최대한 만끽하였다. 실제로 시장에서의 리프먼 파워는 여전히 막강했다. 리프먼의 첫 칼럼이 실린 『뉴스위크』 1963년 1월 21일자는 이전 호들에 비해 무려 40%의 판매 증가율을 보이면서 이후 라이벌인 『타임』의 발행부수를 바짝 추격하는 계기가 되었으니 말이다.[24]

---

24 Ronald Steel, *Walter Lippmann and the American Century*, Boston, MA. : Little, Brown, 1980, pp. 539-540.

존 F. 케네디 대통령의 암살 사건

1963년 11월 22일 오전 11시 38분. 텍사스 주 달라스 공항에 대통령 전용기가 착륙했다. 비행기 문이 열리고 한 사내와 여성이 모습을 드러냈다. 대통령 존 F. 케네디와 퍼스트 레이디 재클린 케네디Jacqueline Kennedy(1929-1994)였다. 그들은 텍사스 주에서 불거진 민주당 내의 다툼을 중재하고, 떨어진 지지도를 회복하기 위해 텍사스를 방문하고 있었다. 22일은 달라스 방문 등을 포함한, 꽉 찬 일정을 소화해야 하는 날이었다.

달라스에서의 일정은 단순했다. 차를 타고 시내를 돌면서 시민들의 환호에 손을 흔들어주는 일이 고작이었다. 케네디의 걱정과는 달리 군중들은 케네디의 자동차 행렬에 환호를 보냈다. 리무진속에서 텍사스 주지사 존 코널리의 부인은 케네디에게 몸을 숙이며 "자, 이 정도면 달라스가 각하를 사랑하지 않는다고는 말씀하지 못하시겠죠?"라고 말했다. 케네디는 타고 있던 리무진의 덮개를 활짝 열어 젖힌 채 군중들의 환호를 웃음과 손짓으로 화답하고 있었다.

시계가 12시 30분을 가리킬 무렵, 그들을 태운 리무진은 차가 텍사스 교과서 건물 앞에서 엘름 가街로 향하는 커브 길에 접어들었다. 차는 시속 16㎞ 정도로 속력을 낮추었다. 그리고 다시 직선코스로 들어섰을 때 어디선가 총성 세 방이 울렸고 군중을 상대로 손을 흔들던 대통령이 쓰러졌다. 주지사 코널리도 총격을 당했다. 대통령 방문에 환호를 보내던 주위는 순식간에 아수라장이 되었다. 단 6초 동안 벌어진 일이었다. 대통령이 총에 맞은 사실을 확인하자 리무진은 속력을 높여 인근의 파크랜드 병원으로 향했다.

응급실에서 대기하고 있던 의료진들은 대통령을 소생시키기 위해 모든 방법을 동원했지만 총상으로 머리의 4분의 1정도가 날아간 대통령을 되살리긴 어려웠다. 응급실의 공기는 점점 무거워졌고 의사들의 이마엔 진땀이 흐르고 있었다. 시계가 1시를 가리킬 무렵, 의료진의 바쁘게 움직이던 손이 멈췄다. 그리고 대통령의 얼굴 위로 하얀 천이 덮어졌다.

2시 31분, 미 정부는 케네디의 죽음을 공식 발표했고, 2시 39분, 혼잡스런 대통령 전용기 안에서 부통령인 린든 존슨Lyndon B. Johnson(1908-1973)은 피묻은 옷차림 그대로 충격에 싸여 있던 재클린 케네디, 그리고 급히 달려온 사라 휴즈Sarah T. Hughes(1896-1985) 연방 판사를 앞에 두고 제36대 대통령 취임 선서를 했다. 2시 47분, 대통령 전용기는 전前 대통령의 시신과 현現 대통령을 싣고 워싱턴을 향해 이륙했다.[25]

그간 평균 2-3주에 한번씩 케네디를 만나온 리프먼은 케네디 암살에 수일간 큰 충격 상태에 빠져 있었지만, 그걸 글로 드러내진 않았다. 그는 칼럼에서 케네디에게 찬사를 바치는 대신 미국에서 '증오와 원한(hatred and venom)'을 몰아내야 하며, 새 대통령 린든 존슨이 그런 일을 할 수 있으리라는 기대를 표했다. 리프먼이 원한 건 국가의 안전과 연속성이었다. 그는 개인적으론 존슨을 전혀 좋아하지 않았으며, 오히려 존슨의 촌스러움과 투박함을 싫어하는 편이었지만, 그런 국가적 차원의 염려로 기꺼이 존슨에게 지지를 보냈다. 리프먼의 이런 지지에 감격한 존슨은 리

---

25 케네스 데이비스(Kenneth C. Davis), 『미국에 대해 알아야 할 모든 것, 미국사』, 이순호 옮김, 책과함께, 2003/2004, 509-510쪽; "케네디 암살 상황 생생히 증언/재클린 인터뷰 33년만에 햇빛", 〈세계일보〉, 1995년 5월 31일, 10면.

프먼에게 전화를 걸어 감사의 뜻을 표했고, 이후 두 사람은 자주 만나는 밀월관계를 갖게 된다.[26]

케네디를 암살한 범인은 리 하비 오스왈드Lee Harvey Oswald(1939-1963)였지만, 그의 단독 범행이 아니며 배후에 음모가 있다는 음모론이 퍼져 나갔다. 린든 존슨마저 암살 음모의 일부인 것처럼 소문에 휩싸이자 독립적인 조사위원회 구성이 불가피해졌다. 대법원장 얼 워런Earl Warren(1891-1974)이 조사위원장을 맡았다. 워런위원회는 1963년 11월 29일 출범해 10개월간 552명의 목격자들로부터 증언을 청취한 뒤 1964년 9월 27일 케네디 암살 보고서를 발표했다. 보고서는 오스왈드가 텍사스 교과서 창고 건물 6층 창문에서 케네디를 단독으로 저격했으며, 오스왈드 살해 사건도 잭 루비Jack Ruby(1911-1967)라는 사람의 단독 범행이라고 결론내렸다. 두 사건 모두 그 어떤 배후관계도 발견하지 못했다는 것이다.[27]

리프먼은 워런 보고서가 나온 지 이틀 후인 9월 29일자 칼럼에서 단독범행론을 지지했지만 훗날 사석에선 음모론을 지지하는 듯한 발언을 했다.[28] 리프먼의 그런 이중적 태도가 말해주듯이, 케네디 암살 사건에는 풀리지 않는 여러 의혹이 있었다. 케네디 암살 사건 이후 수년간 2천권 이상의 책이 쏟아져 나왔지만 아직도 그 진상은 오리무중이다. 이

---

26 Ronald Steel, *Walter Lippmann and the American Century*, Boston, Mass.: Little, Brown, 1980, pp.542-545.

27 정태원, 「미스터리 사건 10선」, 『사건과 인물로 본 20세기 명장면 200선(월간중앙 1999년 송년호 특별부록)』, 중앙일보J&P, 1999, 128~129쪽.

28 John Simkin, "Walter Lippmann", *Spartacus Educational*, August 2014; http://spartacus-educational.com/USAlippmann.htm.

미 1968년 『에스콰이어(Esquire)』 잡지는 '암살이론 입문(A Primer of Assassination Theories)'이란 특집기사를 게재할 정도로 암살을 둘러싼 수많은 이론들이 난무했다.[29] 그런 이론의 홍수속에서 오늘날 케네디 암살을 오스왈드의 단독범행이라고 믿는 이는 거의 없다. 케네디가 군산복합체에 의해 희생되었다는, 그리고 케네디 암살에 CIA가 깊이 연루되어 있다는 주장이 유력한 것처럼 들리지만, 확실한 증거는 없다.

1970년대에 대통령위원회와 의회조사단이 파헤친 내용중엔 ①CIA가 피델 카스트로와 다른 외국 지도자들의 암살 계획을 세우고 있었다는 것, ②CIA가 고용한 두 명의 갱스터와 함께 케네디의 정부情婦 주디스 캠벨도 카스트로 암살계획에 연루돼 있었다는 것, ③FBI의 성실성과 대중적 이미지에 타격을 입을 것을 우려하여 FBI 국장 존 에드거 후버가 오스왈드 수사의 실패를 은폐하도록 지시했다는 것 등이 들어 있었다.[30]

린든 존슨과의 밀월, 배신, 그리고 은퇴

프랭클린 루스벨트를 아버지처럼 존경했던 존슨은 자신을 그의 정치적 후계자로 여기고 싶어했으며, 그렇게 함으로써 자신을 괴롭혀 온 케네디의 망령을 완전히 지우고자 했다.[31] 루스벨트의 뉴딜을 완성하겠

---

29 William L. O'Neill, *Coming Apart: An Informal History of America in the 1960's*, New York: Times Books, 1971.

30 케네스 데이비스(Kenneth C. Davis), 『미국에 대해 알아야 할 모든 것, 미국사』, 이순호 옮김, 책과함께, 2003/2004, 511-514쪽; 짐 개리슨(Jim Garrison), 『JFK: 케네디 대통령 암살의 진실』, 이상곤 옮김, 고려원미디어, 1988/1992.

31 Erwin C. Hargrove, *The Power of the Modern Presidency*, New York: Alfred A. Knopf,

다는 존슨의 굳은 결의는 1964년 5월 22일 미시간대에서 '위대한 사회(Great Society)'의 선포로 나타났다. 1964년 대선 유세의 일환이었다. "위대한 사회는 모두를 위한 풍요와 자유에 기반을 두고 있습니다. 그것은 빈곤의 종식과 인종적 부당함에 대한 종식을 전제로 합니다.…지금 우리는 단지 부유하고 강력한 사회가 아니라 위대한 사회로 발전할 수 있는 기회를 갖고 있습니다."

1개월전인 4월 23일 존슨의 시카고 연설에서 첫선을 보인 '위대한 사회'라는 구호는 존슨의 참모인 리처드 굿윈Richard Goodwin이 리프먼의 스승인 그레이엄 왈라스Graham Wallas의 『위대한 사회(The Great Society)』(1914)와 리프먼의 『좋은 사회(The Good Society)』(1937)를 염두에 두고 만든 것이었다.[32] 이 구호는 물질적인 빈곤만을 해결하려 했던 뉴딜 정책과 다른 새로운 정치 방향을 보여줄 용어로 선택된 것으로서 미국인들에게 물질적 풍요보다 삶의 질과 정신적인 측면을 돌아보라는 호소였다.

그러면서 동시에 '가난과의 전쟁(War on Poverty)'도 수행되었다. 이 전쟁을 위해 마련된 '경제기회법(the Economic Opportunity Act)'은 "불충분한 교육, 불충분한 주택, 불출분한 고용, 좌절된 야망"의 악순환으로 가난이 대물림되는 걸 막겠다는 취지를 표명했다. 주택·도시개발부가 장관급 부서로 신설되는 등 각종 프로그램이 수행되었다.[33]

1974.

32 James A. Smith, *The Idea Brokers: Think Tanks and the Rise of the New Policy Elite*, New York: The Free Press, 1991/1993, pp.140-141.

33 Carl M. Brauer, "Kennedy, Johnson, and the War on Poverty," *The Journal of American History*, 69(June 1982), pp.98-119; Earl Raab, "What War and Which Poverty?," *The Public Interest*, 3(Spring 1966), pp.45-56; Max Ways, ""Creative

리프먼은 존슨의 '위대한 사회'와 '가난과의 전쟁'에 열성적 지지를 보냈다. 1947년 마셜플랜에 깊숙이 관여했던 리프먼은 1965년 존슨에게 동남아시아의 마셜플랜을 제안하기도 했다. 4월 7일 볼티모어 연설 원고를 미리 읽어본 후 리프먼은 채찍만 있고 당근은 없다고 비판했는데, 실제 연설에서 존슨은 리프먼의 비판을 받아들여 '조건 없는 논의'와 메콩강 지역의 TVA 건설을 제안했다.[34]

그러나 리프먼과 존슨의 밀월관계는 더 이상 유지되기 어려웠다. 날로 진전되는 존슨의 호전적인 베트남 개입 정책 때문이었다. 리프먼은 존슨 행정부의 국제문제, 특히 베트남 정책의 무지에 크게 실망했을 뿐만 아니라 자신을 속인 것에 분노해 존슨에게 등을 돌렸다.[35] 그는 1965년 4월 이후 다시 존슨의 백악관에 발을 들이지 않았으며, 이후 몇년간 리프먼은 존슨 행정부의 베트남정책을 맹렬히 비판함으로써 적어도 이 시기엔 사실상 '알몬드-리프먼 컨센서스'를 철회한 듯한 자세를 보였다.[36]

존슨 행정부는 리프먼만 속인 게 아니라 전반적으로 이른바 'credibility gap(정부에 대한 불신감)'의 문제를 안고 있었다. 1965년 5월 23일 저널리스트 데이빗 와이즈David Wise(1930-)는 『뉴욕헤럴드트리뷴

Federalism" and the Great Society," *Fortune*, January 1966, pp.121-23, 222-29.

34 Leon V. Sigal, *Reporters and Officials: The Organization and Politics of Newsmaking*, Lexington, MA: D. C. Heath and Company, 1973, p.78.

35 Craufurd D. Goodwin, *Walter Lippmann: Public Economist*, Cambridge, MA: Harvard University Press, 2014, pp.345-347.

36 Ole R. Holsti, "Public Opinion and Foreign Policy: Challenges to the Almond-Lippmann Consensus Mershon Series: Research Programs and Debates," *International Studies Quarterly*, 36(1992), p.445; Ronald Steel, *Walter Lippmann and the American Century*, Boston, Mass.: Little, Brown, 1980, p.572.

(New York Herald Tribune)』지에 쓴 〈Dilemma in 'Credibility Gap'〉이란 제목의 기사에서 베트남정책과 관련해 정부의 말과 행동 사이에 존재하는 '갭'을 지적하면서 그걸 credibility gap이라 불렀다.[37]

과연 누가 누구를 배신한 것이었을까? 누가 누구를 배신했건 밀월관계를 누리던 사람들 사이의 결별 후유증은 크기 마련이었다. 존슨행정부도 나름의 포섭한 논객들을 거느리고 있었기에 이들을 동원해 리프먼을 공격했고, 이제 78세의 고령이 된 리프먼으로선 이 모든 상황이 역겹기만 했다. 과거엔 단 한번도 이런 대접을 받은 적이 없었다고 느낀 리프먼은 1967년 3월 칼럼니스트로서의 은퇴를 결심했고, 그걸 실천에 옮겼다. 그의 은퇴는 한 개인을 넘어 '제도의 종언'이라는 말까지 나올 정도였지만, 리프먼이 느낀 건 이루 말할 수 없는 씁쓸함이었다.[38] 그러나 그에겐 여전히 말할 자유는 있었으니, 미국인들은 이따금씩 기고나 인터뷰 형식을 빌려 나오는 그의 논평에 접하게 된다.

---

37 credibility gap은 민주당 상원의원 J. 윌리엄 풀브라이트(J. William Fulbright, 1905-1995)가 존슨행정부의 베트남정책과 관련해 자주 사용하면서 널리 알려진 말이다. 1945년부터 1975년까지 아칸소주 상원의원을 지낸 그는 국제교류 프로그램인 풀브라이트 프로그램(Fulbright Program)을 만든 인물이기도 하다. 작가 크리스 애피(Chris Appy)는 2003년에 출간한 *The President's Global Credibility Gap*에서 베트남 전쟁 시대의 credibility gap은 시간이 흐를수록 '그랜드 캐넌(Grand Canyon)'이 되어 갔다고 말했다. Nigel Rees, *Cassell's Dictionary of Word and Phrase Origins*, London: Cassell, 2002, p.60; Max Cryer, *Common Phrases*, New York: Skyhorse, 2010, p.65; William Safire, *Safire's Political Dictionary*, New York: Random House, 1978, pp.147-148; 〈Credibility gap〉, Wikipedia.

38 David Warsh, "Drucker Gives Lippmann Run As Most Influential Journalist," *Chicago Tribune*, February 22, 1998.

왜 린든 존슨은 울음을 터뜨렸나?

베트남 전쟁에 관한 한 역사는 리프먼의 편이었지만, 존슨행정부는 당시 '터널 시야(tunnel vision)'에 갇혀 있었다. 1966년 초부터 베트남에서는 매일 164회에 걸친 미군의 공중폭격이 이루어졌지만, 전쟁은 미국의 뜻대로 돌아가지 않았다. 1967년 초 영국에서는 노동당 국회의원 100명이 베트남을 초토화시키는 미군의 폭격을 범죄행위로 규정했으며, 4월에는 50만명의 미국 시민이 뉴욕에 있는 유엔건물 앞에서 반전데모를 벌였다. 10월에는 미국 동서부에서 벌어진 서로 다른 평화시위에 참여했던 여가수 조안 바에즈Joan Baez와 작가 노먼 메일러Norman Mailer(1923-2007)가 체포되었고, 12월 31일 북베트남의 지도자 호치민Ho Chi Minh(1890-1969)은 미국의 평화 시위자들에게 새해인사를 보냈고, 백악관과 국방성은 즉각 비난성명을 발표했다.[39]

그렇게 1967년이 저물었지만, 68년이라고 해서 나아질 기미는 전혀 보이지 않았다. 1968년초 미군은 베트남 전선에서 매주 수백명씩 죽어 나가고 있었다. 미국은 이미 53만5천명의 병력을 파견했고, 2차 세계대전 때보다 더 많은 양의 폭탄을 베트남에 투하했으며, 매월 20억 달러가 전쟁비용으로 들어가고 있었다. 존슨은 군부를 다그쳤지만 베트남전쟁의 총사령관인 윌리엄 웨스트멀랜드William Westmoreland(1914-2005) 장군은 승리가 눈앞에 있다고 하면서 계속 더 많은 병력, 더 많은 예산만을 요구했다. 병력과 돈을 아무리 쏟아부어도 전황은 악화일로를 걷자 천하의 강심장 존슨도 어쩔줄 몰라하며 자신의 후원자인 조지아주 상원의원

---

39 제임스 우달(James Woodall), 『존 레논: 음악보다 아름다운 사람』, 김이섭 옮김, 한길사, 2001.

리처드 러셀Richard Russell(1897-1971)을 개인적으로 만났을 때 울음을 터뜨리기까지 했다.

아무리 참혹한 전쟁이라도 명절은 있는 법. 과거 유럽 전선에선 크리스마스가 명절이었지만, 베트남에선 음력설인 구정舊正이 최대 명절이었다. 연휴 3일간 휴전이 합의됐지만, 이 합의는 지켜지지 않았다. 1968년 1월 31일 구정을 기해 북베트남군과 베트콩은 베트남 전역에 대대적인 공세를 취했다. 베트콩은 주요 라디오 방송국을 점령하고 심지어 사이공 시내에 있는 미국 대사관 안까지 침투했다. 2주일간 계속된 이 '구정 공세(Tet Offensive)'로 인해 미군 1,100명, 남베트남군 2,300명, 약 1만2,500명의 민간인이 사망했고, 백만 명 정도의 새로운 난민이 발생했다.[40]

좌파들은 '구정 공세'에 대해 "작은 후진국 농민군이 세계의 헤게모니 초강대국에 승리할 수 있다는 것이 극적으로 드러났다"고 높게 평가했지만,[41] 그러나 엄밀하게 말하자면, 구정 공세는 실패였다. 미군이 2,500명을 잃은 반면, 베트콩은 3만7천명을 잃었다. 또한 북베트남군과 베트콩이 기대했던 민중 봉기는 일어나지 않았으며, 북베트남조차 패배를 시인했다. 그럼에도 전쟁에서 중요한 건 '심리'였다. 미국은 심리적으로 패배했다. 반전운동에 시달리던 미국은 구정 공세 직전 전쟁의 흐름이 미국

---

40 프레드 그린슈타인(Fred I. Greenstein), 『위대한 대통령은 무엇이 다른가』, 김기휘 옮김, 위즈덤하우스, 2000/2000, 103쪽; 김봉중, 『카우보이들의 외교사: 먼로주의에서 부시 독트린까지 미국의 외교전략』, 푸른역사, 2006, 338-341쪽.

41 토마스 라이퍼(Thomas Reifer) & 제이미 써들러(Jamie Sudler), 「국가간 체제」, 이매뉴얼 월러스틴(Immanuel Wallerstein) 외, 『이행의 시대: 세계체제의 궤적, 1945-2025』, 창작과비평사, 1999, 27-56쪽.

의 승리로 향하고 있다고 섣부르게 공식 선언했었으니 스스로 패배를 만들기 위해 애를 쓴 셈이었다. 미국인에게 구정 공세는 미국의 패배를 의미하는 것과 동시에 마음만 먹으면 베트남 어디든 공격할 수 있는 베트콩의 능력을 입증하는 상징이 되었다.[42]

'안방전쟁'과 존슨의 불출마 선언

구정 공세는 미국의 평범한 가정에까지 반전 무드가 확대되는 출발점이 되었다. 이에 대해 유진 매카시는 이렇게 설명했다. "옆집에 누가 사는지도 모르고, 누구의 자식이 죽었는지에 전혀 관심이 없는 루이스빌, 켄터키, 멤피스, 뉴욕 같은 대도시에 미군의 주검이 돌아왔을 때는 큰 문제가 없었다. 그러나 인구 5,000명이나 1만명 미만의 소규모 도시로 확대되어 가자, 그런 곳에서는 즉각 동네와 지역사회의 문제로 부각되기 시작했다. 지역사회 전체가 누구의 자식이 죽었다는 데에 비상한 관심을 표시하기 시작했다. 지방신문들이 앞다투어 기사화했다. 이 나라에 무슨 큰 일이 일어나고 있다고 생각하게 된 것이다. 이렇듯 반전 분위기가 사회 밑바닥에서부터 서서히 고조되어 가고 있을 때, 실질적인 충격의 도화선이 되었던 것은 북베트남군의 구정 공세였다."[43]

---

42 케네스 데이비스(Kenneth C. Davis), 『미국에 대해 알아야 할 모든 것, 미국사』, 이순호 옮김, 책과함께, 2003/2004, 522쪽; 에릭 프라이(Eric Frey), 『정복의 역사, USA』, 추기옥 옮김, 들녘, 2004/2004, 213쪽; 빅터 데이비스 핸슨(Victor Davis Hanson), 『살육과 문명: 서구의 세계 제패에 기여한 9개의 전투』, 남경태 옮김, 푸른숲, 2001/2002, 665-666쪽.

43 마이클 매클리어(Michael Maclear), 『베트남: 10,000일의 전쟁』, 유경찬 옮김, 을유문화사, 2002, 416쪽.

구정 공세의 와중인 2월 1일 베트남 경찰국장 구엔 곡 로안은 사이공(현 호치민)거리에서 베트공 포로를 즉결 처분했다. 당시 AP통신 사진기자 에디 애덤스Eddie Adams(1933-2004)는 이 장면을 사진에 담아 전세계에 알렸다. 손이 뒤로 묶인채 공포에 질려 찡그린 표정의 한 베트콩의 머리에 권총 방아쇠를 당기기 직전의 그의 모습은 월남전의 잔혹함과 비극의 상징으로 세계인들의 가슴 속에 남았다. 귀도 크놉Guido Knopp에 따르면, "『라이프』지에 최초로 발표되어 세계 여러 곳에서 수없이 많이 게재된 이 사진은 그 이후 전쟁의 잔혹성을 충격적으로 보여주는 심볼이 되었으며, 베트남 전쟁 종결을 위해 몇 개의 사단보다 나은 기능을 수행했다. 이 사진을 본 이후 미국인은 이와 같은 전쟁에서 '자유를 위해' 목숨을 걸 가치가 있는지 자문하게 되었다."[44]

'사진'도 강력했지만, '텔레비전'은 더욱 강력했다. 텔레비전이 전쟁 수행에 영향을 미치는 이른바 '안방전쟁(living room war)'은 CBS 앵커맨 월터 크롱카이트Walter Cronkite(1916-2009)의 1968년 2월 27일 방송으로 절정에 이르렀다.[45] 베트남전선을 시찰하고 돌아온 크롱카이트는 그날 저녁뉴스에서 준엄한 목소리로 존슨 행정부의 베트남전쟁 수행은 잘못되었으며 미국에게 필요한 건 승리가 아니라 협상이라고 단언하였다. 이에 장단 맞추듯 이틀 후인 2월 29일 국방장관 로버트 맥나마라Robert McNamara(1916-2009)는 미국의 베트남 전쟁 승리는 불가능하다는 판단 아래 장관직을 사임했다. 후임으로 클라크 클리포드Clark Clifford(1906-

---

44 귀도 크놉(Guido Knopp), 『광기와 우연의 역사 2』, 이동준 옮김, 자작나무, 1994/1996, 222쪽.

45 Michael J. Arlen, *Living Room War*, New York: Penguin Books, 1969.

1998)가 임명되었지만, 그 역시 이미 전쟁은 졌다고 결론 내리고 전쟁 확대를 중지하고 정치적인 해법을 찾는 길을 모색하기 시작했다.

윌리엄 웨스트멀랜드William Westmoreland 장군은 존슨에게 베트남으로 20만6천병을 추가 파병해달라고 요청하고 있었다. 하지만 크롱카이트의 2월 27일 뉴스를 보고 있던 존슨 대통령은 "이제 모든 것이 끝났다"고 탄식하였으며, 이는 실제로 여론조사 결과로도 나타났다. 구정 공세 전에 있었던 한 여론조사에선 존슨이 민주당내 도전자인 유진 매카시Eugene McCarthy(1916-2005)를 63% 대 18%로 앞서고 있었지만, 3월 16일의 여론조사에선 매카시가 2 대 1로 존슨을 압도한 것으로 나타났다. 존슨은 3월 31일 대통령재선에 출마하지 않겠다는 공식 선언을 하여 많은 미국인을 깜짝 놀라게 하였다. 이를 두고 어느 평론가는 베트남 전쟁이야말로 "앵커맨에 의해 종전이 선포된 최초의 전쟁"이라고 평하였다.[46]

리프먼은 그의 불출마선언이 여론조사에 결과에 따른 것이라고 꼬집었다. 존슨은 평소 여론조사에 대해 매우 냉소적인 인물이었다는 게 흥미롭다. 언젠가 어느 연설에선 여론조사를 이렇게 비꼬기도 했다. "패트릭 헨리는 '나에게 자유가 아니면 죽음을 달라'는 연설을 할 때에 여론조사를 미리 실시했었는데, 자유 46%, 죽음 29%, 나머지는 '모르겠다'는 것이었다." 그럼에도 존슨은 결국 자신이 비웃던 여론조사 결과에 굴복해

46 Newsweek, "Cronkite Takes a Stand," *Newsweek*, March 11, 1968, p.108; Michael Novak, "The Election of Anchormen," *National Review*, September 18, 1981, p.1082.

불출마를 선언한 것이다.[47]

왜 리프먼은 1968년 대선에서 리처드 닉슨을 지지했나?

1968년 대선은 린든 존슨이 재선 출마를 포기함에 따라 부통령으로 민주당 대통령 후보가 된 휴버트 험프리Hubert H. Humphrey(1911-1978)와 공화당의 대통령후보 리처드 닉슨Richard Nixon(1913~1994)의 대결 구도로 치러졌다. 존슨은 격화일로를 치달은 반전데모로 인해 사실상 백악관에 유폐된 상태였다. 경비가 철통같은 군사기지 외에는 공개석상에 나타날 수 없었다. 이런 상황에서 1968년 8월 시카고에서 열린 민주당 대통령후보 지명대회가 난장판이 된 건 놀랄 일은 아니었지만, 그 폭력성은 상상을 초월하는 수준이었다.

SDS 등 반전단체들은 존슨의 영향권 하에 있는 휴버트 험프리가 대통령 후보로 지명되는 것을 막겠다는 듯 민주당 전당대회를 일종의 최후의 전쟁으로 간주하고 전력투구하였고, 이런 결사항전의 의지는 존슨 측도 마찬가지였다. 물리적 힘으로는 당연히 존슨 측이 우세였다. 시카고 시장 리처드 데일리Richard J. Daley(1902-1976)의 지휘하에 경호 병력으로 경찰 1만2천명, 주방위군 6천명이 동원되었으니, 시위대가 당해내기엔 역부족이었다.[48]

---

47 Leo Bogart, Silent Politics: *Polls and the Awareness of Public Opinion,* New York: Wiley-Interscience, 1972, p.4.

48 존 루이스 개디스(John Lewis Gaddis), 『냉전의 역사: 거래, 스파이, 거짓말, 그리고 진실』, 정철·강규형 옮김, 에코리브르, 2005/2010, 203쪽; 김봉중, 「제1부 제3장 신좌파운동」, 김덕호·김연진 엮음, 『현대 미국의 사회운동』, 비봉출판사, 2001, 95-129쪽.

지명대회장 근처에선 4천여명의 반전시위대와 경찰이 충돌했는데, 경찰은 무자비한 진압 작전을 폈다. 경찰은 시위 참가자들을 꼼짝 못하게 붙들고 얼굴과 머리를 총의 개머리판으로 가격하기도 했다. 경찰의 잔인한 폭력은 나흘 밤낮으로 계속되었으며, 이는 텔레비전에 의해 그대로 중계돼 9천만 명 이상의 시청자가 지켜 보았다.

기자들도 경찰의 폭력으로부터 자유롭지 못했다. 경찰이 경찰봉을 치켜들고 기자들에게 달려들 때마다 기자들은 "전 세계가 지켜보고 있다!(The whole world is watching!)"고 소리쳤지만, 카메라의 존재도 경찰의 폭력을 막지는 못했다. CBS 앵커맨 월터 크롱카이트Walter Cronkite와 『뉴욕타임스』의 기자 톰 위커Tom Wicker(1926-2011)는 이런 폭력에 대해 분노어린 말과 글을 쏟아냈으며, 그래서 "이건 경찰의 폭동(police riot)이다"라는 말까지 나왔다.[49]

시위엔 펑크족과 선동가들로 이루어진 유동적인 집단으로 히피와 신좌파(New Left)의 중간을 자처한 이피(Yippie: Youth International Party and Hippie)도 가세하였다. 이피를 조직한 애비 호프만Abbie Hoffman(1936-1989)과 제리 루빈Jerry Rubin(1938-1994)은 혁명과 방화放火를 역설하였다. 제리 루빈은 경찰과의 대결을 통해 "미국이 물리력에 의해 통치된다는 것"을 보여줌으로써 "시카고 경찰과 데일리 시장 그리고 연방정부가 자멸하는 상황을 만들어내려고 한 것"이었다고 주장했다. 그러나 갤럽이 실시한 여론조사로는 56%의 국민이 경찰의 행동을 지지했다.

---

49 Lance Morrow, "The Whole World Was Watching," *Time*, August 26, 1996, pp. 26-27; 타리크 알리(Tariq Ali) & 수잔 왓킨스(Susan Watkins), 『1968: 희망의 시절, 분노의 나날』, 안찬수·강정석 옮김, 삼인, 1998/2001, 246-251쪽.

유진 매카시Eugene McCarthy를 누르고 민주당 후보가 된 험프리는 '기쁨의 정치(the politics of joy)'라는 구호를 내걸었고 전당대회장에는 "행복한 날이 다시 왔어요"라는 음악이 울려 퍼졌지만, 전당대회장 밖의 폭력 사태는 험프리에겐 큰 타격이었다. 『뉴욕타임스』 8월 29일자 헤드라인은 "험프리, 베트남정책이 인준된 후 1차 투표에서 지명되다. 경찰들, 거리의 시위대와 전쟁하다"로 뽑혔으며, 헤드라인 아래 두 개의 사진이 실렸다. 험프리 지지자들이 깃발과 사진판을 들고 환호하는 장면, 그 옆에는 헬멧을 쓴 경찰이 시위대를 체포하는 사진이었다. 이는 험프리와 거리의 혼란을 동일시하는 효과를 냈다.[50]

존슨에게 4년을 더 맡기는 건 '재앙(catastrophe)'이라고 말하곤 했던 리프먼은 험프리를 '존슨의 아바타'로 간주해 비판적인 평가를 내렸다. 차라리 아무리 혐오스러운 면이 있을망정 베트남 전쟁과 무관한 닉슨이 리프먼에겐 더 나은 선택이었다. 리프먼은 베트남전의 종전을 기대하며 사실상 닉슨을 지지하는 칼럼을 발표했다. 오랜 기간 리프먼에게 구애를 했지만 성공하지 못했던 닉슨은 리프먼의 지지에 크게 고무돼 리프먼을 뉴욕의 선거 본부로 초청해 그의 고견을 청취했다. 리프먼은 재차 베트남전의 종전을 강조했고, 이는 대선에서 승리한 닉슨의 최우선 의제가 되었다.[51]

---

50 캐슬린 홀 재미슨(Kathleen Hall Jamieson), 『대통령 만들기: 미국대선의 선거전략과 이미지메이킹』, 원혜영 옮김, 백산서당, 1996/2002, 163-164쪽; 이주영, 『미국사』, 대한교과서, 1995, 349-350쪽.

51 Ronald Steel, *Walter Lippmann and the American Century*, Boston, Mass.: Little, Brown, 1980, pp. 587-589.

12명의 미국 대통령들과의 교제

리프먼보다 19세 연하인 존슨은 1973년 1월 22일 65세의 나이로 사망했고, 리프먼은 1974년 12월 14일 85세의 나이로 사망했다. 그는 스스로 무신론자라고 말하진 않았지만 한번도 신神, 내세來世, 기도 등과 같은 말을 하지 않았다. 그 어떤 종교도 없었고, 유대교와도 오래 전 결별했기에, 친지들은 어디서 장례식을 치러야 할지 망서렸다. 리프먼을 텔레비전에 출연케 했던 방송 프로듀서 프레드 프렌들리의 제안으로 포드재단의 한 작은 강당에서 생전의 리프먼의 영상이 상연된 가운데 친지들은 리프먼에게 작별을 고했다.[52]

리프먼은 죽기 전 자신이 두 종류의 인생을 살았다고 했다. 하나는 '철학자로서의 관념적인 삶'과 '언론인으로서의 실체화된 삶'이었다.[53] 리프먼은 서로 다른 두 종류의 삶을 균형을 유지해가면서 살았기에 그 역시 존슨처럼 여론에 비판적이면서도 여론을 무시할 수는 없었을 것이다. 비평가 존 레너드John Leonard(1939-2008)는 1980년 리프먼에 대해 이런 평가를 내렸다. "종종 외롭고 용감한 사람으로 인식되고 있지만, 일반적으로 그는 그가 그토록 무시했던 여론을 가까이 했던 사람이었다. 즉 시대가 요구한다고 생각되면 대중적인 혁신주의자로, 윌슨주의자로, 뉴딜주의자로, 고립주의자로, 개입주의자로, 국제주의자로 나섰던 것이다."[54]

---

52 Ronald Steel, *Walter Lippmann and the American Century*, Boston, Mass.: Little, Brown, 1980, pp.598-599.

53 멜빈 드플레르(Melvin L. DeFleur), 『매스커뮤니케이션 이론』, 권상희 옮김, 성균관대학교출판부, 2010/2012, 218쪽.

54 허버트 알철(J. Herbert Altschull), 『현대언론사상사: 밀턴에서 맥루한까지』, 양승목 옮김, 나남, 1990/1993, 570쪽. 그러나 공정하게 말하자면, 리프먼은 전반적으

리프먼은 여론만 가까이 한 것이 아니라 명성과 권력자들과의 교제도 가까이 한 인물이었다. 그는 자신의 나이 겨우 25세이던 1914년 7월 5일에 쓴 일기에서 그것을 이렇게 정당화했다. "공공문제에 대해 글을 쓰는 사람은 명성을 경멸하는 척 할 수 없다. 왜냐하면 명성은 허영심을 충족시켜줄 뿐만 아니라 이 세상을 이해하기 위해 알아야 할 사람들을 만날 수 있는 유일한 방법이기 때문이다."[55]

그러나 리프먼에겐 본말이 전도되는 경우가 많았다. 권력자들과의 교제가 수단이 아니라 목적이 되는 경우가 많았다는 뜻이다. 그는 정의를 추구하였지만 정의는 그에게 감정적인 문제는 결코 아니었으며, 그는 무엇보다도 공인으로서의 영향력에 큰 애착을 갖고 있었다.

리프먼의 권위에 대한 존중, 권력의 핵심부로부터 차단되는 것에 대한 두려움, 그리고 급진론자들과 가깝게 지내는 것에 대한 혐오 등은 때로 그를 중요한 문제들에 대해서도 침묵하게 만들었다. 그에게 있어서 효과적이라는 것은 결정권을 가진 사람들의 귀를 사로잡는 것을 의미하는 경우가 많았다.

리프먼은 우드로우 윌슨에서 리처드 닉슨에 이르기까지 모두 12명의 대통령들을 거치면서 그들과의 교제를 한껏 즐겼다. 그는 시어도어 루

로 보아 고립주의를 비판한 국제주의자였다고 보는 게 옳다. 리프먼은 1966년 11월 15일 『워싱턴포스트』 칼럼에서 고립주의자들의 '회피정책(ostrich policy)'을 맹비판하기도 했다. 그는 고립주의는 나머지 세계에서 무슨 일이 일어나고 있는지 신경도 쓰지 않은 채 안전하다고 느끼는 것으로 어리석을 뿐만 아니라 위험하다고 주장했다. Craufurd D. Goodwin, *Walter Lippmann: Public Economist*, Cambridge, MA: Harvard University Press, 2014, pp. 319-320.

55 Ronald Steel, *Walter Lippmann and the American Century*, Boston, Mass.: Little, Brown, 1980, p. 58.

스벨트를 존경했고, 윌슨의 연설문을 써주고 그의 선거유세를 도왔으며, 존 케네디의 정치자문을 맡았으며, 또 대부호들과 잦은 골프모임을 갖기도 했다.

리프먼은 자신의 명성을 이용하는 건 일반 기자들을 상대하는 데에도 적용되었다. 그는 자신과는 아무런 관계도 없는 『뉴욕타임스』의 엘리트 기자들을 자신의 뉴스 서비스로 이용하였다. 리프먼을 숭배했던 『뉴욕타임스』의 제임스 레스턴을 통해 그는 『뉴욕타임스』의 기자들과 자주 식사를 즐겼다. 어느 기자가 아프리카 취재에서 돌아오면 그를 만나 아프리카 이야기를 들었다. 리프먼은 젊은 기자들과의 교류를 통해 자신이 과거 경험의 포로가 되는 것을 막는 효과까지 기대할 수 있었다. 기자들은 단지 리프먼이 필요로 하는 정보만을 제공할 뿐 리프먼으로부터 감히 정보를 얻어내지는 못했다. 단지 "리프먼과 식사를 같이 했다"는 게 그들의 대단한 영광이었을 뿐이다.[56]

"언론인의 가장 큰 타락은 권력자들과의 친분이다"

물론 리프먼의 권력과의 교제가 늘 유쾌한 것만은 아니었다. 그는 늘 권력으로부터 배반을 당했다. 그는 윌슨에게 크게 실망하고 나서 권력자들과 일정 거리를 유지하려고 했지만, 저널리스트로서 고급 정보에 대한 욕구 때문에 그렇게 하진 못했다. 그는 프랭클린 루스벨트, 존 F. 케네디, 린든 존슨 등과 사귀다 나중엔 등을 돌리는 일을 반복했다.[57]

---

56 David Halberstam, *The Powers That Be,* New York: Dell, 1979, pp.521-522.

57 Ronald Steel, "Walter Lippmann, 1889-1974," *New Republic*, December 28, 1974, p.6.

그래서 리프먼을 '기회주의자'로 보는 사람들도 적지 않았다. 루스벨트와의 관계에 있어서도, 리프먼은 둘의 사이가 좋을 때엔 루스벨트에게 '독재권력'을 행사할 것을 넌지시 말한 적도 있었다.[58] 그러다가 나중엔 뉴딜 정책에 대해서 혹평을 내리고 루스벨트의 정적들을 지지하였으니, 그 내막이야 어찌됐든 기회주의자라는 비판이 나온 것도 무리는 아니었는지 모른다.

특히 존슨과의 관계에서 겪은 쓰라린 경험때문이었는지, 그는 기자들의 권력자들과의 친분에 대해서 비판적인 발언을 하기도 했다. 그는 존슨 대통령과 결별하기 몇개월 전 국제적인 언론단체인 IPI(International Press Institute)에서 행한 한 연설을 통해 "현대 언론인들의 세계에서 가장 중요한 형태의 타락은 권력의 피라미드에 기어 올라가는 언론인들의 권력 향유 그리고 권력자들과의 친분"이라고 경고하였다.[59] 리프먼은 적어도 자신 만큼은 권력자들과 일정한 선을 그어가며 친분관계를 유지했다고 믿고 싶어 했겠지만, 그러한 경고야말로 그 자신 스스로 권력에 이용당했다는 것을 실토한 것에 다름아니었는지도 모르겠다.

그래서 오늘날에도 정치인과 기자 사이에 형성되는 권언유착을 비판할 때마다 리프먼의 이름이 등장하곤 한다. 정치인들에게 개인적으로 조언을 해주는 관행이 백악관 출입기자들에게 퍼져 있는 걸 개탄하면서 리프먼이 그 원조라는 식의 비판이다. 유명 저널리스트들이 자신을 공중

---

58 Robert E. Farrell, "The Journalist Who Led the National Dialogue," *Business Week*, September 22, 1980, p.15.

59 Ronald Steel, *Walter Lippmann and the American Century*, Boston, MA.: Little, Brown, 1980, p.572.

의 대리인이라기보다는 정치 엘리트의 일원으로 보는 것은 리프먼의 전통이며, 그 후예가 리프먼을 따르던 제임스 레스턴이었다는 비판이 자주 제기되곤 한다.[60]

어디 그뿐인가. 일부 비평가들은 리프먼의 견해가 오늘날 언론인들의 작업을 너무 많이 지배하며, 그 지배의 결과는 리프먼이 강조한 전문주의의 오남용으로 인한 엘리트주의의 만연이라고 주장한다. 제임스 캐리James W. Carey(1935-2006)는 "대중의 이름으로 스스로를 정당화하지만 대중이 독자나 시청자 이외에는 아무런 역할을 하지 않는 저널리즘"이 판을 치고 있다고 개탄했다. 빌 코바치Bill Kovach와 톰 로젠스틸Tom Rosenstiel은 "신문과 TV는 상당수의 일반 시민을 무시하고 엘리트층을 목표로 보도해오고 있다."며 "시민들은 언론이 그들에 관해 언급하지만 그들에게 말을 걸지는 않는 추상적 존재가 되었다."고 말한다.[61]

그런 문제의식 끝에 나온 것이 바로 '공공 저널리즘(public journalism)'인데, 리프먼의 유산을 부정적으로 보는 이런 시각이 확산된 계기의 출발점은 1982년 캐리가 쓴 〈매스 미디어: 비판적 시각(Mass Media: The Critical View)〉이라는 논문이었다. 그는 미디어 연구를 '행정적 연구'와 '비판적

---

60 Leonard Downie Jr. & Robert G. Kaiser, *The News about the News: American Journalism in Peril*, New York: Vintage Books, 2003, pp.19-20; Howard Kurtz, *Media Circus: The Trouble with America's Newspapers*, New York: Times Books, 1994, p.136. 레스턴은 1960년대에 『뉴욕타임스』의 워싱턴국을 책임지면서 아이비리그 출신들을 공격적으로 스카우트했는데, 이 또한 자신의 멘토인 리프먼의 전문주의 정신에 따른 것이었다. James Fallows, *Breaking the News: How the Media Undermine American Democracy*, New York: Vintage Books, 1996/1997, pp.238-239.

61 빌 코바치(Bill Kovach)·톰 로젠스틸(Tom Rosenstiel), 『저널리즘의 기본요소』, 이종욱 옮김, 한국언론재단, 2001/2003, 42쪽.

연구'로 나눠 비교했는데, 이는 학계의 이념 논쟁으로 비화되었다.

이미 1941년 폴 라자스펠드가 '행정적' 연구와 '비판적' 연구를 구별한 이래로 '행정적(또는 전통적, 주류, 경험적, 실증적) 연구 대 비판적 연구'라는 식으로 커뮤니케이션 연구의 이데올로기를 둘러 싼 논쟁이 활발하게 이루어졌는데,[62] 그 어느 쪽 입장에 서건 한가지 분명한 건 커뮤니케이션 연구는 연구 방법론 자체에 그 어떤 이데올로기와 '편견'을 내장할 수 있다는 점이다.

비판적 연구를 지지하는 캐리는 이 논쟁을 리프먼-듀이 논쟁과 연결시키면서 듀이의 편에 섰으며, 이후 본격적인 리프먼 비판을 개시했다. 마이클 셧슨Michael Schudson은 2008년에 발표한 <'리프먼-듀이 논쟁'과 리프먼을 반反민주주의자로 몰아가기 1986-1996(The "Lippmann-Dewey Debate" and the Invention of Walter Lippmann as an Anti-Democrat 1986-1996)>라는 제목의 논문에서 리프먼을 반민주주의자로 몰아간 장본인으로 캐리를 지목했다.

캐리는 1990년대 초반 공공저널리즘 운동때 리프먼을 본격적으로 비판했는데, 공공저널리즘 운동은 사실상 반反리프먼 운동이 돼 버리고 말았다. 셧슨은 캐리의 리프먼 비판을 조목조목 따지면서 과장과 왜곡이 심하다는 걸 밝혀내고, 이른바 '캐리 사단'에 속하는 학자들의 비판에도 일일이 반론을 폈다. 셧슨은 리프먼 비판이 그럴 듯해보였는지 모르지만, 2008년 현재 부시행정부의 지성과 과학을 무시하는 태도를 보고 있

62 이에 대해선 이강수, 『커뮤니케이션-미디어연구의 패러다임 논쟁』, 나남, 1996; 양승목, 「탈냉전시대의 커뮤니케이션 연구: 패러다임 수렴과 그 함의」, 한국언론학보 제28호, 1992년 가을, 239-266쪽을 참고하십시오.

노라면 리프먼 격하가 좀 우스운 느낌이 든다면서 이렇게 묻는다. "전문가 없는 민주주의로 갈 것인가?" 아니라는 게 셧슨의 결론이다. 더 나은 민주주의를 위해 전문가를 이용하는 것, 그것이 바로 리프먼이 꿈꾼 것이었다는 게 셧슨이 제시한 옹호론의 핵심이다.[63]

"정치평론의 두 전략: 비판전략과 매개전략"

더 나은 민주주의를 위해 전문가를 이용하자는 리프먼의 꿈에 비추어 보자면, 리프먼에 대한 부정적 평가도 다시 생각해볼 대목이 있다. 김대영은 〈공론화를 위한 정치평론의 두 전략: 비판전략과 매개전략〉이라는 논문에서 영국 작가 조지 오웰George Orwell(1903-1950)의 정치평론을 '비판전략', 리프먼의 정치평론을 '매개전략'으로 대비시키면서 리프먼의 정치평론이 갖는 특수성을 부각시킨다. 오웰은 보통사람들의 눈을 가리고 있는 권력정치의 '조직된 거짓말(organized lies)'을 벗겨내기만 하면 자연스럽게 보통사람들이 올바로 판단할 수 있다고 믿었고 이와 같은 공론화를 통해 현실정치를 변화시킬 수 있다고 주장하는 반면, 리프먼은 오웰식의 비판전략만으로는 부족하다는 입장을 취했다는 것이다.

김대영은 "리프만은 정치인뿐만 아니라 국민들 또한 사적 이해관계에 매몰되는 경향이 있다는 점을 제기한다. 시민사회의 등장과 더불어 만연된 전략적 행위로 말미암아 대다수의 사람들은 공익보다는 사익을 우

---

63 Michael Schudson, "The "Lippmann-Dewey Debate" and the Invention of Walter Lippmann as an Anti-Democrat 1986-1996," *International Journal of Communication*, 2, 2008, pp. 1031-1042.

선시하고 공동체 전체의 문제에 대한 관심은 점점 줄어들었다. 이 때문에 국민들이 그때그때 생각나는 대로 말하고 주장하는 것을 모은 백화점식 중론은 올바른 정치적 판단과는 거리가 멀어진다."며 다음과 같이 말한다.

"리프만의 정치평론은 이런 관성적인 중론을 극복하고자 하는 지향성을 갖고 있다. 이에 따라 등장하는 것이 정치인과 일반 국민을 매개함으로써 공론화를 추구하는 매개전략이다. 리프만의 정치평론은 매개전략에 따라 정치인과 국민을 매개함으로써 대중의 정형화된 관성적 태도에 긴장감을 불러일으키고 더 많은 사람들이 현실정치를 더 잘 이해할 수 있기를 희망한다. 오웰의 비판전략이 주로 지식인과 대중의 의견 사이에 존재하는 간격을 좁히고자 시도하는 반면에, 리프만의 매개전략은 매개자(mediator)의 위치에서 정치인과 대중의 간격을 좁히기 위한 정치평론을 추구한다."[64]

김대영은 여기서 한 걸음 더 나아가 "왜 우리의 정치평론가들은 매개전략을 선택하지 않는 것일까?"라는 질문을 던진다. 그는 "아마도 일제 식민지와 권위주의 정치를 경험하면서 '매개는 곧 변절'이라는 등식에 익숙해서 일수도 있겠다."며 다음과 같이 말한다.

"매개전략의 부재라는 문제보다 더 심각한 문제는. 한국 언론이 세력화 전략을 선호한다는 데에 있다. 정치평론이 더 이상 정치평론으로 불릴 수 없고 오히려 정치선전으로 불려 마땅하다면 공론화는 요원하게 된다. 정치평론가가 공론화 전략이 아니라 세력화 전략에 입각해서 정치인

---

64 김대영, 「공론화를 위한 정치평론의 두 전략: 비판전략과 매개전략」, 『한국정치학회보』 제38권2호, 2004년 6월, 127쪽.

과 진배없이 자기주장을 관철시키기 위해 분투한다면 공론정치가 설 자리가 없게 된다. 이 때 남는 것은 적나라한 권력정치의 대결뿐이다.... 적대적 대결구도 속에서 정치적 행위는 서로 대결하는 정치세력 중에서 하나를 선택하거나 그렇지 않으면 방관자로서 정치적으로 소외되거나 하는 방법뿐이었다. 민주화 이후 오늘날까지도 이와 같은 대결적 정치문화는 강하게 존속되고 있으며, 그 속에서 공론화의 중심매체인 언론마저도 세력화 전략으로부터 벗어나지 못하고 있는 실정이다."[65]

아닌게 아니라 언론이 정치라는 그라운드에서 '심판'을 넘어서 직접 '선수'로 뛰는 한국의 현실에 비추어 이 제안은 매우 소중하다. '매개는 곧 변절'이라는 등식에 그럴 만한 근거가 있거니와 리프먼 역시 그렇게 볼 수 있는 소지가 다분하긴 했지만, 그게 정치평론의 '매개전략'을 폐기해야 할 이유가 될 수는 없다. 오히려 극단적인 당파대결 구도에서의 출구로 삼는 게 바람직하지 않을까?

65 김대영, 「공론화를 위한 정치평론의 두 전략: 비판전략과 매개전략」, 『한국정치학회보』 제38권2호, 2004년 6월, 134-135쪽.

마르크스의 '보드룸', 프로이트의 '베드룸', 리프먼의 '뉴스룸'

왜 부르디외는 "여론은 없다"고 하는가?

프랑스의 진보적 사회학자인 피에르 부르디외Pierre Bourdieu(1930-2002)는 리프먼의 논지를 더 발전시켜 아예 "여론은 없다"고 선언하고 나섰다. 1960년대에 프랑스 정치에 여론조사가 도입되자 그걸 강력히 반대하고 나선 부르디외는 여론조사가 ①여론조사는 모든 사람이 의견을 갖고 있다 ②모든 의견이 똑같은 무게를 갖고 있다 ③물을 만한 가치가 있는 질문에 관한 동의가 이루어졌다 는 등의 그릇된 전제 위에서 출발하는 것이라는 점을 지적하면서 그 특유의 강조법으로 "여론은 존재하지 않는다"고 주장하였다. 또 그는 여론조사가 단순한 것을 좋아하는 언론인들이 이미 단순한 데이타를 더욱 단순화시키는 위험을 처음부터 안고 있으며, 응답자의 정치 문제에 대한 대답이라고 하는 건 '계급적 성향'에 따라

이루어질 뿐이라는 점을 강조하였다.[1]

좌파 언론학자 허버트 실러Herbert I. Schiller(1919~2000)는 한 걸음 더 나아가 "여론조사는 현상유지를 위한 매춘"이라고까지 주장했는데,[2] 이런 독설엔 그럴 만한 근거가 있다. 저널리스트 시드니 블루먼설Sidney Blumenthal(1948-)은 1980년에 출간한 『영원한 캠페인(Permanent Campaign)』이라는 책에서 오늘날 미국 대통령의 통치행위가 영원한 선거 캠페인 체제로 접어 들었다고 주장했다. 대통령의 통치행위가 늘 선거를 염두에 둔 선거 유세와 다를 바 없게 되었다는 것이다.[3] 블루먼설이 그렇게 말한 근거 중의 하나가 바로 여론조사였다. 대통령들은 재임시에도 여론조사에 엄청난 돈을 퍼부으면서 선거 캠페인을 할 때와 다를 바 없는 행태를 보인다는 것이다.[4]

물론 여기엔 언론산업의 이해관계가 걸려 있다. 1970년대 초반까지도 여론조사는 여론조사업체들의 주관하에 이루어졌지만, 1975년 뉴욕타임스와 CBS News가 공동 여론조사를 실시한 것이 계기가 되어 언론사 자체 여론조사로 발전하기 시작했다. 1976 대선에선 네트웍 방송사들은

---

1 Pierre Bourdieu, *Public Opinion Does Not Exist,* Armand Mattelart and Seth Siegelaub, eds., *Communication and Class Struggle. Vol.*1 *Capitalism, Imperialism,* New York: International General, 1979, pp.124-126.

2 빈센트 모스코, 『커뮤니케이션 정치경제학』, 김지운 옮김, 나남, 1998, 379쪽.

3 Sidney Blumenthal, *Permanent Campaign: Inside the World of Elite Political Operations,* Boston, MA: Beacon Press, 1980.

4 Diane J. Heith, "Continuing to Campaign: Public Opinion and the White Hose," Michael A. Genovese & Matthew J. Streb, eds., *Polls and Politics: The Dilemmas of Democracy,* New York: State University of New York Press, 2004, pp.55-56.

모두 자체 인하우스(in-house) 여론조사 기능을 갖춰서 보도했다.[5]

1980년대 들어 거대 미디어들은 모두 자체 여론조사 기능을 갖거나 자기들만의 보도용으로 여론조사를 의뢰하는 관행을 정착시켰는데, 이는 적잖은 윤리 문제를 야기했다. 언론사가 뉴스를 보도하는 게 아니라 뉴스를 스스로 만들어내는, 즉 '의사사건(pseudo-event)'을 양산해도 괜찮은가 하는 의문이었다. 여론조사 비용을 써서 뉴스를 만들어낸다는 의미에서 취재원에게 돈을 지불하는 이른바 '수표 저널리즘(checkbook journalism)'이라는 비판까지 제기되었다. 여론조사가 주요 뉴스 아이템으로 경쟁 국면에 접어들면서 자사 외의 다른 언론사들의 여론조사 결과는 무시한다거나 이미 다 지적한 흐름인데도 자기들이 처음 밝혀낸 것처럼 판촉하는 일도 일어나곤 했다.[6]

여론조사업체들도 편향성 시비에 휘말리곤 했는데, 그 대표적 사례가 바로 루이스 해리스였다. 여론조사업체인 엘모로퍼(Elmo Roper)에서 10년간 일하다가 1956년에 독립한 루이스 해리스는 선거에 적극 개입함으로써 윤리 문제를 야기하곤 했다. 그는 존 케네디를 포함해 240명의 후보를 위해 일했는데 대부분 민주당 후보들이었다. 1979년 에드워드 케네디Edward M. Kennedy(1932-2009)가 대선에 도전하자 그는 직원들에게 "다음 대통령을 만들거야(I'm going to make the next president)."라고

---

5 William E. Bicker, "Network Television News and the 1976 Presidential Primaries: A Look from the Networks' Side of the Camera," James David Barber, ed., *Race for the Presidency: The Media and the Nominating Process*, Englewood Cliffs, NJ: Prentice-Hall, 1978, p.96.

6 David W. Moore, *The Opinion Makers: An Insider Exposes the Truth Behind the Polls*, Boston, MA: Beacon Press, 2008, pp.54-56.

하면서, 케네디에게 좋은 뉴스만 여론조사를 한 반면, 경쟁자인 지미 카터Jimmy Carter(1924-)에 대해선 정반대로 여론조사를 하는 편파성을 저질러 논란이 되었다.[7]

왜 "여론조사가들을 추방하라"고 하는가?

여론조사의 문제는 1980년대에도 왕성하게 제기되었으며, 특히 좌파적 관점의 비판이 거셌다. 1988년 노엄 촘스키Noam Chomsky는 에드워드 허만Edward S. Herman과 같이 '조작된 동의(manufactured consent)'라는 리프먼의 개념을 원용해 『여론조작(Manufacturing Consent)』이라는 제목의 책을 출간했다. 이들의 주장에 따르면, 미국은 세계에서 여론조작 산업이 최고로 발달한 나라이며, 언론 기업은 이윤을 추구하는 다른 제조업체와 전혀 다를 바 없는 사기업이다. 그런데 그런 사기업이 세상 돌아가는 걸 알려준다. 돈도 벌면서 말이다. 바로 여기에 원초적 모순이 존재한다는 게 그들의 주장이다.

촘스키와 허만은 "'진보적'이건 '보수적'이건 주요한 언론들은 모두 커다란 기업체이며,그들보다 훨씬 큰 집단에 소속.관련되어 있다.다른 회사들처럼 그들도 생산품을 시장에 내다 판다.그 시장이라는 것은 광고주,즉 또 다른 사업체들이다.... 우리가 보는 세상의 모습이 판매자와 구매자,생산품들의 좁고 편견에 찬 이익과 가치를 반영하는 것이라는 사실은 그 당연한 결과라 하겠다."며 다음과 같이 말했다.

---

7 David W. Moore, *The Opinion Makers: An Insider Exposes the Truth Behind the Polls*, Boston, MA: Beacon Press, 2008, pp.52-53.

"이 밖에도 이 왜곡된 상태를 심화시키는 요소들이 또 있다. 문화관리자(신문 편집인, 유명 칼럼니스트 등)들이 국가와 기업의 경영자들, 그리고 그 밖의 다른 특권층들과 함께 특수층 계급의 이익을 나누면서 그들과 관련을 맺고 있는 것이다. 사실 기업과 정부, 언론의 고위층직은 같은 사람들이 끊임없이 서로 돌아가면서 맡고 있는 실정이다. 국가 권력에 다가서는 것은 경쟁에서 우위를 지켜가는 데 매우 중요하다. 예를 들어 '누설'이라는 것도 사실은 정부가 모르는 척 시치미를 떼면서 언론과 합작하여 만들어낸 거짓말이나 사기일 때가 많다."[8]

논픽션 작가 수잔나 레저드Suzannah Lessard는 『워싱턴먼슬리(The Washington Monthly)』(1996년 1-2월호)에 기고한 <여론조사가들을 추방하라(Banish the Pollsters)>는 글에서 지도자 지망생들의 정신은 여론조사 기술에 의해 식민화되고 있다면서 다음과 같이 말했다.

"오늘날 여론조사의 과학적 방법론은 지금까지 알려지지 않은 정도로 제약적이고 정신을 파괴하는 노예화의 한 형태를 만들어내고 있다. 이전에 정치가들은 사람들이 무엇을 원하는지를 추측해야만 했다. 그러한 불확실성은 정치가로 하여금 자신의 신념에 더 가까운 어떤 입장을 취할 수 있게 하였다. 그러나 현재의 상황 하에서는 불확실성이란 거의 없다."[9]

칼럼니스트 아리아나 허핑턴Arianna Huffington(1950-)도 1996년 "여론조사가 정치환경을 오염시켜서, 하루 빨리 이를 정화시켜야 한다"

---

8 노암 촘스키, 『미국이 진정으로 원하는 것』, 김보경 옮김, 한울, 1996, 150-151쪽.

9 데이비드 셍크(David Shenk), 『데이터 스모그』, 정태석·유홍림 옮김, 민음사, 1997/2000, 170-171쪽.

며 '여론조사에서 자유로운 미국을 위한 연대(Partnership for a Poll-Free America)'라는 단체를 만들었다. 그녀는 "최신 여론조사를 어깨너머로 계속 살피면서, '나는 여러분의 리더로서 여러분의 뜻을 따를 것이다'라는 좌우명을 가진 정치인들이 오늘날의 정치 환경을 흐려놓고 있다."고 주장했다.[10]

데이비드 솅크David Shenk는 『데이터 스모그(Data Smog: Surviving the Information Glut)』(1997)에서 "만약 미국인들이 지도력의 자질을 판단할 수 있는 능력을 가졌다면, 추종심은 그렇게 나쁜 일은 아닐 것이다."며 다음과 같이 말했다.

"그러나 그들은 대체로 자신들의 복잡하고 혼란스러운 삶으로 너무나도 바쁘며 그리고 그들의 지식은 너무 전문화되고 파편화되어 있어, 폭넓은 쟁점들에 관한 지적인 결정을 내리기에는 부적절하다. 그러므로 우리는 기술의 두가지 불행한 결과, 즉 더 적은 이해를 하면서 더 많은 권력을 가진 시민들을 접하고 있다."[11]

커뮤니케이션학자 닐 포스트먼Neil Postman(1931-2003)은 『테크노폴리: 기술에 정복당한 오늘의 문화(Technopoly: The Surrender of Culture to Technology)』(2001)에서 여론조사의 문제를 다음 네가지로 정리해 제시했다.

첫째, 거의 모든 이슈에 대한 대중의 '여론'은 질문의 제기 방식에 달려

10 프랭크 뉴포트(Frank Newport), 『여론조사: 대중의 지혜를 읽는 핵심 키워드』, 정기남 옮김, 휴먼비즈니스, 2004/2007, 26, 85쪽.

11 데이비드 솅크(David Shenk), 『데이터 스모그』, 정태석·유홍림 옮김, 민음사, 1997/2000, 171쪽.

있다. 어떻게 묻느냐에 따라 결과는 크게 달라질 수 있다는 것이다. 둘째, 사람들은 '의견 형성 과정'에 있음에도 여론조사는 사람들이 의견을 갖고 있다고 전제한다. 셋째, 여론조사는 측정과 서열화에 집착한 나머지 설문주제에 대해 사람들이 잘 알고 있다고 간주한다. 넷째, 여론조사는 정치 지도자와 유권자 사이의 책임소재를 뒤바꿔 놓았다. 지도자들이 자신의 결정에 책임을 지는 대신 판단을 보류하고 유권자들의 의견을 추종한다는 것이다.[12]

진보적 정치 컨설턴트 조 트리피Joe Trippi는 『혁명은 TV로 중계되지 않는다(The Revolution Will Not Be Televised: Democracy, the Internet, and the Overthrow of Everything)』(2004)에서 다음과 같이 개탄했다.

"여론조사와 이를 위한 초점집단에 의존하는 것이야말로 정치에서 최악의 트렌드다. 이는 후보의 신념을 흐리멍텅한, 시장 테스트를 거친, 중도적 입장으로 대체해 버린다. 정말이지 바보같은 짓이라고 말하고 싶다. 여론조사는 정치에 필요한 용기를 없애버렸다는 것이 내 생각이다."[13]

'인간의 얼굴을 가진 여론조사'는 가능한가?

이렇듯 비판자들은 지도자들이 여론조사의 노예가 되었다고 비판하

---

12 닐 포스트먼(Neil Postman), 『테크노폴리: 기술에 정복당한 오늘의 문화』, 김균 옮김, 민음사, 1992/2001, 189-192쪽.

13 Joe Trippi, *The Revolution Will Not Be Televised: Democracy, the Internet, and the Overthrow of Everything*, New York: ReganBooks, 2004, p.36.

고, 일부 학자들은 여론조사에 의존하는 정치를 가리켜 냉소적인 의미로 '서베이 민주주의(survey democracy)'라는 신조어新造語를 만들었지만,[14] 미국인들이 여전히 여론조사를 지지하는 걸 어이하랴.

1996년 미국인의 70%가 여론조사가 민주주의 발전과 공익 증진을 위해 기여한다며 지지하는 것으로 나타났다.[15] 미국인들은 정치적 이슈들을 결정하는 데 있어서 여론조사의 역할에 대해 낙관적이며, 민주 생활의 기초로 여론조사가 갖는 능력에 대해 신뢰한다. 이렇듯 포퓰리즘과 여론조사는 상호 친화적이다.[16]

포퓰리즘이 나쁜가? 꼭 그렇진 않다. "정치인이 여론에 순응하는 걸 가리켜 '인기영합(pandering)'이라고 하는데, 이게 과연 온당한가? 무엇이 문제란 말인가? '정치적 대응성(political responsiveness)'이라고 부르는 게 온당하다."는 반론을 감안할 필요가 있겠다.[17] 그럼에도 여론을 추종하는 정치에 많은 문제가 있다는 것도 분명한 사실이다.

가장 중요한 문제는 대중의 무지(public ignorance)에 관한 것이다. 대중을 깔보거나 얕잡아보는 게 아니라. 유식한 사람이라 할지라도 자기 할 일에 바쁘다 보면 공적 이슈들에 대해 잘 모르는 경우가 많다. 그 문

---

14 홍영림, "여론조사가 '국민의 뜻'일까", 〈조선일보〉, 2012년 11월 5일.

15 Kenneth F. Warren, *In Defense of Public Opinion Polling,* Boulder, CO: Westview, 2003, pp.54-57.

16 Jeffrey Bell, *Populism and Elitism: Politics in the Age of Equality,* Washington, D.C.: Regnery Gateway, 1992, pp.76-91.

17 Lawrence R. Jacobs & Robert Y. Shapiro, *Politicians Don't Pander: Political Manipulation and the Loss of Democratic Responsiveness,* Chicago: The University of Chicago Press, 2000, pp.xiv-xv.

제가 매우 심각한데도 불구하고, 이걸 모른 척 하고 여론조사를 지금처럼 계속 해야 하는가? 이런 의문이 지속적으로 제기되면서, 어떤 이슈에 대한 여론조사와 더불어 그 이슈에 대한 응답자의 지식 수준, 그리고 그 이슈가 응답자에게 중요한지, 투표에 영향을 미치는지 그것도 같이 조사하자는 대안이 제시되기도 했다.[18]

스탠포드대 커뮤니케이션학자이자 정치학자인 제임스 피시킨James S. Fishkin(1948-)은 1988년 '숙의 여론조사(deliberative poll)'를 제안했다. 전국적인 랜덤 샘플을 통해 고른 사람들이 한 곳에 모여 토의한 뒤 그들을 대상으로 여론조사를 하자는 것이다.

심리학자이자 여론조사 전문가(pollster)인 대니얼 양켈로비치Daniel Yankelovich(1924-)도 1991년에 출간한 『공적 판단을 위하여(Coming to Public Judgment: Making Democracy Work in a Complex World)』에서 "public opinion"이 너무 많은 것을 의미한다며 최소한 '대중의견(mass opinion)'과 '공적 판단(public judgment)'은 구분해서 조사하자고 제안했다. 그는 자신은 "숙의적 판단(full deliberative judgment)"을 원했지만, 미디어는 "스냅샷(snapshot)"을 원했다면서, 기존 조사 방식이 대중의 여론조사에 대한 불신을 가져올까봐 걱정했다.[19]

---

18 David W. Moore, *The Opinion Makers: An Insider Exposes the Truth Behind the Polls*, Boston, MA: Beacon Press, 2008, pp.145-146.

19 Daniel Yankelovich, *Coming to Public Judgment: Making Democracy Work in a Complex World*, Syracuse, NY: Syracuse University Press, 1991, p.42; David W. Moore, *The Opinion Makers: An Insider Exposes the Truth Behind the Polls*, Boston, MA: Beacon Press, 2008, pp.28-29. 김대영은 '과정으로서의 의미'를 살리기 위해 'public judgment'를 '공론화'로 번역한다. 김대영, 「공론화를 위한 정치평론의 두 전략: 비판전략과 매개전략」, 『한국정치학회보』 제38권2호, 2004년 6월, 125쪽.

'숙의 여론조사'를 제안한 피시킨은 1995년 자신의 주장을 체계화시킨 『국민의 목소리: 여론과 민주주의(The Voice of the People: Public Opinion & Democracy)』의 출간 이후 미국은 물론 세계 각국에서 '숙의 여론조사' 프로젝트를 진행했다. 1996년 1월 최초로 랜덤샘플 미국인이 오스틴 텍사스대학에 모여 '숙의 여론조사'를 시도했는데, 이는 "인간의 얼굴을 가진 여론조사(poll with a human face)"로 명명되었다.[20]

왜 "2016 미국 대선에서 최악의 패자는 여론조사"가 되었나?

숙의 여론조사의 장점 중 하나는 응답자들의 이른바 '의견없음(non-attitude)'의 문제를 넘어설 수 있다는 것이었다. 응답자가 진정한 의견이 없음에도 무식하게 안보이려고 설문에 응답함으로써 여론을 왜곡시키는데, 숙의 여론조사는 이 문제를 확실하게 교정할 수 있다는 것이다.[21] 숙의 여론조사는 듀이의 숙의 민주주의를 계승한 것으로 사실상 리프먼-듀이 논쟁의 재현이었다.[22]

---

20 James S. Fishkin, *The Voice of the People: Public Opinion & Democracy,* New Haven: Yale University Press, 1995, pp.161-203; James S. Fishkin, "Deliberative Polling, Public Opinion, and Democratic Theory", Michael A. Genovese & Matthew J. Streb, eds., *Polls and Politics: The Dilemmas of Democracy,* New York: State University of New York Press, 2004, p.154.

21 Matthew J. Streb & Michael A. Genovese, "Polling and the Dilemmas of Democracy," Michael A. Genovese & Matthew J. Streb, eds., *Polls and Politics: The Dilemmas of Democracy,* New York: State University of New York Press, 2004, p.5.

22 Mark Whipple, "The Dewey-Lippmann Debate Today: Communication Distortions, Reflective Agency, and Participatory Democracy," *Sociological Theory,* 23:2(2005), pp.163-164.

하지만 여론조사 결과를 흥미 위주의 뉴스 상품으로 팔기 바쁜 언론이 그런 대안과 제안을 수용할 리는 만무했고, 그래서 여전히 심각한 결함이 교정되지 않은 채로 여론조사가 이루어졌으며, 이는 2010년대까지 지속되었다. 2012년 미국 대선에서 밋 롬니Mitt Romney 공화당 후보의 승리를 예측했다가 실패한 여론조사기관 갤럽은 올해 2016 대선에선 예측조사를 하지 않겠다고 선언했다.[23] 현명한 결정이었다. 2016년 11월 8일 미국 대선은 힐러리 클린턴뿐 아니라 미국 주류 언론과 여론조사업계의 참패로 나타났으니 말이다.

힐러리의 당선 확률을 『뉴욕타임스』는 84%, 『허핑턴포스트』는 99%로 봤지만, 유권자들은 전혀 다른 생각을 하고 있었음이 밝혀졌다. 〈로이터〉 통신과 여론조사업체 '입소스'가 투표를 마친 1만604명의 유권자를 대상으로 실시한 출구조사 결과를 보면, 전체 응답자 중 75%는 "권력자와 부유층으로부터 나라를 되찾기 위해 미국은 강한 리더를 필요로 한다"고 답했고, 66%는 "기성 정당과 정치인들은 나 같은 사람들은 안중에 없다"고 답했다. 선거 내내 '기득권 정치인' 이미지를 벗지 못한 클린턴보다 '강한 리더십'을 보여준 트럼프를 응원하는 숨겨진 민심이 엿보였다.

미디어 칼럼니스트 마거릿 설리번은 『워싱턴 포스트』에 "결론적으로 굉장히 많은 미국 유권자들은 다른 것을 원하고, 이들이 이 사실을 목소리 높여 외쳤으나 대부분의 언론인은 귀를 막고 있었다"며 "단도직입적으로 말하자면 언론이 잘못 짚었다"고 꼬집었다. 『워싱턴포스트』는 트럼프 승리 후 기사를 통해 "우리 기자들은 트럼프 지지층을 취재하면서도

---

23 이에스더 · 안효성, "이대로면 내년 대선 여론조사는 쓰레기 될 것", 〈중앙일보〉, 2016년 4월 15일.

이들 의견을 진지하게 받아들이지 않았다. 더 나아가 우리가 원하는 여론조사 결과만 보며 안도감을 느꼈다"고 자조했다.[24]

망신은 언론이 더 당했지만 "미국 대통령 선거에서 최악의 패자는 여론조사"라는 평가가 나왔다. 주요 여론조사 기관 11곳 중 9곳이 틀렸으니 말이다. 미국 여론조사 연합회는 "이번에는 완전히 틀렸다"면서 "여론조사의 위기를 우려하는 목소리가 나온다"고 말했다.[25] 실제로 여론조사 무용론無用論도 제기됐다. 폭스뉴스의 앵커 메긴 켈리는 "애초 그들의 예측을 보도할 가치가 전혀 없었던 것 아니냐"고 했다. 실제로 트럼프는 선거운동 기간 중 "여론조사 기관이 나에게 불리한 결과만 발표한다"며 "브렉시트(영국의 유럽연합 탈퇴) 때처럼 예상 밖 결과가 나올 것"이라고 주장했다. 당시 이를 인정하는 전문가는 드물었지만, 실제 개표 결과가 트럼프 주장처럼 예상 밖으로 나오자 "미국판 브렉시트가 벌어졌다"(텔레그래프)는 반응이 나왔다.[26]

그러나 대선 직전 트럼프 우위를 점친 유력 기관이 2곳이나마 있었으니 여론조사업계가 너무 좌절한 일은 아니겠다. 선거 하루 전인 7일 LA타임스와 서던캘리포니아대학(USC)은 공동조사에서 48%인 트럼프가 43%의 클린턴을 앞섰다고 했고, 경제전문매체 인베스터즈 비즈니스 데일리(IBD)와 여론조사기관 테크노메트리카 마켓 인텔리전스(TIPP)는 8

---

24 황금비 · 김지은, "여론조사는 '숨은 트럼프표'를 놓쳤다", 〈한겨레〉, 2016년 11월 10일; 이기준, "NYT "클린턴 당선 확률 84%" 미 주류 언론 망신", 〈중앙일보〉, 2016년 11월 10일.

25 최우규, "미 대선의 패자 여론조사", 〈경향신문〉, 2016년 11월 11일.

26 이기훈, "클린턴 승리 확률 85% · 99% 예상하더니… 체면 구긴 언론 · 여론조사기관", 〈조선일보〉, 2016년 10월 11일.

일 45% 대 43%로 트럼프 우위를 예상했다. 이 두 곳의 여론조사 기법은 좀 달랐다.

예컨대, LA타임스는 투표 의향에 중점을 뒀다. 조사 때마다 응답자를 무작위 추출하는 대신 3000여명을 골라 추적 조사했다. 그러면서 2012년 대선 때 누구를 찍었는지를 기반으로 가중치를 주고, 실제 투표할지도 거듭 물었다. 인터넷을 통한 조사도 병행했다. 그 이유에 대해 USC 경제·사회조사 사이프센터 책임자인 아리 캡테인은 "일부 유권자들은 조사원과의 직접 면담에서 트럼프 지지 사실을 인정하길 부끄러워했다"고 말했다.[27]

그래서 나온 말이 바로 '브래들리 효과(Bradley effect)'다. 1982년 캘리포니아 주지사에 출마한 민주당의 흑인 후보 토머스 브래들리Thomas Bradley(1917-1998)는 여론조사에서 앞서고도 공화당의 백인 후보인 조지 듀크미지언George Deukmejian(1928-)에게 졌는데, 백인 상당수가 인종적 편견을 숨기기 위해 여론조사 때는 브래들리 지지 의사를 밝히고 실제 투표는 백인 후보에게 한 것과 비슷하다는 것이다. 이번 대선에서도 자신의 정치 성향을 밝히길 꺼리는 트럼프 지지자가 다수 있어 여론조사가 어긋났다는 분석이다. 폴리티코 등 미국 언론은 이들을 가리켜 '부끄러워하는 트럼프 투표자(shy trump voter)'로 부르면서, "'스텔스 투표(stealth vote)'를 했다"고 표현했다.[28]

---

27 최우규, "미 대선의 패자 여론조사", 〈경향신문〉, 2016년 11월 11일.

28 이기훈, "클린턴 승리 확률 85% · 99% 예상하더니… 체면 구긴 언론 · 여론조사기관", 〈조선일보〉, 2016년 10월 11일. '브래들리 효과'는 여론조사나 설문조사에서 응답자들이 다른 사람들에 의해 좋게 보이거나 좋은 인상을 줄 수 있는 답을 하려는 경향이 있다는 이른바 '사회적 선망 편향(social desirability bias)' 때문에 일어난다. 일

여론조사는 게임이자 엔터테인먼트다

여론조사의 아버지라 할 조지 갤럽George H. Gallup(1901-1984)이 이런 일련의 모습을 보고 있다면 어떤 생각을 할까? 사실 문제의 핵심은 정확성이 아니다. 여론조사의, 여론조사에 의한, 여론조사를 위한 선거와 더불어 선거가 아닌 평상시의 정치마저 여론조사에 휘둘리고 있다는 게 문제의 본질이다.

존 듀이처럼, 사람들의 '면대면 관계(old face-to-face relationships)'와 '마을 회의(the small-town meeting)에 대한 강한 향수를 갖고 있던 갤럽은 엘리트주의적 이상이 미국 민주주의를 훼손한다고 보았으며 여론조사가 그 견제책이라고 생각했다. 정치적 의사결정을 엘리트 마음대로 하지 말라는 것이다.[29]

자신이 지식인이자 전문가이면서도 지식인과 전문가를 불신한 갤럽은 엘리트 지배와 민주적 정부는 양립 불가하다고 생각했다. 그래서 갤럽을 가리켜 시민들의 일상에서의 집단지성을 신뢰한 '대초원 포퓰리스트(Prairie populist)'라고 말하는 이들도 있다.[30]

그러나 방법이 문제이지, 갤럽의 꿈을 어찌 포퓰리즘이라고 폄하할 수

종의 '인상 관리(impression management)'를 하는 것이다. 〈Social desirability bias〉, [Wikipedia]; 〈Impression management〉, [Wikipedia]. 강준만, 「왜 어떤 기업들은 절대 시장조사를 하지 않을까?: 사회적 선망 편향」, 『감정 독재: 세상을 꿰뚫는 50가지 이론』, 인물과사상사, 2013, 209-214쪽 참고.

29 Sarah E. Igo, *The Averaged American: Surveys, Citizens, and the Making of a Mass Public*, Cambridge, MA: Harvard University Press, 2007, p.123; Kenneth F. Warren, *In Defense of Public Opinion Polling*, Boulder, CO: Westview, 2003, pp.54-57.

30 Robert S. Erikson & Kent L. Tedin, *American Public Opinion: Its Origins, Content, and Impact*, 5th ed., Boston, MA: Allyn and Bacon, 1995, pp.3-4.

있겠는가. 다만 한가지 분명한 사실은 오늘날 갤럽의 꿈은 사라지고 없다는 점이다. 여론조사가 돈벌이가 된다는 것을 눈치챈 사람들이, 또 여론조사를 정치적 목적으로 이용할 사람들이 여론조사를 양산해내고 또 언론이 비교적 생산원가가 싸게 먹히는 뉴스의 일종으로 여론조사 결과를 함부로 이용함에 따라 여론조사는 그 본래의 목적을 상실한 채 오히려 매우 무책임하고 변덕스런 정부를 만들어내는 데에 일조하였을 뿐만 아니라 여론조작을 더욱 쉽게 만들어주는 결과까지 초래하고 말았다.

대중은 여론조사를 일종의 게임으로 즐길 뿐이기 때문에 바람 따라 노는 것에 별 문제의식을 갖고 있지 않다. 여론조사는 범국민적 오락인 셈이다. 일종의 '바람 놀이'다. 굳이 좋게 말하자면, 정열과 소신의 부질없음을 깨달은 체념과 냉소의 지혜라고나 할까. 가벼운 인상 비평의 수준에서 자신의 선택을 게임으로 여기는 기존 '여론조사 공화국' 체제는 신축성·융통성·역동성 등과 같은 그 나름의 장점이 있으므로 부정적으로만 볼 일은 아니지만, 그 사회적 비용은 성찰의 고갈과 더불어 정치적 불확실성·불안정성의 증대다.

하긴 그게 엔터테인먼트의 묘미이긴 하다. 그런데 엉뚱한 의문이 든다. 한국인은 진정 정쟁을 혐오하는가? 혹 욕 하면서 즐기는 건 아닌가? 싸움 구경만큼 재미있는 게 어디 있겠는가만서도 정치를 엔터테인먼트 산업으로 여겨도 좋을 만큼 세상이 편안치 않은 게 문제다.

여론조사는 SNS 시대에 어떻게 바뀔까? 송인혁·이유진은 "트위터의 메시지 전파력과 소통성에 의거해서 주고받고 있는 서비스 중의 하나가 소셜 설문조사 시스템이다. 소위 '실시간 여론조사' 방법이다."며 이렇게 말한다. "앞으로 갤럽과 같은 여론조사 기업이 망할 수도 있겠다는 생각을, 트위터를 하는 사람들이라면 한 번쯤 해보았을 것이다. 게다가 단순한 설문조사뿐만 아니라 전문 여론조사 기관 빰칠 수준의 여론조사 툴을 무료로 제공하는 서비스들도 속속 등장하고 있기 때문에 앞으로의 추이가 주목된다."[31]

그러나 그 어떤 변화가 일어나건 여론조사 결과가 미디어의 상업적 목적으로 활용되는 현 체제하에선 갤럽의 꿈은 꿈으로만 머무를 가능성이 크다. 실러는 "여론조사는 현상유지를 위한 매춘"이라고 했지만, 그런 거친 표현보다는 여론조사는 "여론조사로 먹고 사는 사람들을 위한 게임이자 그 게임을 즐기는 사람들을 위한 엔터테인먼트"라고 하는 게 어떨까? 여론조사 결과에 일희일비一喜一悲하지 않고 긴 안목과 호흡으로 세상을 살아가는 건 결코 쉬운 일이 아니다.

왜 『여론』은 20세기 사회과학의 걸출한 '고전'인가?

'전문가의 죽음'이라는 사회적 상황에도 불구하고 리프먼이 끊임없이 소환되곤 하는 이유도 바로 여기에 있다. 일부 좌파의 혹독한 비판에도 불구하고, 리프먼의 『여론』은 90여년이 지난 오늘날에도 모든 뉴스와 여론 연구에서 빠지지 않고 인용되는 불후의 명작이며, 모든 언론인과 언론학도들의 필독서로 군림하고 있다. 진보적인 미국 언론학자 제임스 캐리James W. Carey(1934-2006)는 이 책을 '현대 저널리즘의 초석을 놓은 책(the founding book of modern journalism)'이자 '미국 미디어 연구의 초석

31 송인혁 · 이유진 외, 『모두가 광장에 모이다: 소셜이 바꾸는 멋진 세상』, 아이앤유, 2010), 300-301쪽.

을 놓은 책(the founding book in American media studies)'으로 평가한다.[32] 물론, 커뮤니케이션학계에 막강한 지도력을 행사했던 캐리는 리프먼을 엘리트주의자이자 반反민주주의자로 각인시킨 핵심 인물이지만 말이다.

서울대 언론정보학과 교수 박승관은 "현대 언론학이 다루고 있는 다기하고 방대한 쟁점 영역과 문제틀도 90년 전『여론』이 발굴해낸 탁월한 개념적, 이론적 성과의 폭을 크게 벗어나고 있다고 주장하기는 어려울 것이다."며 다음과 같이 말한다.

"이 책은 20세기 전반 상업주의와 당파주의의 역사적 잔재를 여전히 극복하지 못하고 있었던 미국 언론을, 참된 '민주주의'를 보강할 수 있는 독립적 전문기관으로 격상시키기 위한 도덕적, 철학적 기준과 원칙을 설정하는 데 크게 공헌하였다. '사실'과 '의견'을 엄격하게 가분하는 객관주의 언론의 출현을 위한 이론적 모형을 마련하였으며, 언론인의 전문직화(professionalism)에 선구적 영향을 남겼다. 리프만이 제공한 학문적 유산은 이처럼 값진 것이었으므로, 우리는『여론』을 20세기 사회과학이 얻어낸 걸출한 '고전'으로 평가하는 데 인색할 수 없게 된다."[33]

연세대 언론홍보영상학부 교수 김영석은 리프먼의『여론』을 처음 읽게 된 자신의 경험을 이렇게 이야기하고 있다. "대학에 입학한 후 한동안 전공 및 진로 문제로 고민에 빠졌던 적이 있다. 그러던 중 우연한 기회에 한 권의 책을 접하게 되었고 그것은 내가 진로를 결정하는 데 중요한 계

---

32 James W. Carey, "The Press and the Public Discourse", *The Center Magazine*, March 1987.

33 박승관,「언론은 참된 여론과 건강한 민주주의를 만들 수 있는가?: 월터 리프만,『여론』」, 박명규 외,『사회과학 명저 재발견 2』, 서울대학교출판문화원, 2011, 42-43쪽.

기가 되었다.... 당시에 느꼈던 충격이 지금까지도 생생하게 살아 남아 있을 뿐만 아니라 지금도 언론과 여론의 관계를 연구할 때마다 우선으로 읽으면서 그 때의 느낌을 되살리곤 한다."[34]

물론 리프먼이 제기한 문제들은 여전히 미해결의 상태로 남아 있다. 아니 원초적으로 해결이 불가능한 문제인지도 모른다. 지난 100년 가까이 축적된 심리학적, 행동경제학적 연구는 리프먼이 제기한 '고정관념'의 문제는 타고난 '인지적 구두쇠'인 우리 인간으로선 거의 본능에 가까운 것이어서 넘어서기 어렵다는 결론들을 제시하고 있다.

오죽하면 그런 본능이나 습관을 오히려 역이용하자는 '넛지(Nudge)'와 같은 행동경제학적 대안이 모색되고 있겠는가.[35] 그렇게 본다면 리프먼의 주장은 그게 극복이 가능할 것처럼 생각했던 시절의 이야기인지도 모른다. 아니 어쩌면 리프먼도 불가능하다고 생각했을지도 모르겠다. 하지만 그렇다고 포기할 수 없는 게 우리 인간 아닐까?

리프먼은 정보와 지식을 탐한 단독자였다

리프먼에 대한 연구는 여전히 진행형이다. 그것도 매우 다양하게 말이다. 그는 '미국의 키케로Cicero'라는 말을 들을 정도의 정치사상가였다.[36] 제임스 레스턴은 『월터 리프먼과 그의 시대(Walter Lippmann and His

---

34 김영석, "나와 이 책--월터 리프만『여론』", <경향신문>, 1991년 3월 23일, 22면.

35 강준만, 「'넛지 커뮤니케이션'의 방법론적 유형 분류: 공익적 설득을 위한 넛지의 활용 방안」, 『한국언론학보』 제60권6호, 2016년 12월, 7-35쪽 참고.

36 Scott Horton, "Walter Lippmann, Remembered", *Harper's*, October 26, 2007.

Times)』(1959)에서 "리프먼은 의심할 여지 없이 자신의 정치철학에 관한 책들로 평가받기를 원할 것이다"고 했다. 클린턴 로시터Clinton Rossiter와 제임스 레어James Lare는 『에션셜 리프먼(The Essential Lippmann)』(1963)에서 "리프먼은 아마도 20세기에서 가장 중요한 정치사상가"라고 평가했다.[37]

리프먼은 대중과 소통을 하는 공공경제학자이기도 했다. 그는 1963년 1월 30일자 칼럼에서 '구성의 오류(fallacy of composition)'를 제시하면서 재정정책에서 사람들에게 이걸 이해시키는 데엔 한 세대가 걸릴 것이라고 생각했다.[38] 크라우퍼드 굿윈Craufurd D. Goodwin은 2014년에 출간한 『월터 리프먼: 공공 경제학자(Walter Lippmann: Public Economist)』에서 리프먼이 『헤럴드 트리뷴』에 1931년에서 1946년까지 15년간 쓴 1500여개의 칼럼 가운데 1천개 정도가 경제적 이슈들을 다루고 있다며, 공공경제학자로서의 리프먼을 조명했다.[39]

---

37 Benjamin F. Wright, *Five Public Philosophies of Walter Lippmann*, Austin:University of Texas Press, 1973/2015, p.9.

38 Craufurd D. Goodwin, *Walter Lippmann: Public Economist*, Cambridge, MA:Harvard University Press, 2014, p.324. 구성의 오류는 부분에 대하여 말할 수 있는 것을 전체에 부당하게 적용하거나 또는 개별적인 요소에 해당되는 것을 집합 전체에 부당하게 적용하는 것인데, 개인적으로는 타당한 행동을 모두 다 같이 할 경우 전체적으로는 부정적인 결과가 초래될 때 쓰이는 말이다. 경제학자 존 메이나드 케인스(John Maynard Keynes, 1883-1946)가 말한 '절약의 역설(Paradox of Thrift)'이 좋은 예다. 불황에 저축을 늘리면 개인은 안전감을 느끼겠지만 모두가 다 그렇게 하면 소비가 줄어 경기를 더 악화시키는 결과를 초래한다는 것이다. 강준만, 「왜 풍년이 들면 농민들의 가슴은 타들어 가는가?: 구성의 오류」, 『생각의 문법: 세상을 꿰뚫는 50가지 이론』, 인물과사상사, 2015, 271-276쪽 참고.

39 Craufurd D. Goodwin, *Walter Lippmann: Public Economist*, Cambridge, MA:Harvard University Press, 2014; Sue Curry Jansen, "Book review: Craufurd D Goodwin

사실 리프먼은 하버드 경제학과와 긴밀한 관계를 맺으면서 경제학자들과 자주 만나 토론을 하곤 했다. 그들은 서로 이용하는 관계였다. 리프먼은 그들과의 교류를 통해 경제학을 끊임없이 공부할 수 있었고, 경제학자들은 리프먼의 영향력을 원했기에 리프먼이 쉬운 말로 경제학을 칼럼에서 소개하는 것을 반겼다. 정치학자들은 물론 기업인과 법률가들도 비슷한 이유로 리프먼과 교류했다. 이렇듯 리프먼은 다양한 분야에서 지적 영향력을 행사하면서 배움의 기회를 스스로 만들어내는 삶을 살았다.[40]

그런 삶은 그가 조직을 좋아하지 않는 단독자(loner)였기 때문에 가능했던 일인지도 모른다. 단독자의 삶은 그가 수많은 정부 고위직 제의와 하버드, 콜럼비아, 시카고대 등 여러 명문대 교수직 제의를 거절한 이유이기도 했다.[41] 정보와 지식을 탐했던 리프먼의 이런 점을 무시한 채 그를 단지 권력을 탐하는 '폴리널리스트(politics + journalist)'로만 보는 게 온당할까?

IT 시대에도 리프먼은 여전히 소환되곤 한다. 예컨대, 조노선 오바 Jonathan A Obar는 2015년에 발표한 〈빅데이터와 유령공중: 월터 리프먼과 데이터 프라이버시 자기관리(Big Data and The Phantom Public: Walter Lippmann and the fallacy of data privacy self-management)〉란 논문에서 '데이터 프라이버시 자기관리'는 리프먼이 『유령공중』에서 자치

Walter Lippmann: Public economist", *Journalism*, 1:2(2016), pp.1-2.

40 Craufurd D. Goodwin, *Walter Lippmann: Public Economist*, Cambridge, MA:Harvard University Press, 2014, pp.2, 40-44, 60, 72-73.

41 Craufurd D. Goodwin, *Walter Lippmann: Public Economist*, Cambridge, MA:Harvard University Press, 2014, p.37.

(self-governance)에 대한 낭만적인 환상을 비판하면서 사용한 표현인 '실현할 수 없는 이상(unattainable ideal)'에 지나지 않는다고 주장한다.[42]

'저널리즘 · 여론 · 민주주의 3위1체론'의 완성은 '시지프스의 노동'

리프먼이 가졌던 사상의 한계 그리고 그의 인간적 한계에도 불구하고 리프먼이 남긴 족적은 결코 과소평가될 수 없는 것이다. 아마도 리프먼의 참된 가치는 그의 왕성한 회의력 그 자체에서 발견하는 것이 옳을지도 모르겠다. 리프먼은 이마누엘 칸트Immanuel Kant(1724-1804) 이래로 서구 사상에 출몰해 수많은 사상가들을 괴롭혀 온 '주관성(subjectivity)'의 문제에 골몰한 인물이었다. 리프먼은 언론자유의 문제를 도덕과 정치의 문제에서 '인식론(epistemology)'의 문제로 재정의하였다.[43]

물론 그 결과는 국가와 계급의 문제를 희석시키고 또 역설적으로 공적 영역의 '탈정치화'에 기여하는 것으로 나타났다는 지적도 있지만, 그런 한계를 극복하는 건 다른 사람들의 몫인지도 모른다. 진보주의자들은 이념적 관점에서 리프먼을 평가하려는 경향이 있지만, 리프먼의 주장은 이념의 좌우를 떠나 고민의 대상으로 삼을 필요가 있다.

리프먼이 사람들을 자극하는 심리적 힘을 무시하고 정치제도에 대해

---

42 Jonathan A Obar, "Big Data and The Phantom Public: Walter Lippmann and the fallacy of data privacy self-management", *Big Data & Society*, 2:2(July-December 2015), pp.1-16.

43 James W. Carey, "The Mass Media and Critical Theory: An American View", Michael Burgood, ed., *Communication Yearbook 6*, Beverly Hills, CA.: Sage, 1982, pp.18-33.

서만 말하고 그것을 통계로만 표현하려 했던 미국의 정치학에 대해 정면 공세를 취한 건 높이 평가할 만 하다. 리프먼이 "인물의 전기傳記를 쓰게 되면 정치적 신념이 논리적으로 결정된다는 생각은 바늘에 찔린 풍선처럼 붕괴되고 만다."는 명언을 남긴 것도 그런 맥락에서 이해할 수 있지 않을까?[44]

어떤 평론가의 말대로 마르크스가 '보드룸(boardroom)'의 문제를 그리고 프로이트가 '베드룸(bedroom)'의 문제를 제기했다면 리프먼은 '뉴스룸(newsroom)'의 문제를 제기하였다. 특히 리프먼이 "서구 민주주의의 위기는 저널리즘의 위기이다"라고 단언한 것은 깊이 되새겨볼만한 가치가 있다.[45]

언론이 단지 사회사 또는 문화사의 일부로 연구되어서는 안되며 민주적 정부의 운영과 관련하여 연구되어야 한다는 리프먼의 주장 자체는 이데올로기의 문제를 떠나 얼마든지 수용할 가치가 있으며, 또 마땅히 그러해야 한다고 판단된다. 특히 아직도 정치 연구에서 언론을 무시하는 경향이 있는 사람들은 리프먼을 반드시 읽어야 하지 않을까?

리프먼에게 신문은 무엇보다도 정치적 제도였다. 언론인들도 스테레오타입을 공유하고 있다는 사실을 심각하게 문제삼은 리프먼은 여론이 언론에 의해 형성되기 보다는 언론을 위해 형성되어야 하며 그러기 위해서는 보이지 않는 사실들을 밝혀내는 독립적인 전문 기구의 설립이 필요

---

44 Ronald Steel, *Walter Lippmann and the American Century,* Boston, MA: Little, Brown, 1980, p.xiii.

45 Walter Lippmann, *Liberty and the News,* New York: Harcourt, Brace and Howe, 1920, p.5.

하다고 주장했다. 그러한 대안은 여전히 현실성이 결여된 이상이기는 하지만 계속 고민의 대상으로 삼을 가치는 있다.

명백한 한계를 보여주긴 했지만 리프먼은 자신의 대안을 부분적으로나마 실천해보였다. 그는 저널리즘이 단지 자질구레한 사실의 집합을 나열한 '게시판'이 아니며 무언가를 분석해 설명하고 아디이어를 포용해야 한다는 것을 실천해 보였다. 그는 자신의 칼럼에 소문과 가십을 다루지 않았다. 고위 관리들의 말이 바이블이라도 되는 냥 인터뷰에 크게 의존하는 다른 칼럼니스트들의 방식을 전면 거부하였다. 다른 언론인들이 이벤트의 포로였던 반면에 그는 매우 원대한 시각과 전망을 보여 주었다.

언론인이 자기 자신을 스스로 통제한다고 하는 건 매우 쉬운 일인 것 같지만 그건 축적된 지식과 폭넓은 안목이 없이는 이루어내기 어려운 목표이다. 오늘날 한국 언론에게 가장 필요한 것 중의 하나는 겉만 번지르르하고 변덕스러운 이벤트들의 나열과 출몰에 지배당하지 않고 그들을 오히려 지배하는 분석력과 통찰력이 아닐까? 뉴스 출처, 즉 권력자들의 여론조작 시도가 날이 갈수록 기승을 부리고 있기에 그러한 필요성은 더욱 절실하다. 자기 자신의 작업에 스스로 끊임없는 이의를 제기하고 아무리 작을 망정 자기 자신의 독립적인 세계를 꿈꾸는 야망이 언론인들에게 필요하다는 것을 리프먼은 가르쳐주고 있다 하겠다.

저널리즘·여론·민주주의 3위1체론에 대한 이해와 환기를 위해서라도 앞으로 리프먼의 이름은 계속 불려지게 될 것이다. 저널리즘·여론·민주주의 3위1체론을 명실상부하게 만드는 것은 일견 '시지프스의 노동(labor of Sisyphus)'과 다를 바 없을 망정, 그건 변화를 바라는 자들의 숙명이다. 우리가 그 반대의 노동을 해야 하는 게 아니라면 말이다.

부록 1

'저널리즘' 관련 논문 목록 (발행일순)

황우선 · 김성해, 〈한국근대저널리즘 개척자로서 H. 헐버트 연구〉, [커뮤니케이션학연구], 25권1호(2017년 봄), 239-263쪽.

고대훈, 〈사건저널리즘의 사회적 현실 구성 : 1988년~2013년 중앙일보 사건뉴스를 중심으로〉, 한국외국어대학교 대학원 신문방송학과 박사학위논문, 2017년 2월.

김진배, 〈소셜네트워크 시대의 저널리즘 방향성에 관한 연구 : 언론전문직주의를 중심으로〉, 서강대학교 대학원 신문방송학과 석사학위논문, 2017년 2월.

서영준, 〈전북지역 언론사 기자들의 로봇 저널리즘 인식에 대한 Q방법론적 연구〉, 전북대학교 일반대학원 신문방송학과 석사학위논문, 2017년 2월.

유수정 · 이건호, 〈메인 뉴스 논조 차별화가 드러낸 한국 종편 저널리즘의 지형 : 무상복지 이슈를 중심으로〉, [한국언론학보], 61권1호(2017년 2월), 7-35쪽.

민영식, 〈신뢰의 조건 : 저널리즘 전문성과 정파적 편향성이 언론 신뢰와 정치 신뢰에 미치는 영향〉, [한국언론학보], 60권6호(2016년 12월), 127-156쪽.

이재원 · 박동숙, 〈소셜 네트워크 저널리즘 시대의 뉴스 리터러시 재개념화 : 뉴스 큐레이션 능력을 중심으로〉, [사회과학연구논총](이화여자대학교 이화사회과학원), 32권2호(2016년 10월), 171-206쪽.

김대원 · 지영환, 〈드론저널리즘 전개과정에서 부각될 형사법적 쟁점에 대한 탐색 : 현직 경찰의 인식 연구를 중심으로〉, [경찰학연구], 16권3호(2016년 9월), 63-99쪽.

오세욱, 〈저널리즘과 알고리즘의 융합에 대한 탐색적 연구〉, [사이버커뮤니케이션학보], 33권3호(2016년 9월), 51-101쪽.

나유리, 〈로봇저널리즘에 대한 매체별 기자 인식연구 : Q방법론적 접근〉, 중앙대학교 대학원 신문방송학과 석사학위논문, 2016년 8월.

문영기, 〈국내 온라인 저널리즘에서 인터랙티브 뉴스 기사의 활용사례 분석〉, 중앙대학교 예술대학원 예술경영학과 석사학위논문, 2016년 8월.

박선이, 〈한국 신문의 문화저널리즘 : 형성과 변화〉, 이화여자대학교 대학원 언론홍보영상학과 박사학위논문, 2016년 8월.

이기형 · 김세은 · 김경희, 〈매체 환경 변화 속 신문 '문화 저널리즘'의 현황과 명암 : 주요 일간지 문화부 기자들과의 심층 인터뷰를 중심으로〉, [언론과 사회], 24권3호(2016년 8월), 225-285쪽.

이정훈, 〈실용주의적 목적과 발전주의적 역사관의 만남 : 미국 저널리즘사 연구의 최신 동향, 2005~2014〉, [언론정보연구], 53권2호(2016년 8월), 48-84쪽.

김진희 · 임종섭, 〈데이터 뉴스의 특성과 개념 정의에 대한 연구 : 2012년부터 2015년 국제 데이터 저널리즘 시상식의 수상 콘텐츠를 중심으로〉, [커뮤니케이션 이론], 12권2호(2016년 6월), 47-88쪽.

이동근, 〈일간신문과 블로그의 저널리즘적 기능 : 성완종 리스트 사건 보도를 중심으로〉, [정치정보연구], 19권2호(2016년 6월), 197-232쪽.

이영주, 〈종합편성채널 저널리즘의 비판적 재조명 : 시사토크쇼 정치 매개 엘리트들의 텔레비전 정치〉, [한국언론정보학보], 77권(2016년 6월), 36-72쪽.

권동우, 〈염상섭의 초기 신문연재소설과 '문학저널리즘' 인식 : 『진주는 주엇스나』를 중심으로〉, [한민족어문학], 72권(2016년 4월), 379-408쪽.

김성해 · 진민정, 〈디지털혁명과 전공학문의 진화 : 뉴스학(Newsology)의 가능성에 대한 탐색연구〉, [커뮤니케이션 이론], 12권1호(2016년 3월), 118-168쪽.

채희상 · 강신규 · 박영흠, 〈저널리즘 텍스트의 상호매체적 스토리텔링 전략 연구 : 〈포트 맥머니〉와 〈원전 회의록〉을 중심으로〉, [애니메이션연구], 12권1호(2016년 3월), 119-142쪽.

황우선, 〈한국종교저널리즘의 진화: 〈기독신보〉 창간과정과 의의를 중심으로〉, [사회과학논집], 47권1호(2016년 봄), 29-47쪽.

김새미, 〈디지털 저널리즘과 온라인 뉴스 미디어 연구 : 〈슬로우뉴스〉를 중심으로〉, 성공회대학교 문화대학원 미디어문화연구전공 석사학위논문, 2016년 2월.

박영흠 · 김균, 〈의례로서의 저널리즘 : 한국 저널리즘의 정파성에 대한 새로운 이해〉, [한국언론학보], 60권1호(2016년 2월), 202-228쪽.

조창호, 〈지상파TV 기자들의 방송 기업성 및 저널리즘 가치인식에 관한 연구〉, 국민대학교 일반대학원 언론정보학과 박사학위논문, 2016년 2월.

김경희 · 이기형 · 김세은, 〈기사 구성과 특징으로 본 '문화 저널리즘'의 변화상과 함의 : 주요 일간지 문화면의 내용분석을 중심으로〉, [한국언론정보학보], 74권(2015년 12월), 136-176쪽.

안수찬 · 민혜영 · 장바울 · 박재영, 〈한국 저널리즘 연구의 메타 분석 : 1990~2014년 국내 12개 언론 학술지 게재 논문을 중심으로〉, [한국언론학보], 59권6호(2015년 12월), 246-280쪽.

정수영, 〈공감과 연민, 그리고 정동(affect) : 저널리즘 분석과 비평의 외연 확장을 위한 시론〉, [커뮤니케이션 이론], 11권4호(2015년 12월), 38-76쪽.

김동환 · 이준환, 〈로봇 저널리즘 : 알고리즘을 통한 스포츠 기사 자동 생성에 관한 연구〉, [한국언론학보], 59권5호(2015년 10월), 64-95쪽.

박기묵 · 전범수, 〈〈뉴욕타임스〉와 〈가디언〉의 인터랙티브 뉴스 특성 연구〉, [한국언론학보], 59권5호(2015년 10월), 96-120쪽.

김성우, 〈기자저널리즘과 PD저널리즘의 공정성 비교 연구 : 경향신문과 PD수첩의 '가습기살균제' 보도를 중심으로〉, 고려대학교 언론대학원 광고홍보학과 석사학위논문, 2015년 8월.

이경미, 〈한국 문화 저널리즘 장의 성격 변화에 대한 연구〉, 서강대학교 대학원 신문방송학과 석사학위논문, 2015년 8월.

서상현 · 이연경 · 김경모, 〈가차 저널리즘의 뉴스결정 과정에 대한 탐색: 정치부 기자의 심층 인터뷰 분석〉, [언론과학연구], 15권2호(2015년 6월), 245-284쪽.

설진아, 〈공중 연동과 대화형 저널리즘에 관한 소셜 뉴스 사이트 분석 : 레딧의 '북한뉴스' 서브레딧을 중심으로〉, [한국언론학보], 59권3호(2015년 6월), 206-234쪽.

정수영, 〈'세월호 언론보도 대참사'는 복구할 수 있는가? : 저널리즘 규범의 패러다임 전환을 위한 이론적 성찰〉, [커뮤니케이션 이론], 11권2호(2015년 6월), 56-

103쪽.
임종섭, 〈온라인 신문의 초기화면 광고 게재에 나타난 극단적 상업 저널리즘 현상 분석 : 2011년과 2014년을 중심으로〉, [언론학연구], 19권2호(2015년 5월), 61-96쪽.
김연식, 〈방송 저널리스트의 직능과 소속사에 따른 역할 인식 연구〉, [언론과학연구], 15권1호(2015년 3월), 88-114쪽.
김기연, 〈공공저널리즘과 지역방송의 미래 : 디지털시대, 지역 공중파 방송의 저널리즘 전략〉, 대구대학교 언론학과 석사학위논문, 2015년 2월.
김봉석, 〈저널리즘 교육 전문화에 관한 탐구 : 한국형 저널리즘 전문 교육기관 모델 개발을 중심으로〉, 경희대학교 언론정보대학원 저널리즘학과 석사학위논문, 2015년 2월.
김석현, 〈디지털 시대, 카메라 저널리즘의 미래 : 카메라 저널리스트의 전문성 제고 방안을 중심으로〉, 대구대학교 언론학과 석사학위논문, 2015년 2월.
김용봉, 〈소셜미디어를 통한 마이크로 저널리즘 실천에 관한 연구〉, 한국외국어대학교 정치행정언론대학원 언론홍보영상학과 석사학위논문, 2015년 2월.
박대민 · 박진우, 〈양적완화 정책에 대한 국내 언론 보도의 정보원 및 인용문 분석 : 경제 저널리즘의 신자유주의적 경향에 대한 비판적 고찰〉, [한국언론학보], 59권1호(2015년 2월), 37-61쪽.
복현명, 〈인터넷 연예 저널리즘의 선정적 예시가 수용자에게 미치는 영향〉, 중앙대학교 대학원 신문방송 석사학위논문, 2015년 2월.
이준호, 〈헤드라인 저널리즘 : 신문과 포털 기사제목에 관한 논의를 중심으로〉, [언론학연구], 19권1호(2015년 2월), 249-280쪽.
정일형, 〈포토저널리즘의 에크프라시스에 관한 연구〉, [한국사진학회지 AURA], 34권(2015년), 65-76쪽.
최길수, 〈데이터저널리즘 인포그래픽 사례분석 연구〉, [조형미디어학], 18권3호(2015년), 277-290쪽.

임재구, 〈스포츠 저널리즘의 보도행태에 담긴 스포츠미디어에 관한 담론〉, [움직임의철학: 한국체육철학회지], 22권4호(2014년 12월), 59-77쪽.

나윤정, 〈한국 신문의 문화면 분석 : 1995년부터 2013년까지 〈조선일보〉 〈중앙일보〉 〈동아일보〉의 문화 저널리즘 패러다임 연구를 중심으로〉, 이화여자대학교 대학원 언론홍보영상학과 석사학위논문, 2014년 8월.

원성윤, 〈외부 참여자를 통한 참여저널리즘 사례연구〉, 건국대학교 언론홍보대학원 방송통신융합 융합미디어 석사학위논문, 2014년 8월.

김재영, 〈크라우드소싱 저널리즘의 성과와 과제 : 〈한겨레〉의 '전두환 재산 찾기 프로젝트'와 〈뉴스타파〉의 '조세피난처 프로젝트' 사례 분석〉, [사회과학연구](충남대학교 사회과학연구소), 25권3호(2014년 7월), 205-224쪽.

이기형, 〈'종편 저널리즘'의 위상과 함의: 과잉된 정파적 저널리즘과 `흥분하는` 시사토론 프로그램의 역할을 중심으로〉, [문화과학], 78권(2014년 6월), 104-128쪽.

이효성 · 최영준 · 이성준, 〈지역언론의 취재원 활용양상과 시민저널리즘 실천에 대한 고찰: 청주 · 청원 행정구역통합 보도를 중심으로〉, [언론과학연구], 14권2호(2014년 6월), 322-355쪽.

김성해 · 강국진, 〈저널리즘과 공공외교: 중견국 한국의 언론외교, 현실과 이상〉, [커뮤니케이션학 연구], 22권2호(2014년 여름), 63-88쪽.

김위근, 〈포털 뉴스서비스와 온라인 저널리즘의 지형 : 뉴스 유통의 구조 변동 혹은 권력 변화〉, [한국언론정보학보], 66권(2014년 5월), 5-27쪽.

박지영 · 김예란 · 손병우, 〈종편 시사 토크쇼와 사담의 저널리즘 : 〈쾌도난마〉를 중심으로〉, [언론과 사회], 22권2호(2014년 5월), 5-63쪽.

오창호, 〈들뢰즈(G. Deleuze)의 언어이론으로 본 방송저널리즘의 소통기능에 대한 고찰: '사실의 패러다임'에서 '사건의 패러다임'으로〉, [언론학연구], 18권2호(2014년 5월), 89-124쪽.

신동희, 〈인터넷 포털의 저널리즘적 역할에 관한 고찰 : 언론과 포털의 갈등구조를 중심으로〉, [커뮤니케이션 이론], 10권1호(2014년 3월), 169-212쪽.

임종섭, 〈한국 온라인 저널리즘 연구흐름 분석 : 1995년부터 2012년 국내 학술지 게재논문을 중심으로〉, [언론과학연구], 14권1호(2014년 3월), 67-102쪽.

류동협 · 홍성일, 〈종합편성채널 시사대담 프로그램의 차별화 전략과 그 효과 : 부르디외의 저널리즘 장 이론을 중심으로〉, [방송통신연구], 85권(2014년 1월), 9-36쪽.

김용, 〈의학저널리즘의 의료커뮤니케이션적 기능과 역할, 향후 과제〉, [의료커뮤니케이션], 9권1호(2014년), 11-22쪽.

박승근, 〈드론저널리즘에 있어서 AR.Drone2.0 운용평가와 발전가능성에 대한 탐색〉, [한국사진학회지 AURA], 32권(2014년), 140-156쪽.

김봉석 · 조인희, 〈한국 저널리즘의 저널리즘 전문교육 부재에 관한 연구 : 저널리즘 전문대학원 대학교 설립 필요성을 중심으로〉, [한국엔터테인먼트산업학회논문지], 7권3호(2013년 9월), 63-76쪽.

김보령, 〈포토저널리즘에 있어서 소셜미디어 스토리텔링에 관한 연구 : 오바마 정부의 백악관 사진을 중심으로〉, 상명대학교 예술디자인대학원 사진영상미디어학과 석사학위논문, 2013년 8월.

김형 · 양혜승, 〈저널리즘 원칙으로 본 온라인 뉴스제목의 형식적 및 내용적 문제점 분석〉, [언론학연구], 17권3호(2013년 8월), 87-114쪽.

문소영, 〈네이버 뉴스 서비스 변화와 한국의 온라인 저널리즘 생태계의 특성 연구 : 뉴스캐스트와 뉴스스탠드를 중심으로 한 신문저널리즘의 변화〉, 한국외국어대학교 정치행정대학원 언론홍보영상학과 석사학위논문, 2013년 8월.

박중언, 〈뉴미디어 저널리즘 생태계의 특성 : 신문-트위터 상호작용을 중심으로〉, 한국외국어대학교 정치행정대학원 언론홍보영상학과 석사학위논문, 2013년 8월.

서성현, 〈가차 저널리즘에 관한 인식과 확산 원인 분석 : 정당 출입기자 심층인터뷰를 중심으로〉, 연세대학교 언론홍보대학원 저널리즘전공 석사학위논문,

2013년 8월.

송병조, 〈공공저널리즘 관점에서 본 지역주간신문의 활성화방안 연구 : 부안지역을 중심으로〉, 전북대학교 행정대학원 언론홍보학 석사학위논문, 2013년 8월.

이종혁 · 신동호 · 강성민, 〈이슈 보도 주기로 관찰된 '냄비저널리즘' 현상: 운형함수 방법론 적용〉, [한국방송학보], 27권4호(2013년 7월), 206-250쪽.

김경모 · 신의경, 〈저널리즘의 환경 변화와 전문직주의 현실: 반성적 시론〉, [언론과학연구], 13권2호(2013년 6월), 41-84쪽.

김위근 · 김성해 · 김동윤, 〈뉴스의 대중화 혹은 저널리즘의 게토화 : 저널리즘 관점에서 본 네이버 '뉴스캐스트' 사례 분석〉, [사이버커뮤니케이션학보], 30권2호(2013년 6월), 33-72쪽.

신태범 · 권상희, 〈국내 온라인저널리즘 연구에 대한 메타분석 : 분석 대상과 주제, 이론 및 방법론적 특성을 중심으로〉, [커뮤니케이션 이론], 9권2호(2013년 6월), 200-249쪽.

신순철, 〈미확인비행물체(UFO)에 대한 우리나라 신문 보도의 특징 : 과학저널리즘의 관점에서〉, [한국언론정보학보], 62권(2013년 5월), 244-263쪽.

김균수, 〈트위터 이용자의 뉴스관 : 기자 역할, 기자 규범 및 저널리즘 권위에 대한 인식을 중심으로〉, [한국언론학보], 57권2호(2013년 4월), 154-184쪽.

강명구, 〈訓民과 啓蒙 : 한국 저널리즘은 왜 애국적인가〉, [저스티스], 134권(2013년 2월), 514-533쪽.

김나래, 〈온라인 참여 저널리즘 이용자의 협력적 뉴스제작 참여 결정 요인에 관한 연구 : 태도와 규범, 과거 뉴스제작 참여 경험과 온라인 뉴스제작 동기를 중심으로〉, 연세대학교 커뮤니케이션대학원 언론학전공 석사학위논문, 2013년 2월.

김재영, 〈디지털 뉴스 유통에 따른 '키워드 저널리즘'특성에 관한 연구 : 뉴스 제작 및 유통 메커니즘을 중심으로〉, 중앙대학교 대학원 신문학과 박사학위논문, 2013년 2월.

박형준, 〈통합뉴스룸 도입에 따른 기자의 직무만족도 연구 : 취재환경, 조직분위기, 저널리즘 품질 인식을 중심으로〉, 한양대학교 대학원 신문방송학 박사학위 논문, 2013년 2월.

장병희 · 남상현, 〈소셜미디어의 발전과 네트워크 저널리즘 전망 : 소셜미디어의 저널리즘 기능에 대한 수용자의 평가를 중심으로〉, [언론과학연구], 12권4호(2012년 12월), 457-496쪽.

박영흠 · 김균, 〈포스트저널리즘 시대의 이해를 위한 탐색적 연구 : 〈나는 꼼수다〉의 사례를 중심으로〉, [언론과학연구], 12권3호(2012년 9월), 141-169쪽.

박춘서, 〈구성주의 시각에서의 위험 커뮤니케이션의 논리 : 구성주의 위험저널리즘 모색을 위하여〉, [언론과학연구], 12권3호(2012년 9월), 170-200쪽.

김진국 · 김영환, 〈신문기업이 저널리즘의 정체성을 견지하며 수행할 수 있는 수익사업에 관한 연구 : 현직 언론사 간부기자들의 인식을 중심으로〉, [한국언론정보학보], 59권(2012년 8월), 162-179쪽.

성병원, 〈地域週刊新聞에서의 公共저널리즘〉, 경상대학교 대학원 언론정보학과(협동) 석사학위논문, 2012년 8월.

양승현, 〈한국 저널리즘의 뉴스 프레이밍 변화 연구 : 〈조선일보〉,〈서울신문〉,〈한겨레〉의 한미 FTA 보도 비교를 중심으로〉, 성균관대학교 일반대학원 신문방송학과 박사학위논문, 2012년 8월.

설진아, 〈이집트 민주화 혁명에서 SNS와 소셜 저널리즘 : 페이스북의 사례분석을 중심으로〉, [한국언론정보학보], 58권(2012년 5월), 7-30쪽.

조욱희 · 권상희, 〈PD 저널리즘의 특성에 관한연구 : PD, 기자, 수용자의 상호지향성 인식측정 중심으로〉, [한국방송학보], 26권3호(2012년 5월), 650-693쪽.

성민규, 〈소셜미디어의 문화정치 : '저널리즘의 미학화'에 놓인 '과잉' 커뮤니케이션〉, [커뮤니케이션 이론], 8권1호(2012년 4월), 30-60쪽.

홍은희, 〈신문 증면과 문화저널리즘의 변화〉, [문화경제연구], 15권1호(2012년 4월), 143-172쪽.

김경모, 〈새로운 저널리즘 환경과 온라인 뉴스 생산 : 전통과 변화의 경계〉, [언론정보연구], 49권1호(2012년 2월), 7-37쪽.
김경모 · 정은령, 〈내러티브 프레임과 해석 공동체 : '전작권 환수 논란'의 프레임 경쟁과 해석 집단의 저널리즘 담론〉, [한국언론정보학보], 57권(2012년 2월), 109-136쪽.
김도환, 〈방송저널리즘에 있어서 리얼리티 재현에 관한 연구 : 뉴스 / 시사 프로그램에 대한 시청자의 인식 및 신뢰도를 중심으로〉, 상명대학교 문화예술대학원 디지털이미지학과 석사학위논문, 2012년 2월.
김위근, 〈온라인 저널리즘에서 나타나는 왜곡된 노동 : 우리나라 언론사닷컴 편집기자의 사례〉, [한국언론정보학보], 57권(2012년 2월), 7-32쪽.
박영흠, 〈대화주의적 저널리즘을 위한 탐색적 연구 : 마셜 맥루언의 미디어 이론을 중심으로〉, 서강대학교 대학원 신문방송학과 석사학위논문, 2012년 2월.
반현, 〈경인지역 일간 신문의 지역성과 공공저널리즘 실천에 관한 연구: 〈경인일보〉 〈인천일보〉 〈경기일보〉를 중심으로〉, [언론학연구], 16권1호(2012년 2월), 33-71쪽.
손효림, 〈한국 언론의 전문직주의에 관한 연구 : 신문사의 전문기자제도를 중심으로〉, 연세대학교 언론홍보대학원 저널리즘전공 석사학위논문, 2012년 2월.
최용익, 〈'사회적 실천'으로서의 PD 저널리즘에 관한 연구〉, 광운대학교 대학원 신문방송학전공 박사학위논문, 2012년 2월.
이완수, 〈매체 융합시대 저널리즘의 변동성 연구: 마셜 맥루한의 '미디어 이해'에 대한 새로운 이해〉, [커뮤니케이션 이론], 7권2호(2011년 12월), 144-175쪽.
이윤경 · 정수영, 〈한,일 인터넷 포털 사이트의 스포츠저널리즘 비교 연구: 김연아 선수와 아사다 마오 선수에 대한 〈네이버〉와 〈야후재팬〉 뉴스를 중심으로〉, [스피치와 커뮤니케이션], 16권(2011년 12월), 105-142쪽.
장하용, 〈매체 간 경쟁의 심화에 따른 안내적 저널리즘의 약화 : 중앙종합언론의 보도에 대한 실증적 분석〉, [한국언론정보학보], 56권(2011년 11월), 48-70쪽.

조구호, 〈가르시아 마르께스의 저널리즘적 글쓰기 탐색 : 『칠레에 잠입한 미겔 리띤의 모험』을 중심으로〉, [중남미연구], 30권2호(2011년 10월), 57-82쪽.

김승수, 〈한국저널리즘의 위기와 대안〉, [언론과학연구], 11권3호(2011년 9월), 5-32쪽.

김연식, 〈방송저널리스트의 PD저널리즘 인식 연구〉, [언론과학연구], 11권2호(2011년 6월), 69-96쪽.

김우필, 〈문화산업과 저널리즘의 탈근대적 대중미학의 발견 : 아도르노, 벤야민, 임화를 중심으로〉, [인문콘텐츠], 20권(2011년 3월), 77-102쪽.

안종묵, 〈인터넷 포털미디어의 저널리즘 특성에 관한 고찰 : 〈네이버 뉴스〉와 〈야후 미디어〉의 속보성, 상호작용성, 관련기사 서비스를 중심으로〉, [언론과학연구], 11권1호(2011년 3월), 187-218쪽.

권기만, 〈PD저널리즘 프로그램의 방송 소재에 관한 연구 : KBS '추적 60분', SBS '그것이 알고 싶다', MBC 'PD수첩'을 중심으로〉, 강원대학교 대학원 신문방송학과 석사학위논문, 2011년 2월.

김민하 · 신윤경, 〈전문기자와 시민기자 블로그 콘텐츠의 저널리즘적 특성에 관한 비교 연구: 감시견과 상호작용성을 중심으로〉, [한국언론정보학보], 53권(2011년 2월), 73-99쪽.

김연식 · 박홍원, 〈방송 저널리즘 통제요인에 관한 연구 : 직능 및 방송사별 차이를 중심으로〉, [언론학연구], 15권1호(2011년 2월), 5-30쪽.

이병철, 〈탐사보도와 공공저널리즘의 융합을 통한 대안적 언론모델 연구 : 한국 탐사 및 공공저널리즘 보도 사례분석을 중심으로〉, 동의대학교 대학원 언론광고학과 박사학위논문, 2011년 2월.

이주영, 〈소셜 미디어를 이용한 언론 보도에 관한 연구 : '트위터 저널리즘'을 중심으로〉, 동국대학교 신문방송학과 석사학위논문, 2011년 2월.

임봉수 · 이완수, 〈뉴스룸 통합이 저널리즘 수행과정에 미치는 영향〉, [한국언론정보학보], 53권(2011년 2월), 29-52쪽.

김은규, 〈지역신문 기자들의 시민저널리즘에 대한 인식과 평가에 대한 연구 : 전북 지역 일간신문 기자들을 중심으로〉, [언론과학연구], 10권4호(2010년 12월), 122-156쪽.

박인규, 〈구조적 통제 하의 저널리즘 : KBS 시사 프로그램의 변화를 중심으로〉, [한국방송학보], 24권6호(2010년 11월), 209-245쪽.

이기형, 〈"현장" 혹은 "민속지학적 저널리즘"과 내러티브의 재발견 그리고 미디어 생산자 연구의 함의: 〈한겨레 21〉 의 〈노동 OTL〉 연작을 중심으로〉, [언론과 사회], 18권4호(2010년 11월), 107-157쪽.

이봉범, 〈1950년대 잡지저널리즘과 문학 : 대중잡지를 중심으로〉, [상허학보], 30권(2010년 10월), 397-454쪽.

박인규, 〈조직문화의 관점에서 본 KBS 피디저널리즘의 퇴행 원인〉, [현상과인식], 34권3호(2010년 9월), 299-322쪽.

이봉범, 〈1950년대 신문저널리즘과 문학〉, [반교어문연구], 29권(2010년 8월), 261-305쪽.

정성구, 〈방송 저널리스트 인력 양성 개선 방향에 관한 연구 : 대학의 바람직한 인력 양성에 관한 방송사 저널리즘 분야 실무자들의 제안을 중심으로〉, 건국대학교 언론홍보대학원 방송영상콘텐츠 석사학위논문, 2010년 8월.

조욱희, 〈PD 저널리즘의 특성에 관한 PD, 기자, 수용자 인식의 상호지향성 연구〉, 성균관대학교 일반대학원 신문방송학과 박사학위논문, 2010년 8월.

임연희, 〈지역신문에 대한 '기획취재지원' 사업과 저널리즘의 변화〉, [한국언론학보], 54권3호(2010년 6월), 185-205쪽.

김미나, 〈미국 온라인저널리즘에 나타난 인터랙티브 스토리텔링과 시각적 요소 연구〉, 단국대학교 디자인대학원 디지털미디어디자인학과 석사학위논문, 2010년 2월.

나준영, 〈한국 영상저널리즘의 변화에 관한 연구 : 1970년대와 80년대의 MBC영상

저널리즘 프로그램을 중심으로〉, 건국대학교 언론홍보대학원 방송영상콘텐츠 석사학위논문, 2010년 2월.

손우기, 〈중앙과 지역방송의 라디오저널리즘 비교연구 : 아침 출근시간 시사프로그램을 중심으로〉, 연세대학교 언론홍보대학원 저널리즘전공 석사학위논문, 2010년 2월.

윤미진, 〈인터넷 뉴스 댓글 이용자 유형에 따른 댓글 저널리즘 특성에 관한 연구〉, 한국외국어대학교 정치행정대학원 신문방송학과 박사학위논문, 2010년 2월.

정동우, 〈시장지향적 저널리즘에 대한 기자들의 수용태도〉, [한국언론정보학보], 49권(2010년 2월), 81-98쪽.

이영주 · 김진혁, 〈지식 저널리즘과 텔레비전 문화 : 〈지식채널e〉를 중심으로〉, [방송문화연구], 21권2호(2009년 12월), 49-80쪽.

설원태 · 김성해, 〈정체성 위기의 국내 대학신문 : 미국 대학신문과 공동체저널리즘 모델의 적용 가능성을 중심으로〉, [언론과학연구], 9권3호(2009년 9월), 211-250쪽.

김경민, 〈온라인 저널리즘의 등장에 따른 지역 언론환경의 변화에 관한 연구〉, 광주대학교 언론홍보대학원 석사학위논문, 2009년 8월.

안창현, 〈공영방송과 '조직저널리즘' : 조직저널리즘의 제도화 과정과 NHK의 제작과정에 대한 실태분석〉, [방송문화연구], 21권1호(2009년 6월), 77-114쪽.

정동우, 〈신문기업의 생존전략이 저널리즘적 가치 수행에 미치는 영향〉, [한국언론학보], 53권3호(2009년 6월), 395-416쪽.

김세은, 〈한국 문화 저널리즘의 진단과 모색 : 하나의 탐색적 논의〉, [미디어, 젠더 & 문화], 11권(2009년 4월), 5-40쪽.

최민재, 〈PD저널리즘 프로그램 영상구성의 객관성에 관한 연구〉, [언론과학연구], 9권1호(2009년 3월), 198-226쪽.

양민제 · 김민하, 〈온라인 시민저널리즘 양상과 시민 영향력에 관한 한 · 미 간 비

교 연구 : '유가' 관련 보도를 중심으로〉, [한국언론정보학보], 45권(2009년 2월), 463-495쪽.

김사승, 〈프로-암 온라인 시티즌 저널리즘의 저널리즘적 의미에 관한 분석: NewAssignment 포르젝트 사례를 중심으로〉, [한국방송학보], 23권1호(2009년 1월), 50-87쪽.

김사승, 〈저널리즘의 기술적 재구성에 대한 이론적 고찰 : 뉴스생산 과정을 중심으로〉, [커뮤니케이션 이론], 4권2호(2008년 12월), 7-47쪽.

김윤환 · 최영, 〈주민소환제 관련 보도의 시민저널리즘 가치 구현에 관한 연구 : 하남시의 사례를 중심으로〉, [언론과학연구], 8권4호(2008년 12월), 336-366쪽.

박노일 · 윤영철, 〈블로그 인기도가 블로거의 저널리즘 인식 및 활동에 미치는 영향〉, [한국언론학보], 52권6호(2008년 12월), 100-122쪽.

이재경, 〈한국의 저널리즘과 사회갈등 : 갈등유발형 저널리즘을 극복하려면〉, [커뮤니케이션 이론], 4권2호(2008년 12월), 48-72쪽.

이준웅, 〈BBC 허튼 위원회 사례를 통해 본 공영방송 저널리즘의 위기〉, [한국언론학보], 52권5호(2008년 10월), 83-106쪽.

김민하, 〈한국 언론의 탐사보도와 시민공동체 형성의 전망: 한국기자협회 〈이달의 기자상〉 수상작의 공공저널리즘적 기능과 한계〉, [한국언론학보], 52권4호(2008년 8월), 105-128쪽.

김홍규 · 황온중, 〈시민저널리즘에 대한 언론인 인식유형 연구〉, [한국언론정보학보], 43권(2008년 8월), 359-384쪽.

윤영태, 〈독일 지역미디어의 활성화 전략 : 저널리즘 경쟁을 중심으로〉, [언론학연구], 12권(2008년 8월), 77-101쪽.

정의철, 〈에이즈 뉴스 프레이밍 분석 : 비판적 헬스저널리즘 관점을 중심으로〉, [한국언론학보], 52권4호(2008년 8월), 223-249쪽.

김사승, 〈UCC 저널리즘의 이론적 고찰〉, [사이버커뮤니케이션학보], 25권2호(2008년 6월), 221-262쪽.

김연식 · 조성호, 〈PD저널리즘의 기원과 발전에 관한 연구〉, [언론과학연구], 8권2호(2008년 6월), 149-176쪽.

박노일 · 남은하, 〈블로그 이용 동기가 저널리즘 역할인식과 활동에 미치는 영향〉, [한국언론학보], 52권1호(2008년 2월), 334-358쪽.

이종수, 〈시민 제보 UCC의 영상저널리즘적 특성 : CNN 〈I-Report〉 분석을 중심으로〉, [미디어 경제와 문화], 6권1호(2008년 2월), 55-93쪽.

김은미 · 김경모 · 김예란 · 임영호, 〈저널리즘의 미래변화〉, [한국사회의 방송.통신 패러다임 변화연구](정보통신정책연구원), 2007년 12월, 1-241쪽.

반현, 〈온라인, 오프라인 뉴스 미디어의 시민저널리즘 역할에 대한 수용자 평가와 신뢰도 연구〉, [정치정보연구], 10권2호(2007년 12월), 297-316쪽.

유미진, 〈스포츠 저널리즘 및 스포츠 저널리스트의 윤리성 재조명〉, [움직임의철학: 한국체육철학회지], 15권2호(2007년 6월), 1-15쪽.

정희경 · 김사승, 〈온라인 시민저널리즘의 뉴스생산양식 특성에 관한 분석〉, [한국언론학보], 51권2호(2007년 4월), 124-152쪽.

박주현, 〈가차 저널리즘(Gotcha Journalism)의 뉴스담론 구성에 관한 탐색적 연구: '이해찬 골프사건'과 '이명박 테니스사건'을 중심으로〉, 『한국언론과학연구』, 7권1호(2007년 3월), 108-143쪽.

이두원, 〈정책 보도의 입장과 시각에 대한 탐색연구: 찬,반 디베이트 저널리즘의 모델 구축을 중심으로〉, [커뮤니케이션학 연구], 15권1호(2007년 봄), 5-29쪽.

강명구 · 김낙호 · 김학재 · 이성민, 〈애국적 열망과 숭고한 과학 : 진실추구를 억압한 저널리즘〉, [한국언론학보], 51권1호(2007년 2월), 59-90쪽.

남수현 · 하지수, 〈패션잡지 미국 「보그[Vogue]」에 나타난 패션 저널리즘〉, [복식], 57권1호(2007년 1월), 118-129쪽.

이은택, 〈온라인저널리즘의 윤리적 이슈에 대한 연구 : 기존의 저널리즘 윤리와 관련하여〉, [커뮤니케이션 이론], 2권2호(2006년 12월), 74-103쪽.

임종수, 〈온라인 뉴스 양식과 저널리즘의 변화〉, [커뮤니케이션 이론], 2권2호(2006

년 12월), 37-73쪽.

손석춘, 〈저널리즘 위기의 실체와 극복방안에 관한 연구〉, [한국언론정보학보], 36권 (2006년 11월), 42-77쪽.

김동률, 〈가차 저널리즘(gotcha journalism), 탐색적 연구: 노무현정부 출범 이후 정치보도를 중심으로〉, [한국언론정보학보], 29권(2005년 5월), 43-71쪽.

이상길, 〈1990년대 한국 영화장르의 문화적 정당화 과정 연구 영화장의 구조변동과 영화 저널리즘의 역할을 중심으로〉, [언론과 사회], 13권2호(2005년 5월), 63-116쪽.

이재진, 〈저널리즘 영역에 있어서의 알권리의 기원과 개념변화에 대한 연구〉, [언론과학연구], 제5권1호(2005년 4월), 231-264쪽.

박영학, 〈실존주의자들의 저널리즘 비판에 관한 연구〉, [언론과학연구], 4권3호 (2004년 12월), 83-112쪽.

이종수, 〈신문 1면 사진에 나타난 한국 포토저널리즘의 변화 경향 : 1980년에서 2000년까지의 3개 중앙일간지 1면 사진 내용분석을 중심으로〉, [한국언론학보], 47권2호(2003년 4월), 30-53쪽.

조숙희, 〈비디오저널리스트의 공공저널리즘 수행을 위한 제언〉, [한국멀티미디어학회지], 6권3호(2002년 9월), 25-35쪽.

윤태진 · 강내원, 〈온라인신문에 나타난 공공저널리즘적 특성에 관한 연구: '조인스닷컴', '인터넷한겨레', '오마이뉴스'의 기획기사 분석을 중심으로〉, [한국언론학보], 46권1호(2001년 12월), 306-343쪽.

반현, 〈가상공간에서의 공공 저널리즘: 다른 전자 민주주의 가능성〉, [사이버커뮤니케이션학보], 5권(2000년 1월), 59-74쪽.

부록 2

'여론' 관련 논문 목록 (발행일순)

강유덕, 〈EU 통상정책에 있어 여론의 역할과 EU 기관의 대응 : 범대서양무역 · 투자 협정(TTIP)의 사례를 통한 분석〉, [국제지역연구], 21권1호(2017년 4월), 73-107쪽.

김경숙 · 유재민 · 차영호 · 문호석, 〈텍스트마이닝을 활용한 국방 관련 국민 여론 분석〉, [한국경영과학회 학술대회논문집], 2017년 4월, 2528-2553쪽.

장윤재 · 이은주, 〈있는 그대로의 댓글 vs. 승인받은 댓글 vs. 인용된 댓글 : 댓글에 대한 제3자 개입이 여론 지각 및 이슈에 대한 의견에 미치는 영향〉, [사회과학연구논총], 33권1호(2017년 4월), 377-416쪽.

이영주 · 류웅재, 〈공공 커뮤니케이션과 언론의 실패, 위험한 정부에 대한 시론〉, [문화와 정치], 4권1호(2017년 3월), 31-61쪽.

배종찬, 〈선거 여론조사 이해를 위한 5가지 조건〉, [관훈저널], 142권(2017년 3월), 19-25쪽.

제임스 김, 〈미국 대선을 통해서 본 여론조사 문제점과 가치〉, [관훈저널], 142권(2017년 3월), 41-47쪽.

박지윤, 〈국제스포츠이벤트의 논쟁적 이슈에 대한 언론보도와 여론과의 관계 : 의제설정과 역의제설정 이론의 경쟁가설 검증〉, 서울대학교 대학원 체육교육과 석사학위논문, 2017년 2월.

박진홍, 〈오피니언 마이닝을 활용한 기업의 위기 전후 온라인 여론 변화에 대한 연구〉, 연세대학교 정보대학원 빅데이터 전공 석사학위논문, 2017년 2월.

백승준, 〈선거여론조사의 공정성에 영향을 미치는 제도적 요인에 관한 연구 : 제20대 국회의원선거를 중심으로〉, 고려대학교 행정대학원 행정학과 공공행정전공 석사학위논문, 2017년 2월.

이민상, 〈소셜미디어 뉴스 환경에서 댓글이 개인의 의견 및 여론 지각에 미치는 영향 : 정치적 정체성과 사회적 승인 단서를 중심으로〉, 고려대학교 언론대학원 광고PR학과 석사학위논문, 2017년 2월.

이원준, 〈사이버 여론 생성의 장의 특성에 대한 연구〉, 대구가톨릭대학교 대학원 사회학과 석사학위논문, 2017년 2월.

최수정, 〈소셜 미디어에서 뉴스 댓글이 이용자들의 여론 인식 및 책임귀인과 정책 의견에 미치는 영향〉, 고려대학교 대학원 언론학과 석사학위논문, 2017년 2월.

고길곤 · 김대중, 〈선거 여론조사 응답오차의 원인에 관한 연구 : 20대 총선 여론조사 결과를 중심으로〉, [한국행정학회 학술발표논문집], 2016년 12월, 920-950쪽.

고점우, 〈시진핑 시대의 네트워크 사회 관리체제 : 인터넷 안전, 여론유도, 격자망화(網格化)관리를 중심으로〉, [한국사회학회 사회학대회 논문집], 2016년 12월, 637-656쪽.

권혁남, 〈선거여론조사 보도에 대한 제3자 지각이 투표와 선거운동참여에 미치는 효과〉, [사회과학연구](충남대학교 사회과학연구소), 27권4호(2016년 10월), 67-91쪽.

강준만, 〈왜 여론조사를 `현상 유지를 위한 매춘`이라고 하는가? : 조지 갤럽〉, [인물과사상], 200권(2016년 8월), 45-76쪽.

김영원 · 윤지혜, 〈2016년 국회의원선거 전화여론조사 정확성 분석〉, [조사연구], 17권3호(2016년 8월), 109-137쪽.

박현진, 〈선거 여론조사 보도에 있어 맥락적 정보 강화의 영향〉, 광운대학교 대학원 신문방송학과 석사학위논문, 2016년 8월.

윤지혜, 〈20대 총선 전화여론조사 사후분석〉, 숙명여자대학교 대학원 통계학과 석사학위논문, 2016년 8월.

장민수, 〈선거여론조사 예측정확도에 관한 연구 : 20대 총선 여론조사 결과를 중심으로〉, 동국대학교 대학원 정치학과 석사학위논문, 2016년 8월.

조경은, 〈온라인 뉴스 댓글 환경에서 여론 특이상황 분석〉, 부산대학교 대학원 전기전자컴퓨터공학과 석사학위논문, 2016년 8월.

이택수, 〈20대 총선 여론조사 현황과 개선방안〉, [관훈저널], 139권(2016년 6월),

13-23쪽.

홍영림, 〈여론조사 정치의 문제와 언론의 반성〉, [관훈저널], 139권(2016년 6월), 24-31쪽.

정지은 · 박남기, 〈뉴스 댓글에 대한 편향지각이 이슈에 대한 여론지각에 미치는 영향〉, [한국언론학보], 60권2호(2016년 4월), 95-126쪽.

허유진 · 정성은, 〈미디어 메시지 효과 지각의 정확성 검증: 여론조사결과 보도로 인한 실제 태도변화와 지각된 태도변화의 비교〉, [한국언론학보], 60권2호(2016년 4월), 238-265쪽.

정한울, 〈외주민주주의 시대의 여론조사 : 여론조사가 투표선택에 미친 영향〉, [한국정당학회보], 15권1호(2016년 3월), 63-105쪽.

김낙연, 〈2014 지방선거 여론조사의 예측 정확도에 대한 표본 편파의 영향 분석〉, 건국대학교 산업대학원 산업경영공학과 품질경영 석사학위논문, 2016년 2월.

김신의, 〈관료정치와 여론 : 2012년 한일정보보호협정 추진과정과 연기결정의 외교정책론적 분석〉, 연세대학교 대학원 정치학과 석사학위논문, 2016년 2월.

손제영, 〈온라인 여론형성의 정성적 평가에 관한 연구〉, 경희대학교 대학원 무역학과 석사학위논문, 2016년 2월.

이영성, 〈전자정부서비스 온라인 시민참여에 관한 연구 : 지방자치단체의 여론조사와 온라인 민원에 대한 비교〉, 한성대학교 지식서비스&컨설팅대학원 석사학위논문, 2016년 2월.

김수아, 〈여론은 흐른다? : 세월호 특별법을 둘러싼 `여론`이라는 담론 구성〉, [문화과학], 84권(2015년 12월), 342-370쪽.

변상호, 〈'침묵의 나선 이론'에서 다수의 영향력 지각에 대한 비판적 고찰: 삼자 의사표현 위축 추정과 일자 의사표현 위축 간 영향 비교를 중심으로〉, [한국방송학보], 29권5호(2015년 9월), 139-176쪽.

신진욱, 〈불평등과 한국 민주주의의 질 : 2000년대 여론의 추이와 선거정치〉, [한국사회정책], 22권3호(2015년 9월), 9-39쪽.

문정현, 〈선거 여론조사 결과보도가 유권자의 후보지지 정도에 미치는 실제 효과와 지각된 효과 간의 차이〉, 성균관대학교 일반대학원 신문방송학과 석사학위논문, 2015년 8월.

안성희, 〈종편 시사대담 프로그램의 여론 형성 역할과 기능에 대한 정치권의 인식 연구 : 국회의원 보좌관 대상 심층 면접을 중심으로〉, 한양대학교 언론정보대학원 방송영상 전공 석사학위논문, 2015년 8월.

허유진, 〈의견 여론조사 결과 보도 영향력 지각에서의 편향 : 실제 효과와 지각된 효과의 비교 연구〉, 성균관대학교 일반대학원 신문방송학과 석사학위논문, 2015년 8월.

김미희 · 정다은, 〈트윗 글에 대한 편향성 인식이 트위터 사용자의 여론 지각에 미치는 영향〉, [한국언론학보], 59권3호(2015년 6월), 235-262쪽.

이현지 · 박종민, 〈한국형 SNS 사용자 당파적 정치 행동이론의 제안: 계획된 행동이론과 침묵의 나선이론의 비판적 적용〉, [한국언론학보], 59권3호(2015년 6월), 423-451쪽.

정한울, 〈외주민주주의 시대의 선거여론조사 : 4. 29 재보궐 선거 여론조사의 문제점과 개선방안〉, [EAI 오피니언 리뷰], 2015년 5월, 1-12쪽.

장춘익, 〈체계이론과 여론 : 루만의 여론 개념의 재구성에 관하여〉, [사회와 철학], 29권(2015년 4월), 243-272쪽.

조은희, 〈선거여론조사 보도에 대한 법 개정과 보도특성 연구〉, [사회과학연구], 26권2호(2015년 4월), 181-202쪽.

김민경, 〈정치여론조사보도에 대한 연구 : 언론사별 대선 후보 지지도 조사와 조사회사별 대통령 지지율 조사에 대한 언론 보도 분석〉, 서강대학교 언론대학원 광고홍보 석사학위논문, 2015년 2월.

이현지, 〈SNS 사용자의 정치인 관련 의견표명 행동에 미치는 요인 연구 : 계획된 행동이론과 침묵의 나선이론 적용〉, 경희대학교 일반대학원 언론정보학과 PR 전공 석사학위논문, 2015년 2월.

장덕현 · 조성겸, 〈2014 지방선거에서의 여론조사의 정확성 연구: 조사방법별 정밀성과 편향 비교〉, [조사연구], 16권1호(2015년 2월), 129-153쪽.

정지은, 〈뉴스 댓글에 대한 편향 지각이 이슈에 대한 여론 지각에 미치는 영향〉, 연세대학교 커뮤니케이션대학원 언론학전공 석사학위논문, 2015년 2월.

김성해, 〈글로벌 공론장, 여론전쟁 그리고 중견국 비전 : 한국형 미디어외교 모델을 위한 탐색적 연구〉, [문화와 정치], 1권2호(2014년 11월), 35-66쪽.

김지윤 · 강충구, 〈여론조사의 대표성 : 표집과 조사방식에 대한 연구〉, [평화연구], 22권2호(2014년 10월), 360-397쪽.

이정남, 〈중국의 대외정책 결정과정에서 인터넷 여론의 역할 : 제3차 북한 핵실험에 대한 정책결정을 중심으로〉, [아태연구], 21권3호(2014년 9월), 37-63쪽.

정일권 · 장병희 · 남상현, 〈선거여론조사 방송보도의 문제점과 개선 방안에 관한 연구 : 지상파와 종편채널의 제18대 대선 방송뉴스를 중심으로〉, [한국방송학보], 28권5호(2014년 9월), 150-196쪽.

김보미, 〈미군정기 정치적 의사소통 구조와 여론조사〉, [사회와 역사], 103권(2014년 8월), 279-321쪽.

김시영, 〈인터넷 포털 카페의 역동적 여론 형성에 관한 연구 : 빅데이터를 활용한 사회 네트워크 분석, 의미 연결망 분석,감성 분석을 중심으로〉, 서강대학교 언론대학원 디지털미디어 석사학위논문, 2014년 8월.

이진영, 〈정책여론 형성 과정 연구 : 이명박정부의 보육료 지원 정책을 중심으로〉, [미디어, 젠더 & 문화], 29권2호(2014년 6월), 147-186쪽.

박영주, 〈빅데이터 분석을 통해 본 '클래식 음악' : 연관 이미지, 인물 그리고 여론성향에 관한 연구〉, [음악교육공학], 19권(2014년 4월), 127-144쪽.

정성은 · 박애진 · 문신일, 〈지지후보 우세 여부에 따른 선거 여론조사 보도의 영향력 지각 변화: 2012년 한국 대통령선거 상황을 이용한 실험 연구〉, [한국언론학보], 58권2호(2014년 4월), 365-395쪽.

박기묵, 〈언론을 통한 이슈의 진화와 정책결정 : 여론분석모형의 개발과 적용〉, [한국정부학회 학술발표논문집], 2014년 3월, 236-258쪽.

이태희, 〈선거여론조사결과 공표금지에 대한 비판적 분석〉, [중앙법학], 16권1호(2014년 3월), 7-52쪽.

김소현, 〈신문의 네티즌 여론 이용 전략에 관한 연구〉, 연세대학교 언론홍보대학원 저널리즘전공 석사학위논문, 2014년 2월.

신현기, 〈여론과 대통령의 반응성 : 박근혜 대통령의 집권 1년차를 대상으로〉, [한국사회와 행정연구], 24권4호(2014년 2월), 209-232쪽.

윤수진, 〈소셜미디어 여론에서의 침묵에 영향을 미치는 요인들에 관한 연구〉, 한양대학교 대학원 미디어커뮤니케이션학과 석사학위논문, 2014년 2월.

이기재 · 김도연 · 이기홍 · 조성겸, 〈한국의 여론조사 정보공개 제도화에 대한 연구: 한국조사연구학회 여론조사정보공개지침의 제정에 부쳐〉, [조사연구], 15권1호(2014년 2월), 123-147쪽.

이진영, 〈정책과정 단계별 정책여론 형성 과정 연구 : 이명박정부의 무상보육 정책을 중심으로〉, 이화여자대학교 대학원 디지털미디어학부 박사학위논문, 2014년 2월.

이승희 · 임소혜, 〈트위터의 매체 간 의제설정 : TV 토론 방송과 트위터의 여론 형성 과정에 관한 연구〉, [한국콘텐츠학회논문지], 14권1호(2014년 1월), 139-149쪽.

김효경 · 권상희, 〈포털 모바일 18대 대선 뉴스 서비스의 공정성과 여론조사 비교 연구 : 네이버와 다음을 중심으로〉, [사이버커뮤니케이션학보], 30권3호(2013년 9월), 5-40쪽.

강인효, 〈FTA 비준과정에 나타난 여론과 국회-행정부 간 갈등 분석 : 한미 FTA와 한-EU FTA의 비교를 중심으로〉, 연세대학교 대학원 정치학과 석사학위논문, 2013년 8월.

김현정, 〈선거 여론조사 보도에 대한 제삼자 인식이 정치적 참여 의향에 미치는 영향 : 한국과 미국 비교 연구〉, [한국언론학보], 57권4호(2013년 8월), 72-95쪽.

박애진, 〈선거 여론조사 보도의 제삼자 효과 : 조사 결과의 바람직성과 정치 지식의 정도가 보도의 영향력 지각에 미치는 효과를 중심으로〉, 성균관대학교 일반대학원 신문방송학과 석사학위논문, 2013년 8월.

이선민, 〈역사적 기억과 여론 : 이명박 정부의 대일정책 변화요인을 중심으로〉, 연세대학교 대학원 정치학과 석사학위논문, 2013년 8월.

Nan Chen, 〈인터넷 여론이 중국외교정책결정에 미치는 영향 : 조어도 분쟁 사례를 중심으로〉, 경북대학교 대학원 정치학과 국제정치전공 석사학위논문, 2013년 8월.

박영득 · 이정희, 〈비정치적 온라인 커뮤니티에서의 정치적 의견표현〉, [사이버커뮤니케이션학보], 30권2호(2013년 6월), 73-109쪽.

양승찬 · 서희정, 〈대통령선거 후보 지지도 조사 결과에 대한 여론분위기 지각과 감정 반응이 유권자 정치참여에 미치는 효과 연구〉, [언론과학연구], 13권2호(2013년 6월), 227-260쪽.

김현정 · 이수범 · 김남이, 〈텔레비전 선거 여론조사 보도의 영향에 대한 수용자 인식이 정치적 행동의향에 미치는 영향〉, [한국언론정보학보], 62권(2013년 5월), 159-178쪽.

주민욱, 〈중국인의 의견표명 행위와 체면관〉, [한국언론정보학보], 62권(2013년 5월), 74-94쪽.

김대경, 〈여론조사보도에 대한 제3자 효과 연구 : 제19대 총선 기간 대학생 집단을 대상으로〉, [사회과학연구], 24권2호(2013년 4월), 3-20쪽.

김현정, 〈선거 여론조사 보도의 제삼자 효과와 사회 정체성〉, [언론과학연구], 13권1호(2013년 3월), 67-91쪽.

민정식, 〈여론조사결과의 제 3자 효과 지각이 방어적 투표성향에 미치는 영향〉, [언론과학연구], 13권1호(2013년 3월), 125-152쪽.

이수범 · 강연곤, 〈국내 일간지의 트위터 이슈에 관한 보도 프레임 분석 : 정치적 소통과 여론 형성이라는 관점을 중심으로〉, [한국언론학보], 57권1호(2013년

2월), 28-53쪽.

김경모, 〈온라인 뉴스 확산과 여론 형성 : '박경신 블로그 논란' 사례 분석〉, [언론과학연구], 12권4호(2012년 12월), 35-72쪽.

김지윤 · 우정엽, 〈휴대전화를 이용한 정치 여론조사에 대한 연구〉, [한국정당학회보], 11권2호(2012년 8월), 225-246쪽.

박지현, 〈대북정책과 여론 : 김대중·노무현·이명박 정부 비교를 중심으로〉, 연세대학교 대학원 정치학과 석사학위논문, 2012년 8월.

오왕수, 〈정치와 선거캠페인에서 소셜미디어의 신뢰성이 인터넷 여론에 미치는 영향에 대한 고찰〉, 홍익대학교 광고홍보대학원 멀티미디어커뮤니케이션학과 석사학위논문, 2012년 8월.

조진만, 〈여론조사 공천의 이론적 쟁점과 기술적 과제, 그리고 정당의 선택〉, [의정연구], 36권(2012년 8월), 131-155쪽.

하승태, 〈선거여론조사와 후보별 보도량 분석 : USA Today의 미대선 경선 보도를 중심으로〉, [언론학연구], 16권2호(2012년 8월), 115-140쪽.

황슬기, 〈정부의 위기 커뮤니케이션 전략에 따른 여론의 반응 변화에 관한 연구 : 미국산 쇠고기 수입사례를 중심으로〉, 한양대학교 대학원 행정학과 석사학위논문, 2012년 8월.

갈상돈, 〈제임스 매디슨의 여론관과 대중 : 인민주권에 관한 하나의 성찰〉, [한국정치학회보], 46권2호(2012년 6월), 71-95쪽.

정효명, 〈동질적인 대인커뮤니케이션과 침묵의 나선: 2007년 대통령선거를 중심으로〉, [한국언론학보], 56권3호(2012년 6월), 85-109쪽.

박경숙 · 이관열, 〈'편향적' 여론 환경의 인지와 의견표명에 대한 연구: 미국 소고기 수입 이슈를 중심으로〉, [한국방송학보], 26권3호(2012년 5월), 458-494쪽.

박상호, 〈SNS의 여론형성과정과 참여행태에 관한 고찰〉, [한국언론정보학보], 58권(2012년 5월), 55-73쪽.

김래영, 〈선거여론조사결과공표금지조항에 관한 헌법재판소 결정 비판 -헌재 1999.

1. 28. 98헌바64, 헌재 1995. 7. 21. 92헌마 177등(병합)〉, [법조], 61권 4호 (2012년 4월), 199-242쪽.

조성겸 · 장윤재, 〈매체의 여론 지배력 평가를 위한 유효이용 개념 제안〉, [사회과학연구], 23권2호(2012년 4월), 75-92쪽.

한귀영, 〈'여론조사'에 의해 점령된 정치〉, [황해문화], 74권(2012년 3월), 33-53쪽.

고영재, 〈온라인 여론을 형성하는 온라인 이용자에 관한 연구〉, 한양대학교 대학원 광고홍보학과 석사학위논문, 2012년 2월.

김보미, 〈미군정기 여론조사에 관한 정치사회학적 연구〉, 서울대학교 대학원 사회학과 석사학위논문, 2012년 2월.

남선아, 〈SNS가 갈등적 사회이슈의 여론형성과정에 미치는 영향에 관한 연구〉, 중앙대학교 신문방송대학원 석사학위논문, 2012년 2월.

조혜정, 〈한국 복지 정치담론의 질적 전환에 관한 연구 : 2000년대 후반 여론과 선거정치의 영향을 중심으로〉, 중앙대학교 대학원 사회학 석사학위논문, 2012년 2월.

최영준, 〈UCC 사용자의 개인적 창의성이 집단지성의 출현에 미치는 영향 연구 : UCC 사용자의 개인적 창의성이 집단 여론으로 발전되는 과정은?〉, [언론과 사회], 20권1호(2012년 2월), 5-46쪽.

최유정, 〈SNS(Social Network Service)의 여론 쏠림 현상에 대한 탐색적 연구 : 트위터 관계 구성을 중심으로〉, 서강대학교 언론대학원 디지털미디어 석사학위논문, 2012년 2월.

한미애, 〈개인과 온라인 뉴스 매체간 정치성향의 유사성이 댓글과 여론 인식에 미치는 영향〉, 연세대학교 정보대학원 정보미디어전략전공 석사학위논문, 2012년 2월.

신창운, 〈여론조사에 대한 잘못된 신화〉, [관훈저널], 123권(2011년 12월), 47-54쪽.

이준웅, 〈선거 여론조사의 점검과 성찰 : '판세분석 여론조사'를 중심으로〉, [한국언론학회 심포지움 및 세미나], 2011년 12월, 3-26쪽.

김경모 · 송현진, 〈메시지 품질과 토론 연결망의 구조적 위치, 그리고 여론지도력 : 서울시 '무상급식 논란'의 온라인 정치토론 사례 분석〉, [한국언론정보학보], 56권(2011년 11월), 194-218쪽.

오미영, 〈인터넷 여론과 소통의 집단 극화(極化)〉, [현상과인식], 35권3호(2011년 9월), 39-58쪽.

홍주현, 〈소셜 네트워크 서비스(SNS: Social Network Service)상의 담론 분석을 통한 인지적,정서적 측면의 여론 변화 연구〉, [커뮤니케이션학 연구], 19권3호(2011년 가을), 5-29쪽.

김민철, 〈여론지각에 미치는 인터넷 뉴스의 효과 연구 : 예시와 댓글의 제시를 통한 온라인 실험을 중심으로〉, 중앙대학교 대학원 신문방송 석사학위논문, 2011년 8월.

김재환, 〈소셜미디어를 통한 정책여론형성과정에 관한 연구 : 구제역 관련 트위터 리트윗(RT) 분석을 중심으로〉, 연세대학교 언론홍보대학원 광고홍보전공 석사학위논문, 2011년 8월.

송현진, 〈온라인 정치토론에서 여론의 극화와 연결망 구조 변화 : 여론지도자의 연결망 내 위치와 커뮤니케이션 품질 개념을 중심으로〉, 연세대학교 커뮤니케이션대학원 언론학전공 석사학위논문, 2011년 8월.

홍나영, 〈미디어 수용자의 개별 정서에 미치는 여론 보도 기사의 비개인적 효과〉, 고려대학교 대학원 언론학과 박사학위논문, 2011년 8월.

문우진, 〈여론조사 공천이 정당 정치에 미치는 영향 : 위임문제(delegation problem)와 파급효과를 중심으로〉, [사회과학연구], 50권1호(2011년 6월), 105-130쪽.

이경돈, 〈신민(新民)의 신민(臣民) : 식민지의 여론시대와 관제 매체〉, [상허학보], 32권(2011년 6월), 275-311쪽.

이은주, 〈지각된 편향인가 편향된 지각인가? 댓글의 내용, 여론에 대한 인식과 이슈 관여도에 따른 기사의 논조 지각〉, [한국언론학보], 55권3호(2011년 6월),

179-198쪽.

정한울, 〈한국 정치사회어젠다의 정책선호 지형 : 국민여론과 정치엘리트의 선택 : 수렴하는 국민여론, 이분법적 대결에 매몰된 정치엘리트의 선택〉, [EAI 오피니언 리뷰], 17권(2011년 6월), 1-32쪽.

최영재, 〈분열 정치와 분열 언론 그리고 분열 여론의 악순환 이론〉, [한국언론학회 심포지움 및 세미나], 2011년 5월, 137-152쪽.

김현정, 〈CMC(Computer Mediated Communications) 상황의 여론화 과정에 관한 탐색적 연구〉, [한국광고홍보학보], 13권2호(2011년 4월), 94-133쪽.

김세현, 〈외교정책 결정에 대한 여론의 영향 연구 : 한국의 2010년 아프가니스탄 파병 결정을 중심으로〉, 고려대학교 대학원 정치외교학과 석사학위논문, 2011년 2월.

박명호, 〈공천 과정에서의 여론조사의 바람직한 역할에 대한 시론〉, [미래정치연구], 1권1호(2011년 2월), 93-111쪽.

박종민 · 박현정, 〈금주 쟁점에 대한 공중의 단일합의, 다원적 무지, 비동의 합의와 침묵의 나선 현상 연구〉, [한국언론학보], 54권6호(2010년 12월), 368-395쪽.

홍주현, 〈인터넷 토론 환경이 여론의 변동성에 미치는 영향 연구 : 인터넷 여론 모델을 중심으로〉, [언론과학연구], 10권4호(2010년 12월), 603-643쪽.

전성원, 〈조지 갤럽(George Horace Gallup, 1901~1984) : 침묵하는 다수의 생각으로 세계적 여론 제국을 건설하다〉, [인물과사상], 150권(2010년 10월), 56-81쪽.

김경모 · 김시현 · 송현진, 〈선거 여론조사 보도에서 방법론 문제와 부정적 보도 경향의 관계 : 주요 일간지의 16-18대 국회의원 선거기사 내용분석〉, [언론과학연구], 10권3호(2010년 9월), 81-124쪽.

김시현, 〈선거 여론조사 보도의 제3자 효과요인과 태도와의 관계 : 여론조사보도 결과 공표 금지 제도에 대한 태도를 중심으로〉, 연세대학교 커뮤니케이션대학원 언론학전공 석사학위논문, 2010년 8월.

이시행, 〈창발현상으로서의 인터넷 여론형성에 관한 연구 : 여론분위기의 지각, 의견표명의지 그리고 익명성을 중심으로〉, 한국외국어대학교 대학원 신문방송학과 석사학위논문, 2010년 8월.

김춘석, 〈6 · 2 지방선거 여론조사 방법론 논쟁 : 선거여론조사방법의 문제점과 개선방안 제언〉, [EAI 오피니언 리뷰], 12권(2010년 7월), 1-12쪽.

갈상돈, 〈제임스 매디슨의 '파벌' : 여론주권과 타협의 정치〉, 고려대학교 대학원 정치외교학과 박사학위논문, 2010년 2월.

김시래, 〈온라인 여론 관리가 소비자 충성도에 미치는 영향에 관한 연구〉, 중앙대학교 신문방송대학원 신문방송학과 석사학위논문, 2010년 2월.

강원택, 〈당내 공직 후보 선출 과정에서 여론조사 활용의 문제점〉, [동북아연구], 14권(2009년 12월), 35-63쪽.

이은주 · 장윤재, 〈인터넷 뉴스 댓글이 여론 및 기사의 사회적 영향력에 대한 지각과 수용자의 의견에 미치는 효과〉, [한국언론학보], 53권4호(2009년 8월), 50-71쪽.

남영준 · 서만덕, 〈정부 여론조사자료 아카이브 구축방안에 관한 연구〉, [한국기록관리학회지], 9권1호(2009년 6월), 175-196쪽.

정일권 · 김지현 · 이연주, 〈여론조사 보도가 여론지각과 의견표명에 미치는 효과에 관한 연구 : 성형수술을 중심으로〉, [스피치와 커뮤니케이션], 11권(2009년 6월), 157-194쪽.

정일권 · 김영석, 〈온라인 여론조사에 대한 수용자의 평가와 영향력에 관한 연구〉, [한국방송학보], 23권3호(2009년 5월), 247-285쪽.

김병철 · 김재준 · 류근관, 〈미디어 유행어와 여론의 그랜저 인과관계 : 정부의 대북정책에 대한 국내 일간지의 '퍼주기' 언급 분석〉, [한국언론학보], 53권1호(2009년 2월), 412-438쪽.

조성겸 · 조은희 · 윤정로, 〈생명과학 이슈에 대한 한국 여론의 특성 : 황우석 박사의 줄기세포 이슈를 중심으로〉, [사회과학연구], 20권1호(2009년 1월), 169-187쪽.

황온중, 〈신문의 여론조사보도에 관한 연구 : 제17 · 18대 총선을 중심으로〉, [정치정보연구], 11권2호(2008년 12월), 311-338쪽.

송현주 · 김현석 · 이준웅, 〈대통령 후보 경선 여론조사보도에 대한 인지평가와 정서 반응이 정치적 행동성향에 미치는 영향〉, [한국언론학보], 52권4호(2008년 8월), 353-376쪽.

윤종현 · 박승규, 〈정책집행 이후 여론과 정책위상 변화에 관한 연구: 서울시 중앙버스차선제 사례를 중심으로〉, [한국거버넌스학회보], 15권2호(2008년 8월), 1-21쪽.

허명회 · 이용구, 〈선거 여론조사 자료의 표준적 요약과 시각화〉, [응용통계연구], 21권5호(2008년 7월), 845-854쪽.

이승선, 〈여론 다양성 보장을 위한 신문지원 제도의 헌법적 가치〉, [언론과법], 7권1호(2008년 6월), 345-382쪽.

박선희 · 한혜경, 〈의견, 여론지각, 지각편향이 공개적 의견표명에 미치는 영향〉, [한국언론정보학보], 42권(2008년 5월), 168-204쪽.

허명회, 〈선거여론조사결과의 베이즈적 해석 : 저널리즘과 아카데미즘의 조화〉, [커뮤니케이션 이론], 3권2호(2007년 12월), 189-199쪽.

홍원식, 〈대통령지지도와 언론의 관계를 통해 살펴본 여론의 순환적 형성에 관한 연구〉, [한국언론학보], 51권6호(2007년 12월), 33-61쪽.

박선희 · 한혜경, 〈지역과 세대 간 여론양극화와 그 영향요인에 관한 연구 : 부산과 광주 지역을 대상으로〉, [한국언론정보학보], 39권(2007년 8월), 178-223쪽.

박성희 · 박은미, 〈인터넷 공간에서의 이슈 유형별 여론지각과 의견표명에 관한 연구 : 인터넷 여론조사와 게시판을 중심으로〉, [한국언론정보학보], 39권(2007년 8월), 284-323쪽.

이내영 · 정한울, 〈국제여론(國際輿論)을 통해 본 중국위협론(中國威脅論)의 평가(評價)와 전망(展望)〉, [중소연구], 31권2호(2007년 8월), 15-52쪽.

정철, 〈輿論調査結果 公表禁止規定의 憲法合致性 : 헌법재판소 결정을 중심으로〉, [법학논총], 20권1호(2007년 8월), 85-120쪽.

양승찬, 〈한국의 선거 여론조사와 그 보도에 대한 이슈 고찰〉, [커뮤니케이션 이론], 3권1호(2007년 6월), 83-119쪽.

정일권 · 이미선 · 장주영 · 김민규, 〈개인의견, 정보원 의존, 심리적 속성이 여론지각의 정확성에 미치는 영향: 다원적 무지 논의를 중심으로〉, [언론과 사회], 15권2호(2007년 5월), 175-208쪽.

조성겸 · 김지연 · 나윤정 · 이명진, 〈선거여론조사의 문제점과 개선 방향: 2006년 지방선거 전화조사를 중심으로〉, [조사연구], 8권1호(2007년 3월), 31-54쪽.

정일권, 〈이해당사자 집단의견과 여론의 차별성 지각의 조건에 관한 연구 : 정보원, 관여도, 사회적 정체성, 자기 의견을 중심으로〉, [한국언론학보], 50권4호(2006년 8월), 279-301쪽.

김성태 · 라스 윌나트 · 데이비드 위버, 〈여론조사보도에 대한 제3자효과 검증: 온라인 여론조사를 주목하며〉, [한국언론정보학보], 32권(2006년 2월), 49-73쪽.

강태구, 〈선거여론조사의 타당성 제고 방안에 관한 연구〉, [법과 정책연구], 6권2호(2006년), 733-757쪽.

박성호, 〈여론형성공간으로서 인터넷 자유 게시판의 저널리즘적 특성과 사회적 영향에 관한 연구〉, [언론과학연구], 5권3호(2005년 12월), 191-226쪽.

조소영, 〈選擧輿論調査를 解放시키기 위한 憲法的 檢討〉, [공법학연구], 6권3호(2005년 12월), 135-163쪽.

주성수, 〈국가정책결정에 국민여론이 저항하면? : 심의민주주의 참여제도의 탐색〉, [한국정치학회보], 39권3호(2005년 9월), 147-165쪽.

오미영, 〈정치적 이슈에 대한 여론 지각에 있어서 대인커뮤니케이션, 매스 미디어 그리고 인터넷의 역할에 관한 연구: 다원적 무지가설(Pluralistic Ignorance)을 중심으로〉, [언론과학연구], 5권1호(2005년 4월), 195-230쪽.

이준웅, 〈갈등적 사안에 대한 여론 변화를 설명하기 위한 프레이밍 모형 검증 연구 : 정부의 통일 정책에 대한 뉴스 프레임의 형성과 해석적 프레임의 구성을 중심으로〉, [한국언론학보], 49권1호(2005년 2월), 133-162쪽.

강남준 · 백영민, 〈대안적 여론조사의 표본편파(Sample Bias) 문제점과 가중치를 사용한 보정방법 : 성향점수 가중과 반복비례 가중을 중심으로〉, [언론정보연구], 41권2호(2004년 12월), 43-78쪽.

박경숙 · 이관열, 〈정치적 이슈의 여론 형성에 관한 탐색적 연구 : 대통령 탄핵 여론 형성 과정 고찰을 중심으로〉, [한국방송학보], 18권4호(2004년 12월), 271-305쪽.

박종민 · 신명희, 〈다원적 무지, 침묵의 나선, 제3자 효과, 그리고 상호 지향성 모델의 개념적 비교〉, [한국언론학회 심포지움 및 세미나], 2004년 9월, 1-21쪽.

이준웅, 〈김대중 정부의 통일정책에 대한 여론의 이중성 : 원칙과 정책에 대한 의견의 괴리〉, [한국언론정보학보], 26권(2004년 8월), 291-326쪽.

조성겸, 〈여론조사의 사회적 영향과 공표 금지〉, [한국언론정보학회 학술대회], 2004년 5월, 77-98쪽.

박정의, 〈여론조사보도의 내용 분석: 보도문맥분석을 중심으로〉, [커뮤니케이션학연구], 11권2호(2004년), 64-85쪽.

최창희, 〈여론조사결과 보도와 제3자 효과: 이라크 파병 이슈를 중심으로〉, [커뮤니케이션과학], 23권(2004년), 139-159쪽.

박승관 · 김예리, 〈'침묵의 나선'과 '정보의 나선': 다수의 의견표명과 소수의 정보추구〉, [언론정보연구], 40권(2003년 12월), 81-99쪽.

한혜경, 〈인터넷 이용자의 여론 지각과 의견 표현 : 현실공간과 사이버공간의 비교〉, [한국언론정보학보], 23권(2003년 11월), 189-221쪽.

한혜경, 〈여론 지각 매체로서 인터넷에 관한 연구 : 디지털조선과 오마이뉴스 독자집단의 의사합의(false consensus) 지각 비교를 중심으로〉, [한국언론학보], 47권4호(2003년 8월), 5-33쪽.

김재홍, 〈김대중 정부의 대북 포용정책에 대한 언론논조와 국민여론의 비교분석〉, [한국정치학회보], 37권2호(2003년 7월), 197-218쪽.

이정진, 〈대북정책 결정과정에 나타난 대통령과 여론의 영향력 변화〉, [국제정치논

총], 43권1호(2003년 4월), 253-273쪽.

이상길, 〈미디어는 정치를 잠식한다: 여론조사 보도의 그늘〉, [당대비평], 21권(2003년 3월), 113-128쪽.

신율, 〈차기 정부의 대북정책 여론수렴 방향에 관한 제언 : 김영삼, 김대중 정부의 대북정책에 있어서의 여론수렴 과정과 비교관점에서의 분석〉, [통일정책연구], 11권2호(2002년 12월), 59-85쪽.

안주아, 〈자발적 참여에 기초한 온라인 여론조사의 타당성 확인을 위한 추적조사〉, [한국방송학보], 16권2호(2002년 7월), 213-241쪽.

김병록, 〈선거기간 중 여론조사공표금지의 위헌성〉, [법학연구], 12권4호(2002년), 175-192쪽.

권혁남, 〈16대 총선 여론조사의 문제점 및 개선방안 : 출구조사와 무응답률 문제를 중심으로〉, [언론과학연구], 1권1호(2001년 4월), 46-74쪽.

양기석, 〈시끄러운 소수와 조용한 다수: 침묵의 나선 가설의 검증〉, [언론학연구], 4권(2000년 12월), 41-66쪽.

황용석 · 이창현, 〈선거시기 언론사 여론조사의 기능에 관한 연구 : 16대 총선 여론조사 보도의 조사항목 분석을 중심으로〉, [한국언론정보학보], 15권(2000년 10월), 117-151쪽.

최상진 · 김기범, 〈범죄의 사회 - 문화적 구성성 : 여론과 언론보도의 영향〉, [한국심리학회지: 문화 및 사회문제], 5권1호(1999년 5월), 137-150쪽.

조맹기, 〈홉스의 여론관 : 언론자유에 대한 인식의 재평가〉, [한국언론학보], 43권3호(1999년 4월), 301-333쪽.

양승찬, 〈제3자 효과 가설과 침묵의 나선 이론의 연계성: 여론조사 보도에 대한 제3자 효과 지각과 공개적 의견표명과의 관계를 중심으로〉, [한국언론학보], 43권2호(1998년 12월), 109-141쪽.

양승찬, 〈사회시스템 성격을 고려한 침묵의 나선이론 연구: 의견분위기 지각과 공개적인 의견표명과의 연계성을 중심으로〉, [언론과 사회], 20권(1998년 7월), 72-116쪽.

찾아보기

ㄹ

ㅁ

ㅂ

ㅅ

ㅇ

ㅈ

ㅊ

ㅋ

강준만

1956년 전남 목포에서 태어나, 1980년 성균관대 경영학과를 졸업한 후 1984년 미국 조지아대(University of Georgia-Athens)에서 신문방송학 석사, 1988년 미국 위스컨신대(University of Wisconsin-Madison)에서 신문방송학 박사학위를 받고 1989년부터 전북대 신문방송학과 교수로 일하고 있다. 주요 저서로는 『김대중 죽이기』(1995), 『이미지와의 전쟁: 커뮤니케이션 사상가와 실천가들』(2000), 『한국현대사 산책(전23권)』(2002~2011), 『한국근대사산책(전10권)』(2007~2008), 『한국대중매체사』(2007), 『미국사 산책(전17권)』(2010), 『세계문화의 겉과 속』(2012), 『미디어 권력자들: 글로벌 미디어 기업의 문화정치학』(2013), 『커뮤니케이션 사상가들』(2017), 『소통의 무기: 일상의 '왜'에 답하는 커뮤니케이션 이론』(2017) 등이 있다.

건지학술총서 ⑩

저널리즘 · 여론 · 민주주의

– 월터 리프먼의 삶과 사상

지은이 강준만
펴낸이 이남호
펴낸곳 전북대학교출판문화원

초판 1쇄 인쇄 2017. 9. 30
초판 1쇄 발행 2017. 10. 11

전북대학교출판문화원 전라북도 전주시 완산구 어진길 32 (풍남동2가)
전화 (063) 219-5321~2
FAX (063) 219-5323
출판등록 2012년 8월 20일 제465-2012-000021호

값 28,000원

ISBN 979-11-87892-60-1 94070
ISBN 978-89-98534-66-0(세트) 94080

이 도서의 국립중앙도서관 출판예정도서목록(CIP)은 서지정보유통지원시스템 홈페이지(http://seoji.nl.go.kr)와 국가자료공동목록시스템(http://www.nl.go.kr/kolisnet)에서 이용하실 수 있습니다. (CIP제어번호 : CIP2017024281)